Leveraged Buyouts, + Website
A Practical Guide to Investment Banking and Private Equity

杠杆收购
投资银行和私募股权实践指南

［美］保罗·皮格纳塔罗（Paul Pignataro）◎著
注册估值分析师协会◎译

《杠杆收购：投资银行和私募股权实践指南》以引人入胜且有教育意义的方式，巧妙地展示了如何判断一家私营公司，带你了解并分析此类投资带来的盈利，进而为私募股权基金创造高回报。本书包含的信息量极大，从杠杆收购概述、LBO建模、会计、价值创造理论到杠杆收购概念和原理。

Leveraged Buyouts, + Website: A Practical Guide to Investment Banking and Private Equity by Paul Pignataro.

Copyright ©2014 by Paul Pignataro.

All Rights Reserved.This translation published under license.Authorized translation from the English language edition, entitled Leveraged Buyouts, + Website: A Practical Guide to Investment Banking and Private Equity ISBN 978-1-118-67454-3, by Paul Pignataro, Published by John Wiley & Sons.No part of this book may be reproduced in any form without the written permission of the original copyrights holder.

本书中文简体字版由Wiley授权机械工业出版社独家出版，未经出版者书面允许，本书的任何部分不得以任何方式复制或抄袭。

版权所有，翻印必究。

北京市版权局著作权合同登记　图字：01-2017-2010号。

图书在版编目（CIP）数据

杠杆收购：投资银行和私募股权实践指南 /（美）保罗·皮格纳塔罗（Paul Pignataro）著；注册估值分析师协会译. —北京：机械工业出版社，2018.3（2024.2重印）

书名原文：Leveraged Buyouts, + Website: A Practical Guide to Investment Banking and Private Equity

ISBN 978-7-111-59198-6

Ⅰ.①杠… Ⅱ.①保… ②注… Ⅲ.①投资银行–指南 ②股权–投资基金–指南　Ⅳ.① F830.33-62 ② F830.59-62

中国版本图书馆 CIP 数据核字（2018）第 032567 号

机械工业出版社（北京市百万庄大街22号　邮政编码100037）
策划编辑：李新妞　责任编辑：廖　岩
责任校对：李　伟　责任印制：任维东
北京中兴印刷有限公司印刷
2024年2月第1版第6次印刷
180mm×250mm·25.25 印张·400 千字
标准书号：ISBN 978-7-111-59198-6
定价：79.00 元

凡购本书，如有缺页、倒页、脱页，由本社发行部调换

电话服务　　　　　　　　　　　　　网络服务
服务咨询热线：010-88379833　机工官网：www.cmpbook.com
读者购书热线：010-88379649　机工官博：weibo.com/cmp1952
　　　　　　　　　　　　　　　　　教育服务网：www.cmpedu.com
封面无防伪标均为盗版　　　　　　　金　书　网：www.golden-book.com

译者序
资本市场的奥秘，企业并购的利器

"给我一个支点，我就能撬起整个地球。"古希腊最伟大的哲学家、物理学家阿基米德的名言形象地描述了杠杆原理的作用——以小博大。哪怕是很轻的力量，只要有足够长的杠杆和相应的支点，再重的东西也可以撬动。

金融界炙手可热的杠杆收购（Leveraged Buyout）概念也是相似的原理，简单来说，就是利用资本的杠杆效应，以小部分自有资金借助大规模的债券或贷款等融资渠道，来完成巨额的收购项目，从而获得超额的股本金投资回报。

2018年2月24日，中国吉利集团收购戴姆勒集团9.69%股权，成为第一大股东。这一股权收购案一跃成为开年最大的收购案件之一，受到万众瞩目。吉利集团近年来频频进行海外资产收购，马来西亚的宝腾、路特斯，美国的太力飞行汽车，瑞典的沃尔沃AB都已先后纳入了吉利集团的汽车版图。而此番耗费90亿美元入股戴姆勒，成为吉利集团历次投资收购案中金额最大的一起。由此，吉利是从何处筹措这笔资金成为了业界关注的热点。按照吉利集团2017年净利润100亿元人民币计算，要凑齐90亿美元相当于付出6年的净利润，因此靠自身现金流完成收购非常不现实。实际情况是，此次的收购资金是由海外资本市场安排，通过两个合作伙伴兴业银行和摩根士丹利各自融资为吉利筹款实现收购。这便是典型的通过资金杠杆的力量完成股权收购的成功案例。

但是，上述的例子并不是我们所说的杠杆收购，而是利用资金杠杆进行股权收购的一种方式。真正意义上的杠杆收购首先是企业兼并方式的一种，是利用收购目标的资产作为债务抵押来收购目标公司的一种策略。之后通过经营使公司增值，并通过财务杠杆增加投资收益。投资公司只出小部分的钱，而大部分资金来自银行抵押借款、机构借款和发行垃圾债券，由被收购公司的资产和未来现金流量及收益作担保并用来还本付息。

杠杆收购于20世纪80年代开始在美国盛行。1988年是杠杆收购发展的巅峰时期，累计交易额已经达到了1,880亿美元，其中KKR公司以331亿美元收购食品烟草大亨雷诺兹-纳贝斯克公司，创下了交易额最大的纪录。然而，这些通过大举借贷完成的交易行为同时附带着极高的代价。80年代的一些杠杆收购案最终演变成了灾难，并导致了收购方的破产。这种低潮导致直到20世纪90年代中后期杠杆收购才慢慢实现了复苏。

杠杆收购在早期一直是由少数人操纵的高级游戏，然而在现阶段，随着资本市场的不断成熟和活跃，越来越多的投资机构和公司都成为了杠杆收购的实际玩家。那么，对于操作复杂程度高、涉及多方参与者的杠杆收购流程，如何进行财务模型搭建与分析，就成为了投资机构实际工作中的核心问题。这也是注册估值分析师（CVA）协会本次引进这本《杠杆收购：投资银行和私募股权实践指南》的初衷：我们希望引入华尔街顶尖投资银行与私募股权基金所采用的投资方法，以作者第一手的经验分享，阐述模型分析及构建过程，帮助读者拥有华尔街分析师的技巧，灵活运用这些工具来进行财务分析。

伯克希尔·哈撒韦公司与3G资本公司对亨氏公司的杠杆收购案例贯穿全书，基于已有财务状况，预测未来业务表现，并分析潜在的投资收益。本书层层递进，从讨论杠杆收购的概念与原理，到建立亨氏公司的完整杠杆收购模型，进而分析更加复杂的高级杠杆收购工具。由浅入深的讲述方法，不仅适用于想要掌握杠杆收购分析方法的投资银行或私募股权行业新人，也同样适用于希望系统、全面地回顾杠杆收购知识或者更新财务建模技能的投资银行和私募股权专业人士。

译者序

作为金融投资估值行业的专业性协会，CVA一直关注并致力于发展建立投资估值行业标准；协助企业培养国际型投资并购估值人才；并推广传播投资估值专业知识与技术。CVA通过持续发布年度企业资本成本参数、财务模型建模规范、组织注册估值分析师（CVA）认证考试、开展企业内训及实务技能培训，以及每年推出金融投资相关专业图书这一系列项目，推动国内估值行业的专业化与标准化。注册估值分析师（CVA）考试从2014年第一次在北京、上海、广州、深圳四个城市举办，到现在即将迎来的第八次考试，将在全国范围内十个城市同时举办。值得高兴的是，在这个过程中，CVA认证受到了专业人士以及高校师生的认可，同时也让我们看到了业界对投资估值专业认证的极大需求。此外，注册估值分析师系列丛书的读者与CVA培训企业与学员的正面反馈和积极建议，都给了我们极大的鼓励和动力，使我们更有信心做好专业化的服务，为注册估值分析师协会的每一位持证人、会员、学员、读者等相关人士提供更好的平台。

专注于做实务型投资估值人才的培养与鉴定，为行业培养越来越多的专业技能型人才，构建国内估值行业标准和实务规范，虽任重而道远，但我们相信自己走在正确的道路上。

我们衷心地希望广大读者能从本书中有所收获，掌握杠杆收购方法并理解杠杆收购的精髓，相信这是一个很好的淬炼过程！最后，CVA协会在此由衷感谢参与此书翻译工作的赵晓宇、甘云晕、王恒攀和薛白，及负责全书统稿工作的刘振山和张晓宇，他们的巨大贡献与付出，使得本书能够以专业的形象与读者见面。囿于译者水平和理解上的偏差，译文中难免会出现讹错之处，还望广大读者批评指正。

注册估值分析师（CVA）协会

2018年3月

前言

并购活动可以扩大公司资产规模、巩固其市场地位,所以,在20世纪六七十年代,各个公司之间的兼并活动风起云涌、愈演愈烈。尽管兼并与收购这两种市场手段已有数十年的历史,但在20世纪70年代中期,市场上却出现了价值高达数十亿美元的恶性兼并竞争。在此之后,杠杆收购作为兼并活动的衍生品成了市场上的新兴活动。1989年,雷诺兹—纳贝斯克收购市值高达250亿美元的雷诺烟草控股公司,杠杆收购活动达到高潮。

从宏观上来讲,杠杆收购是指一家公司利用大量债务来筹集投资成本。可以说,20世纪80年代,以迈克尔·米尔肯为代表人物的高收益债券(又称垃圾债券)的盛行,推动了该时期杠杆收购的发展。借助这些回报率夸张的垃圾债券,投资人可以使用非常少量的自有资金完成大型收购。贷款越多,自己的出资就越少,在财务杠杆的作用下,潜在的资本金投资回报也就越高。这个原理吸引了世界各地大大小小的各类投资者。从价值1 000万美元的小型收购到最近250亿美元的戴尔潜在收购案,无论是小型投资者、基金经理还是高净值客户,大家都被这种激进的、高回报率的杠杆收购所吸引。

为了帮助投资者对一宗杠杆收购交易的投资成本与潜在收益进行评估,本书致力于向投资者提供分析杠杆收购的基本工具,这些基本工具在投资银行和私募股权基金内部已广为人知。本书将会运用华尔街顶尖投资银行和私募股权基金所采用的投资方法,以亨氏公司的杠杆收购为例，基于当前的财务状况，预测未来的业务表现，并分析潜在的投资收益。本书会通过作者第一手经验的分享，讲述模型分析及构建过程，帮助读者拥有华尔街分析师的技巧，可以灵活运用这些工具来进行自己的分析。无论您是准备进行并购的私人投资者还是基金经理，这些分析过程都是无价之宝。本书适用于想要掌握杠杆收购分析方法及想要进入投资银行或私募股权领域的新人，也适用于想要系统、全面地回顾杠杆收购或者更新财务建模技能的投资银行和私募股权基金的专业人士。

亨氏公司案例

PITTSBURGH & OMAHA, Neb. & NEW YORK-（BUSINESS WIRE）-（美国商业资讯）亨氏公司（纽约证券交易所：HNZ）（"Heinz"）今天宣布，它已经签署了一项最终并购协议，由伯克希尔·哈撒韦公司与3G资本公司组成的投资财团将对亨氏公司发起收购。

协议得到亨氏公司董事会的一致同意，根据协议条款，亨氏公司的股东们所拥有的每股普通股将收到72.5美元的现金，包括亨氏公司存续的负债，此次交易总价格将达到280亿美元。每股股价相对于亨氏公司在2013年2月13日的收盘价60.48美元溢价20%，比亨氏公司的历史最高股价高出19%，比亨氏公司90天平均股价高出23%，并且比亨氏公司年平均股价高出30%。

（亨氏公司新闻稿，2013年2月14日）

根据2013年2月14日的亨氏新闻稿，亨氏公司宣布伯克希尔·哈撒韦公司与3G资本公司可能对亨氏发起收购。在本书中，我们将会全面分析这场可能的收购。亨氏公司拥有超过32 000名员工，其产品遍布全球，市场遍布200多个国家，并在50多个国家成了领先品牌。亨氏公司每年生产6.5亿瓶番茄酱，相当于给地球上每一个人提供两小包番茄酱。

那么，这项并购的可行之处在哪里？伯克希尔·哈撒韦公司与3G资本公司是怎样判断这笔投资价值的？潜在回报又是什么？华尔街分析师们使用的分析方法可以回答上述所有的问题，而本书将会像一个华尔街分析师一样详细地讲解这个分析方法，对这项并购交易进行全面细致的分析。

需要注意的是，建模只是本书呈现的观点之一。有关亨氏公司并购的分析结果并不直接代表笔者的观点，而是出于教学目的在信息受限的条件下所获得的可能结论。虽然本书并未包含所有可能的分析方法，但是本书中所列的一些观点非常具有讨论价值，我也欢迎大家和我讨论。毕竟，重要的不是观点本身，而是通过掌握这些方法，理解方法背后的概念，以灵活运用这些工具并从事自己的分析。

本书架构

本书包括三个部分：
（1）杠杆收购概述；
（2）完整的杠杆收购模型；
（3）杠杆股权收购的高阶技巧。

在第一部分中，本书将会讨论杠杆收购的概念与原理。在建立模型之前，从较高的层面理解杠杆收购的目标及理论是十分重要的，因为这能帮助读者更好地理解关键变量的重要性和假设变量是如何驱动投资收益分析结果的。

在第二部分中，本书将会建立亨氏公司的完整杠杆收购模型。该模型将会基于亨氏公司的历史表现逐步构建财务模型，并对亨氏公司的未来表现做出精准预测。本部分不只致力于教会读者如何建模，更致力于总结出分析师们常用的建模方法，并将其运用于常规的投资分析中。

第三部分讲述了建模中稍微复杂的部分，适用于已经有杠杆收购基础建模经历的读者。通过设置情景分析，高级债券（例如实物支付债券和优先股股利）、债务费用资本化及分期偿付使得杠杆收购变得愈加复杂，读者对于杠杆收购的实际操作也有了更深的理解。

通过阅读本书，读者们会学习如何在亨氏并购案的基础上一步步构建自己的杠杆收购模型。与此同时，本书的网站上有该模型的模板（名称为"NYSF_Leveraged_Buyout_Model_Template.xls"）。如果您想要访问该网站，请参考本书结尾处的"网站相关信息"。

关于注册估值分析师（CVA®）认证考试

CVA 考试简介

注册估值分析师 (Chartered Valuation Analyst, CVA) 认证考试是由注册估值分析师协会 (CVA Institution) 组织考核并提供资质认证的一门考试，旨在提高投资、并购估值领域从业人员的实际分析与操作技能。本门考试从专业实务及实际估值建模等专业知识和岗位技能进行考核，主要涉及企业价值评估、并购及项目投资决策。考试分为实务基础知识和 Excel 案例建模两个科目，内容包括：会计与财务分析、公司金融、企业估值方法、并购分析、项目投资决策、信用分析、财务估值建模七个部分。考生可通过针对各科重点、难点内容的专题培训课程，掌握中外机构普遍使用的财务分析和企业估值方法，演练企业财务预测与估值建模、项目投资决策建模、上市公司估值建模、并购与股权投资估值建模等实际分析操作案例，快速掌握投资估值基础知识和高效规范的建模技巧。

- 科目一实务基础知识——是专业综合知识考试，主要考查投资、并购估值领域的理论与实践知识及岗位综合能力，考试范围包括会计与财务分析、公司金融、企业估值方法、并购分析、项目投资决策、信用分析这六部分内容。本科目由 120

道单项选择题组成，考试时长为 3 小时。
- 科目二 Excel 案例建模——是财务估值建模与分析考试，要求考生根据实际案例中企业历史财务数据和假设条件，运用 Excel 搭建出标准、可靠、实用、高效的财务模型，完成企业未来财务报表预测、企业估值和相应的敏感性分析。本科目为 Excel 财务建模形式，考试时长为 3 小时。

职业发展方向

CVA 资格获得者具备企业并购、项目投资决策等投资岗位实务知识、技能和高效规范的建模技巧，能够掌握中外机构普遍使用的财务分析和企业估值方法，并可以熟练进行企业财务预测与估值建模、项目投资决策建模、上市公司估值建模、并购与股权投资估值建模等实际分析操作。

CVA 注册估值分析师的持证人可胜任企业集团投资发展部、并购基金、产业投资基金、私募股权投资、财务顾问、券商投行部门、银行信贷审批等金融投资相关机构的核心岗位工作。

证书优势

岗位实操分析能力优势——CVA 考试内容紧密联系实际案例，侧重于提高从业人员的实务技能并迅速应用到实际工作中，使 CVA 持证人达到高效、系统和专业的职业水平。

标准规范化的职业素质优势——CVA 资格认证旨在推动投融资估值行业的标准化与规范化，提高执业人员的从业水平。CVA 持证人在工作流程与方法中能够遵循标准化体系，提高效率与正确率。

国际同步知识体系优势——CVA 考试采用的教材均为 CVA 协会精选并引进出版的国外最实用的优秀教材。CVA 持证人将国际先进的知识体系与国内实践应用相结合，推行高效标准的建模方法。

配套专业实务型课程——CVA 协会联合国内一流金融教育机构开展注册估值分析

师的培训课程，邀请行业内资深专家进行现场或视频授课。课程内容侧重行业实务和技能实操，结合当前典型案例，选用 CVA 协会引进的国外优秀教材，帮助学员快速实现职业化、专业化和国际化，满足中国企业"走出去"进行海外并购的人才急需。

企业内训

CVA 协会致力于协助企业系统培养国际型投资专业人才，掌握专业、实务、有效的专业知识。CVA 企业内训及考试内容紧密联系实际案例，侧重于提高从业人员的实务技能并迅速应用到实际工作中，使企业人才具备高效专业的职业素养和优秀系统的分析能力。

- ✓ 以客户为导向的人性化培训体验，独一无二的特别定制课程体系；
- ✓ 专业化投资及并购估值方法相关的优质教学内容，行业经验丰富的超强师资；
- ✓ 课程采用国外优秀教材与国内案例相结合，完善科学的培训测评与运作体系。

考试专业内容

会计与财务分析

财务报表分析是指通过收集、整理企业财务会计报告中的有关数据，并结合其他有关补充信息，对企业的财务状况、经营成果和现金流量情况进行综合比较和评价，为财务会计报告使用者提供管理决策和控制依据的一项管理工作。本部分主要考核如何通过对企业会计报表的定量分析来判断企业的偿债能力、营运能力、盈利能力及其他方面的状况，内容涵盖利润的质量分析、资产的质量分析和现金流量表分析等。会计与财务分析能力是估值与并购专业人员的重要的基本执业技能之一。

公司金融

公司金融用于考察公司如何有效地利用各种融资渠道，获得最低成本的资金来源，形成最佳资本结构，还包括企业投资、利润分配、运营资金管理及财务分析等方面。本部分主要考查如何利用各种分析工具来管理公司的财务，例如使用现金流折现法 (DCF) 评估投资计划，同时考察有关资本成本、资本资产定价模型等基本知识。

企业估值方法

企业的资产及其获利能力决定了企业的内在价值，因此企业估值是投融资、并购交易的重要前提，也是非常专业而复杂的问题。本部分主要考核企业估值中最常用的估值方法及不同估值方法的综合应用，诸如 P/E、EV/EBITDA 等估值乘数的实际应用，以及可比公司、可比交易、现金流折现模型等估值方法的应用。

并购分析

并购与股权投资中的定量分析技术在交易结构设计、目标企业估值、风险收益评估的应用已经愈加成为并购以及股权专业投资人员所必须掌握的核心技术，同时也是各类投资者解读并购交易及分析并购双方企业价值所必须掌握的分析技能。本部分主要考核企业并购的基本分析方法，独立完成企业并购分析，如合并报表假设模拟、可变价格分析、贡献率分析、相对 PE 分析、所有权分析、信用分析、增厚/稀释分析等常见并购分析方法。

项目投资决策

项目投资决策是企业所有决策中最为关键、最为重要的决策，是指企业对某一项目（包括有形、无形资产、技术、经营权等）投资前进行的分析、研究和方案选择。本部分主要考查项目投资决策的程序、影响因素和投资评价指标。投资评价指标主要包括内部收益率、净现值和投资回收期等。

信用分析

信用分析是对债务人的道德品格、资本实力、还款能力、担保及环境条件等进行系统分析，以确定是否给予贷款及相应的贷款条件。本部分主要考查常用信用分析的基本方法及常用的信用比率。

财务估值建模

本部分主要在 Excel 案例建模科目考试中进行考查,包括涉及 EXCEL 常用函数及建模最佳惯例,使用现金流量折现方法的 EXCEL 财务模型构建。它要求考生根据企业历史财务数据,对企业未来财务数据进行预测,计算自由现金流量、资本成本、企业价值及股权价值,掌握敏感性分析的使用方法,并需要考生掌握利润表、资产负债表、现金流量表、流动资产估算表、折旧计算表、贷款偿还表等有关科目及报表勾稽关系。

考试安排

CVA 考试每年于 4 月、11 月的第三个周日举行,具体考试时间安排及考前报名,请访问 CVA 协会官方网站 www.CVAinstitute.org

CVA 协会简介

注册估值分析师协会 (Chartered Valuation Analyst Institute) 是全球性及非营利性的专业机构,总部设于香港,致力于建立全球金融投资估值的行业标准,负责在亚太地区主理 CVA 考试资格认证、企业人才内训、第三方估值服务、研究出版年度行业估值报告以及进行 CVA 协会事务运营和会员管理。

联系方式

官方网站:http://www.cvainstitute.org

电话:4006-777-630

E-mail: contactus@cvainstitute.org

新浪微博:注册估值分析师协会

协会官网二维码

微信平台二维码

目录

译者序
前言
关于注册估值分析师（CVA®）认证考试

第一部分　杠杆收购概述

第一章　杠杆收购理论　/3
　　　　现金的可获得性、利息和债务偿还　/4
　　　　经营改善　/4
　　　　乘数扩张　/5
　　　　成功的杠杆收购基因构成　/5
　　　　退出时机　/5
　　　　亨氏公司收购是不是杠杆收购　/6
第二章　价值是什么　/7
　　　　账面价值　/8
　　　　市场价值　/8
　　　　企业价值　/8
　　　　乘数　/12
　　　　三种核心的估值方法　/14
第三章　杠杆收购分析　/19
　　　　收购价格　/20
　　　　资金的来源和使用　/24
　　　　内部收益率（IRR）分析　/31

第二部分　完整的杠杆收购模型

第四章　假　　设　/47

　　　　收购价格　/51

　　　　资金的来源　/56

　　　　资金的使用　/61

第五章　利　润　表　/67

　　　　销售收入　/68

　　　　销售成本　/69

　　　　营业费用　/69

　　　　其他业务收入　/70

　　　　折旧与摊销　/72

　　　　利息　/73

　　　　所得税　/74

　　　　非经常性项目　/74

　　　　利润分配　/75

　　　　股份数　/75

　　　　亨氏公司的利润表　/76

　　　　过去12个月　/99

　　　　利润表预测　/106

第六章　现金流量表　/121

　　　　经营活动产生的现金流　/122

　　　　投资活动产生的现金流　/125

　　　　筹资活动产生的现金流　/126

　　　　财务报表现金流的例子　/126

　　　　亨氏公司的现金流量表　/132

　　　　亨氏公司过去12个月的现金流　/141

　　　　现金流量表预测　/147

第七章　资产负债表　/163

　　　　资产　/164

负债 /167

亨氏公司的资产负债表 /169

第八章　资产负债表调整 /183

买方支付 /184

收购对价 /184

商誉 /185

亨氏公司的资产负债表调整 /193

第九章　折旧计划表 /205

直线折旧法 /207

加速折旧法 /207

递延所得税 /211

预测折旧 /215

预测摊销 /225

预测递延所得税 /227

第十章　营运资本 /231

资产 /232

负债 /232

经营性营运资本 /232

亨氏公司的经营性营运资本 /235

预测经营性营运资本 /245

经营性营运资本和现金流量表 /251

第十一章　资产负债表预估 /259

由现金流量表得到资产负债表 VS 由资产负债表得到现金流量表 /263

配平不平的资产负债表 /276

第十二章　债务计划表和循环引用 /283

债务计划表的结构 /284

债务计划表模型构建 /285

循环引用 /298

自动还款 /304

选项开关 /306

完成模型 /307

第十三章 杠杆收购的回报率 /313

  退出价值 /314

  3G 资本公司回报率 /318

  乘数扩张 /322

  偿还债务 /324

  结论 /325

第三部分 杠杆股权收购的高阶技巧

第十四章 加速折旧 /329

  修正的加速成本回收制度 /330

  加速折旧法与直线折旧法的比较 /336

第十五章 伯克希尔·哈撒韦公司的优先股、股利和回报 /341

  优先证券 /342

  优先股股利 /343

  伯克希尔·哈撒韦公司的回报 /350

第十六章 债务契约比率和融资费用摊销 /355

  偿付比率 /356

  杠杆比率 /357

  融资费用资本化和摊销 /359

第十七章 实物支付证券 /365

附 录

附录 1 建模快速指南 /373

附录 2 财务报表流程图 /377

  从利润表到现金流量表 /378

  从现金流量表到资产负债表 /378

附录 3 Excel 快捷键 /379

网站相关信息 /381

关于作者 /382

第一部分

杠杆收购概述

杠杆收购（Leveraged Buyout, LBO）是一种基本却复杂的收购方式，广泛应用于投资银行和私募股权领域。在本书的开始，我们先看一下杠杆收购的基本概念及优缺点，了解如何有效地对杠杆收购进行分析。之后我们将进一步分析杠杆收购交易所带来的基本影响，估计投资者能获得的预期回报。最后，我们将讨论及解释杠杆收购中的相关因素和融资结构，以了解如何最大化投资者的内部收益率（Investor Rate of Return, IRR）。

本书这部分内容有如下三个目标：

1.了解杠杆收购（杠杆收购理论）

■杠杆收购的概念；

■杠杆收购的目的和操作方法。

2.估值概览（价值是多少？）

■账面价值、市场价值、权益价值和企业价值。

■理解乘数。

■三种核心的估值方法：

　　I. 可比公司分析法；

　　II. 先例交易分析法；

　　III. 现金流折现分析法。

3.能够理解简单的IRR分析（杠杆收购分析）

　　a. 收购价格；

　　b. 资金来源和用途；

　　c. 计算内部收益率(IRR)。

第一章
杠杆收购理论

杠杆收购是收购的一种，它是指企业通过借助显著的负债来获得收购所需的资金，这使得以较低的资本（自有资金）收购一家企业成为可能。想象一下住房抵押贷款，如果你通过住房抵押贷款来购买房子，在同样的条件下，你可以用仅有的少量现金（首付款）来购买更大的房子。随着时间的推移，你的收入将用于支付必要的抵押贷款本金偿还（包括利息）；随着你偿还这些本金，债务余额将会减少，与此同时你在房子上的权益不断增加。在这个过程中，负债有效地转化为权益，或许你也可以卖掉房子并获得可观的回报。这一概念形式上与杠杆收购非常类似。同样的，在杠杆收购中我们主要用借款来收购企业，随着时间的推移，我们期望所收购企业产生的现金流可以偿还负债。同样，在这个过程中，负债逐渐减少，权益逐渐增加，并且我们希望可以通过再次出售企业而获得收益。

有三个核心的部分有助于杠杆收购的成功：

（1）现金的可获得性、利息和债务偿还；

（2）经营改善；

（3）乘数扩张。

现金的可获得性、利息和债务偿还

这是本章第一段所阐述的概念，收购企业产生的现金流将用于偿还债务和利息，不断减少的负债将会转化为股东权益的增加。

因此，成功的杠杆收购条件之一在于被收购企业有着较高且持续稳定的现金流。

经营改善

我们一旦拥有了自己的企业，就会计划对企业做出一些改进以提高企业的经营业绩，企业经营业绩的提高最终将会增加企业的现金流，从而能够更快地偿还负债。更为重要的是，管理的改善将会增加企业的整体价值，这意味着我们未来可以（我们希望）以更高的价格出售企业。以前面所讲的住房抵押贷款为例，我们希望在几年之后将房屋出售并获得收益，如果我们对房子进行了一些更新和改善，就会希望以更高的价格进行出售。基于这一目的，投资人或者基金管理人将会寻找那些经营业绩可以改善的企业，这也是成功的杠杆收购条件之一。一些特定投资人或者投资基金管理者，在某一行业或领域具有特长，他们有更多的客户来源，或者更多的销售渠道，这些经验或能力都使得他们认为自己能够使企业获得更快的成长。或者，也许投资人或基金管理人能够看到被收购企业管理层存在的主要问题，并且他们知道自己能够解决这些问题。上述的任何改进都可以提高企业的整体价值。

乘数扩张

乘数扩张是预期企业的市场价值将会增加，也就是说，投资人预期企业再次出售时会有较高的估值乘数。在本书之后部分我们将会看到，在很大程度上我们会基于企业的估值乘数来购买或者出售企业的股权。我们还将保守地假定出售企业的退出乘数将等于收购乘数（乘数的计算基于企业的收购价格）。可以肯定的是，乘数扩张会增加企业价值及投资回报。

成功的杠杆收购基因构成

总之，成功的杠杆收购通常有着较强且稳定的现金流，这些现金流可以偿还部分债务和与之相关的利息。此外，投资人或者基金管理人知道改善企业管理状况的方法。随着债务逐渐减少，权益逐渐增加，管理状况不断改善，企业价值也将会提高。这些因素都会提高投资人或者基金管理人的投资回报。下面我们将通过对全书进行大致的分析，旨在让读者理解杠杆收购的核心，杠杆收购不仅能够给企业带来利益，而且能够给投资人带来高回报。同时，从另一方面也说明了许多投资人面临的杠杆收购困境以及为什么会失败。

退出时机

杠杆收购只有在企业退出或出售之后才真正实现了投资回报，有几种常见的杠杆收购的退出方式：

（1）战略出售：将企业出售给战略性收购者，目标企业对收购者而言具有重要的战略意义。

（2）财务投资人：这一方式不太常见，即将企业出售给另一家私募股权公司，这家公司或许有不同的策略焦点，这些不同的侧重点可以帮助企业达到一个新的高度。

（3）首次公开发行（Initial Public Offering, IPO）：如果企业正处在发展的良好阶段，并且市场状况良好，那么可以将企业在公开市场上出售——首次公开发行（上市）。

（4）股利重组 (Dividend Recapitalization)：股利重组并不代表股权出售，而是获得资本流动性和实现投资回报的一种再融资方式。想象一下，它就像为了获得现金而采取的再融资抵押贷款或者说将你的房屋进行第二次抵押。这种方式将会使企业的负债增加，由债务增加的现金将分配给企业的投资人或基金管理人。

亨氏公司收购是不是杠杆收购

关于亨氏公司收购是否是一个严格意义上的杠杆收购存在争论。亨氏公司被3G资本公司和伯克希尔·哈撒韦公司收购，大家都不否认这是典型的收购交易，但这次交易算是杠杆收购吗？那些持否定意见的人认为，收购资金中的债务比例尚不足以构成杠杆收购。但我认为，在杠杆收购中并没有明确地定义收购资金中债务所占的比例。在本书第四章中我们将看到，亨氏公司交易中，债务金额约占总交易价值的40%~45%，我认为这已经是很可观的债务比例了。第二个需要着重考虑的事情是债务的筹集方式。通常来说，在杠杆收购中，负债由被收购企业的资产提供支持。亨氏公司收购满足以上两个特征，因此我确信这次交易是一笔杠杆收购。

也有人认为，从收购目的考虑，亨氏公司收购并不算严格意义上的杠杆收购。换句话说，在杠杆收购中，投资人的目的往往是在收购成功后的一段时间内退出投资，而亨氏公司的收购方却表示他们是长期投资人，并不会在短期内退出。这一观点可能是对的，但我认为，以收购"目的"来判断是否为杠杆收购并不恰当。无论你是否相信这笔交易是杠杆收购，这都是一个相对主观的判断。为了达到教学目的，我们将亨氏公司收购视为完全的杠杆收购。有趣的是，不论怎样定义，财务模型都不会有什么区别。

第二章
价值是什么

在学习估值技术之前，最为重要的一个问题就是：价值是什么？为了帮助我们回答这个问题，可以注意到价值主要分成两类：

1. 账面价值

账面价值是指由资产或企业的账面或者其财务状况决定的价值。

2. 市场价值

市场价值是指由市场来决定的价值。

账面价值

账面价值可以根据资产负债表来确定。例如，企业物业的总账面价值，可在资产负债表资产部分的固定资产净值项下找到；而企业股东权益的账面价值（不包括非控制性权益所有者）可以在股东权益项下找到。

市场价值

市场价值是指企业的市场资本总额或其普通股股份数与股价相乘。

不论是权益账面价值还是市场价值，都代表了权益价值。权益价值是指企业可分配给股东的价值。也就是说，权益价值剔除了向债权人、非控制性权益持有者及其他债权人分配的价值。

例如，股东权益的价值是指企业资产价值与债务价值的差额。因此，股东权益价值（非控制性权益已被剔除）是指剔除了企业的资金出借方及其他义务后的价值。市场价值或市场资本总额是基于股票价格得出的，从本质上讲，就是股权投资人对企业股票的估值，这其中不包括归属于债权人的价值以及企业所担负的其他义务。

企业价值

企业价值是指企业的整体价值，这其中包括归属于债权人的价值以及企业所承担的其他义务。我们将会看到为什么企业价值非常重要，这是因为该价值近似于企业的经营性资产价值。更具体地说，"债权人与其他义务"可包括短期负债、长期负债、长期负债中的当期部分、融资租赁义务、优先股、非控制性权益以及其他非经营性负债（例如，未分配的养老金）。因此，企业价值可以按如下所示进行计算：

企业价值＝

　　权益价值

　　＋短期负债

　　＋长期负债

　　＋长期负债中的当期部分

　　＋融资租赁义务

　　＋优先股

　　＋非控制性权益

　　＋其他非经营性负债（例如，未分配的养老金）

　　－现金及现金等价物

下面我们将会解释为什么一定要扣除现金及现金等价物。为了在账面价值的基础上得到企业价值，我们需要用股东权益（账面价值），加上任意潜在的债务以及义务，并扣除现金及现金等价物。同样地，如果我们用市值（市场价值），加上潜在债务或义务，再扣除现金及现金等价物，则得到以市场价值为基础的企业价值。

在这里做个小结：

价值类别	账面价值	市场价值
权益价值	股东权益	市值
企业价值	股东权益＋潜在债务与义务*扣除现金及现金等价物	市值＋潜在债务与义务扣除现金及现金等价物

*注：潜在债务与义务包括短期负债、长期负债、长期负债中的当期部分、融资租赁义务、优先股、非控制性权益以及其他非经营性负债（例如，未分配的养老金）。

让我们看一个例子，假设公司的资产负债表显示其股东权益为1,000万美元，总负债为500万美元。为了能更好地阐释主要思想，我们假设本案例不存在非控制性权益持有人。根据资产负债表的公式（即资产＝负债＋所有者权益（股东权益）⊖），公司资产的总价值为1,500万美元。因此，公司的权益价值为1,000万美元。

⊖ 资产负债表所有者权益包括（普通股）股东权益、优先股、非控制性权益等，在这里为简要说明，均假设所有者权益项下仅仅存在（普通股）股东权益，所有者权益等同于股东权益。——译者注

账面价值

现在,让我们假设公司的股权交易价格相较其账面价值处于溢价状态。目前,公司的市场资本总额为1,200万美元。该价值对于公司而言非常重要,因为它是一个即时价值,由市场确定(股票价格 × 普通股股份数)。当我们以公司的市值为基数,再加上500万美元的总负债,就得到了由市场确定的公司的总资产价值。

市场价值

然而,在估值过程中,我们通常用企业的市值或账面价值,加上负债总额,但其中仅仅包括之前注解中列示的债务和义务,资产负债表的公式有助于我们来解释为什么要这样做:

$$股东权益 + 负债 = 资产$$

使用以上等式时,让我们将其替换成资产负债表的真实科目:

股东权益【或市值】+ 应付账款 + 应计费用 + 短期负债 + 长期负债 = 现金 + 应收账款 + 存货 + 固定资产净值⊖ (2-1)

为了更好地阐释理论,在这个例子中我们假设公司没有非控制性权益、优先股及其他非经营性负债,如未分配养老金,仅有短期负债、长期负债以及现金。

因此,我们将式(2-1)进行简化,以方便说明:

股东权益【或市值】+ 应付账款 + 应计费用 + 短期负债 + 长期负债 =
现金 + 应收账款 + 存货 + 固定资产净值

⊖ Property, Plant, and Equipment,物业、厂房及设备,即我们通常所说的固定资产净值,本书统称为固定资产净值。——译者注

现在，我们需要将所有与债务无关的科目，或者说是应付账款以及应计费用，移到等式的另一边。我们简单地在等式两边同时减去应付账款与应计费用得到：

$$股东权益【或市值】+短期负债+长期负债=现金+应收账款+$$
$$存货+固定资产净值-（应付账款+应计费用）$$

并且我们可以对等式右边的科目进行重新归类，从而得到：

$$股东权益【或市值】+短期负债+长期负债=现金+应收账款+$$
$$存货+固定资产净值-应付账款-应计费用$$

需要注意的是，应收账款+存货-应付账款-应计费用，或者说是流动资产减去流动负债，即营运资本，从而得到：

$$股东权益【或市值】+短期负债+长期负债=现金+固定资产净值+营运资本 \quad (2-2)$$

要记住，企业价值是股东权益（或市值）加上债务，再减去现金，所以我们要在等式两边将现金减掉：

$$股东权益（或市值）+短期负债+长期负债-现金=固定资产净值+营运资本$$

短期负债加上长期负债再减去现金及现金等价物也被称之为净负债。因此，式（2-2）可变形为：

$$股东权益【或市值】+净负债=固定资产净值+营运资本 \quad (2-3)$$

式（2-3）非常重要。因此，当在股东权益或市场资本总额的基础上加上净负债时，我们将反推出前例中的企业固定资产净值与营运资本价值的总和，或者说是企业核心经营资产价值。所以计算企业价值是确定企业核心经营资产潜在价值的一个途径。而且，企业价值是基于市值计算的，或者

$$企业价值=市值+净负债$$

这是一种近似由市场决定企业经营资产价值的途径。

账面价值　　　　　　　市场价值

注意，为了方便说明，我们已对案例进行了简化处理。如果企业拥有非控制性权益、优先股或是其他非经营性负债，例如除债务之外的未分配养老金，则公式应变形为：

$$企业价值 = 市值 + 净负债 + 非控制性权益 + 优先股 +$$
$$融资租赁义务 + 其他非经营性负债$$

相信很多人都想知道为什么要从上式的净债务中移除现金。这同时也是投资银行非常常见的面试问题。如文中所示，现金未被视为经营性资产的一部分。（可以认为）现金不是一项可在未来为企业带来收益的资产。因此，对于投资者而言，企业真实的价值仅仅是那些在未来会持续为企业带来利润并呈现增长的资产的价值。这也就是为什么在现金流折现分析中，我们仅仅考虑由经营性资产所产生的现金流的原因之一（稍后，我们会对此展开讨论）。在这里，理解核心的估值概念同样非常重要，因为对于经营性资产的定义，或者对于可创造未来价值的那部分经营性资产的阐释，可能会因企业所处的行业及市场的不同而各异。因此，不是单单依赖简化后的公式，而是在多变的情境下理解公式背后的原理，以能够利用合适的工具构建自己的公式。例如，互联网公司是否依赖于固定资产作为其核心的经营性资产？如果不是，那么当前的企业价值计算公式是否还有意义？对于新兴市场情况又该如何？本书的后续章节将会深入不同行业做更详细的阐释。

乘数

乘数是用以比较价值与其经营业绩的指标。企业的市场资本总额可能是1亿美元，但是与其经营业绩相比又意味着什么呢？如果该公司创造了1,000万美元的净利润，那么它的股权价值是其创造的净利润的10倍。"10× 净利润"就是一个市场价值乘数。这些乘数可用以比较不同公司的业绩。假设我们要将上述公司与另一家同样拥有1亿美元市值的公司进行比较，又该如何判断哪家公司更值得投资呢？除非与公司真实的业绩相比较，否则本案例中的价值仅供比较说明。因此，如果其他公司创造了500万美元的净利润，它的乘数为20×，即其股权价值是其净利润的20倍。那么作为一个投资人，我们更青睐于乘数较低的企业，因为它们更"便宜"，也就是利润越高，但估值越低的企业更受青睐。因此，乘数有助于我们比较企业经营业绩的相对价值。

此外，还有其他类别的乘数，这取决于选用何种经营指标作为比较基础。比如除了净利润，还可用息税前利润（EBIT）[一]、息税折旧摊销前利润（EBITDA）[二] 以及销售收入来替代。但是，我们该如何确定哪种指标更适用于比较？让我们来看一个两家经营模式相似的公司间比较的例子（见表2-1）。

表2-1 业务比较　　　　　　　　　　　单位：美元

业务比较	公司A	公司B
销售收入	10,000	10,000
销售成本	3,500	3,500
营业费用	1,500	1,500
EBITDA	5,000	5,000
折旧	500	3,000
EBIT	4,500	2,000
利息	0	2,000
税前利润	4,500	0
所得税（@35%）	1,575	0
净利润	2,925	0

假设我们正考虑要投资公司A还是公司B。公司A是一家经营分销业务的小公司，在同时期内，其包裹递送业务已为公司带来了10,000美元的收入。这是一家由个人经营和管理的初创公司。根据其成本结构可知，公司的EBITDA为5,000美元。公司B同样是一家在另一地区经营包裹递送业务的小公司，其EBITDA也为5,000美元。然而，公司A的创始人将运送包裹的货车停在自家的车库内，因此他只需承担很少的折旧成本，并且利息费用为零。公司B的创始人经营业务的方式有所不同。他建了一个仓库，用以存放包裹和货车。这样一来，其所要承担的折旧费用就增加了，并且还会产生利息费用，以至于净利润几乎为零。如果我们基于净利润的数据来比较两家公司业绩，那么公司A的业绩要明显优于公司B。但是，如果我们只关注核心业务呢？如果我们只关注包裹的运送数量、客户数量以及因运输产生的直接成本呢？如果我们正在考虑应该收购公司A还是公司B呢？在这种情况下，让我们忽略债务、仓库或是货

[一] EBIT，Earnings before Interest and Taxes，息税前利润。——译者注
[二] EBITDA，Earnings before Interest, Taxes, Depreciation, and Amortization，息税折旧摊销前利润。——译者注

车，因为我们可以通过变卖仓库和货车来偿还债务。在这里，EBITDA 可能是更好的可比指标。从经营的角度来看，基于 EBITDA 的数据可知，两家公司的业绩都不错，如果只关注净利润指标，那么我们的比较结果就明显被误导了。

因此，尽管市值/净利润是最常用的乘数，但也会使用其他指标计算乘数，例如 EBIT 或者 EBITDA。然而，既然 EBIT 与 EBITDA 未考虑利息费用的影响，故我们无法将其与市值进行比较。请记住：基于股票价格计算的市值，是企业在偿付借款人之后的价值。而 EBITDA（支付利息前的）则是偿付借款人之前的价值。因此，将净债务（正如在企业价值章节中所讨论的，加上潜在的其他科目）加回到市值中，可以得到能与 EBIT 或者 EBITDA 相匹配的用来计算乘数的分子（企业价值）：

企业价值/EBIT

或者

企业价值/EBITDA

因此，简言之，如果你想用某项偿付债务及利息后的财务指标作为可比指标，那么它必须与市值配合使用，这就是权益乘数。如果你想用某项偿付债务及利息前的财务指标作为可比指标，则应与企业价值配合使用，即得到企业价值乘数。

权益乘数	企业价值乘数
市值/净利润	企业价值/销售额
每股价格/每股收益	企业价值/EBITDA
市值/账面价值	企业价值/EBIT

三种核心的估值方法

上文中介绍的估值以及乘数的概念通过多种方式来估算企业的价值。常用的估值方法主要有三种：

（1）可比公司分析法；

（2）先例交易分析法；

（3）现金流折现分析法。

上述每种方法均基于大量的变量，并且是相当主观的。然而，每种方法进行估值的角度各有不同。因此，如果上述三种方法的估值结果落入了相似的区间内，则估值结果可以从财务角度给出相对强有力的支持。

需要注意的是，杠杆收购分析法可以视为第四种方法。为了实现投资回报而要求的退出价值则是企业对投资人的价值。投资基金通常使用杠杆收购的分析方法来进行估值。

可比公司分析法

可比公司分析法是指将我们所要估值的企业与规模相当、产品相似以及地域相似的企业进行比较的方法。该方法利用乘数作为比较的度量指标。如果同类可比公司的乘数普遍高于所要估值的企业的乘数，那么意味着目标企业的价值可能被低估了；反之，如果同类可比公司的乘数普遍低于我们所要估值的企业，那么意味着目标企业的价值可能被高估了。相比于其他估值方法，可比公司分析法的主要优势在于：

- *相比于上述其他三种估值方法，可比公司分析法最能体现当前市场价值。*可比公司分析法是以当前的股票价格和企业财务数据为基础的。

然而，可比公司分析法也存在如下缺点：

- *找到合适的可比公司可能并不容易。*如果目标企业的业务模式较为独特，并处于一个利基市场⊖中，或是规模很难和上市公司比较，那么可能很难找到合适的同类可比公司。
- *其次，市场可能处于高估或低估行情中。*在市场环境下，可能目标公司所处的行业被整体高估或低估了。如果真是这样，那么我们的分析结果将是不准确的。

先例交易分析法

先例交易分析法是指通过分析历史相似交易的乘数再评估相对价值的方法。目标企业的价值是相对于历史交易中支付给其他相似企业的价格。因此，如果我们能够找到与目标企业相似的且已被收购的企业，则可以对比其估值乘数，从而评估目标企业的近似价值。

⊖ 利基市场指被市场中的统治者/有绝对优势的企业忽略的某些细分市场，是指企业选定一个很小的产品或服务领域，集中力量进入并成为领先者，从当地市场到全国再到全球，同时建立各种壁垒，逐渐形成持久的竞争优势的市场。——译者注

收购乘数

收购乘数与市场乘数（之前介绍过）计算方法相似，只是分子部分前者使用了企业收购价格，而后者则使用了公司当前的市场价值。

例如，企业价值/净利润是基于市场乘数中的（市值+净债务）/净利润。[⊖] 但是，在收购乘数中，企业价值/净利润是基于（收购价格+净债务）/净利润【如本章之前在企业价值部分中所讨论的，需再加上潜在非控制性权益、优先股、未分配的养老金（以及其他所谓的非经营性负债）】。

先例交易分析法相对其他三种方法的优势在于：

- *收购价格中包含了溢价*。如果我们也正在寻求企业的整体收购，这将是有意义的参考。因为它将有助于我们确定该给出多少溢价来说服目标企业的所有者或股东同意将企业出让给我们。

此外，该方法也存在一些主要缺点：

- *历史分析*。根据先例交易的定义可知，它是指历史交易。然而，当我们所处的经济环境发生剧变时，历史交易会失去参考意义。
- *很难找到相关交易*。尤其是在缺乏收购案例的情形下，可能无法找到与我们所分析的企业相似的案例。
- *很难获得数据*。即使可以找到相关的交易，但想要获取计算乘数所需的数据往往并不容易。

表 2-2 乘数

	市场价值	企业价值（EV）
市场乘数	市值/净利润	EV/EBIT
	每股价值/每股收益（P/E）	EV/EBITDA
		EV/销售额
		（其中 EV 是指市值+净债务*）
收购乘数	收购价格/净利润	EV/EBIT
		EV/EBITDA
		EV/销售额
		（其中 EV 是指收购价格+净债务*）

* 如本章之前在企业价值部分中所讨论的，加上潜在非控制性权益、优先股、未分配养老金（以及其他所谓的非经营性负债）。

⊖ 此处为原文翻译。但如本书前例说明，估值乘数权益价值对应净利润，企业价值对应 EBITDA 或 EBIT。——译者注

现金流折现分析法

现金流折现（the Discounted Cash Flow, DCF）分析法被认为是上述三种主要估值方法中技术性最强的，因为需要基于公司的现金流进行计算。折现现金流是用企业预期的自由现金流折现为现值。我们通常会预测企业未来 5~7 年的自由现金流，然后估算终值，即企业从预测区间末期开始直至未来永久的价值。企业价值则是预测期内所有现金流的现值以及终值现值的和。

DCF 企业价值 = 第一年自由现金流现值（Present Value, PV）+ ··· + 第 n 年自由现金流现值（PV）+ 终值的 PV

相比于其他三种估值方法，DCF 分析法的主要优势在于：

- *技术性最强*。例如，相对于可比公司分析法更加依赖于市场数据，DCF 分析法则是基于预测企业基本面所产生的自由现金流。

该方法同样存在一些缺陷：

- *终值*。尽管模型中前几年是基于模型中的预期现金流，但是终值却在整体估值中占较大比例。该终值是基于乘数或永续法计算得到的。
- *模型预测*。模型的预测结果或许并不准确，可能高估或低估了企业价值，这取决于是何种假设驱动预测结果。
- *折现率*。估计折现率可能并不容易。

需要再次强调的是，正如以上三种估值方法都存在显著缺陷一样，它们也各有优势。利用各种方法的优势进行估值是非常重要的。如果你希望深入了解这个技术过程，推荐阅读我的另外一本著作《财务模型与估值：投资银行和私募股权的实践指南》[⊖]，这本书逐步详解了沃尔玛公司的估值过程。

⊖ 《财务模型与估值：投资银行和私募股权的实践指南》中文版由机械工业出版社出版。
——译者注

第三章
杠杆收购分析

杠杆收购（Levenaged Buyout, LBO）分析有三个主要步骤：

第一步：确认收购价格。

第二步：安排资金来源和使用。

第三步：计算内部收益率（Investor Rate of Return, IRR）。

收购价格

为了进行杠杆收购分析，首先需要获得企业潜在的收购价格。对企业进行估值分析将有助于我们获知当前企业的大致价值。《财务模型与估值》那本书介绍了如何建立财务模型和如何对企业进行估值。虽然估值分析对于提供反映企业当前价值的指标非常有用，但投资人仍然需要考虑控制权溢价。控制权溢价是指收购方用超过当前企业市场价值一定百分比的溢价水平，来说服企业拥有者或者股东转让企业或股权。让我们再看一次前言中提到的亨氏公司的新闻稿。

亨氏公司杠杆收购新闻稿

PITTSBURGH & OMAHA, Neb. & NEW YORK-（BUSINESS WIRE）-（美国商业资讯）亨氏公司（纽约证券交易所：HNZ）（"Heinz"）今天宣布，它已经签署了一项最终并购协议，由伯克希尔·哈撒韦公司与3G资本公司组成的投资财团将对亨氏公司发起收购。

协议得到亨氏公司董事会的一致同意，根据协议条款，亨氏公司的股东们所拥有的每股普通股将收到72.5美元的现金，包括亨氏公司存续的负债，此次交易总价格将达到280亿美元。每股股价相对于亨氏公司在2013年2月13日的收盘价60.48美元溢价20%，比亨氏公司的历史最高股价高出19%，比亨氏公司90天平均股价高出23%，并且比亨氏公司年平均股价高出30%。

（亨氏公司新闻稿，2013年2月14日）

这说明投资人将以72.5美元/股收购亨氏公司的股票。但是，在本新闻发布之前，亨氏公司的股票交易价格为60.48美元/股。因此，投资人支付的股票价格（72.5美元）比当前交易价格大约高出20%，即控制权溢价。

上市公司与私营企业收购

对于上市公司，需要注意的是，收购价格通常基于当前每股市场交易价格的溢价百分比，如在前面的新闻稿中所展示的。当然，私营企业也很受杠杆收购者欢迎。如果我们正在评估一家私营企业，无法获得企业当前的交易价格，因此，我们需要使用乘数原理来估计企业的收购价格。私营企业的估值乘数可参考可比上市公司的交易乘数或历史先例交易的估值乘数。换句话说，要想知道一家私营企业的大致价值，你可以寻找那些在产品和规模上与该企业类似的可比上市公司。这些可比上市公司的交易乘数可以帮助确定私人企业的价值区间。此外，寻找那些在产品和规模上相似公司的并购交易价格，使用其历史价格乘数作为参考，可以帮助我们得到合适的收购价格区间。

收购类型

企业收购可分为资产收购或股权收购，两者之间存在诸多区别。

资产收购

在资产收购中，收购方购买选中的企业资产，并且承担与所选资产直接相关的负债。在此方式下，相比原资产净值，体现在收购方资产负债表上的资产价值可以实现重估增值或减值。换句话说，如果买方支付的资产价格高于卖方资产负债表上所述的价值，而且收购价格就是资产的公允市场价格，则多支付价值可以作为税收抵减项在未来15年内摊销（根据美国税法）。资产的价值也可以"重估减值"，如果收购价格低于卖方资产负债表上的资产净值。

SHIPCO 公司的例子

让我们看一个当地包裹快递公司的例子——一家私人企业，通过为客户运送包裹获取收入。公司2012年产生了2,000万美元的销售收入，扣除销售成本（COGS）和营业费用之后，公司息税折旧摊销前利润（EBITDA）为500万美元。因为这是一家私人企业，所以我们可以考虑可比的上市公司（如果存在）来帮助判断股权价值。或者我们可以看看历史交易——其他并购当地包裹快递公司的案例。这本书的目的是如何评估杠杆收购（LBO）交易的投资回报，而不是估值，所以，让我们假设可比公司的估值区间为4~6倍的EBITDA，并且我们找到了一些历史交易数据，收购方向当地的包裹快递公司支付4.5~5.5倍EBITDA作为收购价格。对于这个例子，我们的收购价格将基于5倍的EBITDA这一乘数，因为它是可比公司分析和先例交易分析的中位数。我们得到2,500万美元的收购价格（500万美元EBITDA的5倍）。牢记这个例子，我们将使用它来说明本章中杠杆收购的核心概念，然后再开始讨论亨氏公司收购案例。

股权收购

在股权收购中,收购方通过卖方企业股东购买目标企业的股票。这将导致收购整个商业实体,包括目标企业的所有资产和负债(稍后将注明一些例外)。如果收购方支付的收购价格高于其资产负债表中的账面价值,那么差额需要进一步处理。与资产收购不同的是,股权收购的差额不可以摊销和抵税,这里的差别不能全部归因于资产"重估增值",可能归因于其他科目,如无形资产或商誉。虽然无形资产仍然可以摊销,但根据美国通用会计准则,商誉不能进行摊销。由于商誉不能摊销,因此它不能获得与可摊销资产相同的税收优惠。我们将在第八章中进一步说明。

338(h)(10) 选项

收购方通常更偏好资产收购的原因如下:首先,收购方不必承担与资产并不直接相关的额外的负债;其次,收购方可以获得资产"重估增值"带来的税收优惠。

然而,卖方通常偏好股权收购,因为整个业务(包括大多数负债)将同时出售。这也避免了卖方面临的与资产出售相关的双重征税问题(见表3-1)。

338(h)(10)选项是两全其美的情景,允许收购方将股权收购按照资产收购来处理,同时收购方仍然可以记录资产的"重估增值"并享受税收优惠。历史上第338(h)(10)选项只适用于目标企业是卖方的附属公司,但现在该条款也可以用于S型公司⊖的收购,即使根据定义,S型公司不符合目标企业是卖方的附属公司这一规定。因此,S型公司的收购可以认为是股权收购,但是基于S型公司出售的税务目的,在会计和税务处理上,收购方可以按照资产收购方式来处理。

由于亨氏公司是上市公司,收购方将进行的收购为股权收购。

网站"华尔街"上有文章较好地总结了资产收购、股权收购和338(h)(10)选项之间的主要差异(见表3-1)。

⊖ 在美国,S型股份有限公司是将公司税转嫁到股东个人税的一种公司类型,S股份有限公司不必付所得税,S股份有限公司的收入会转嫁到股东。股东在他们申报的个人所得税报表中必须申报因S股份有限公司营利的收入或损失的金额。如果有获利的生意,等于结合了营业获利到个人所得。这样可以排除双重征税。如果公司有亏损,亏损的金额会直接从个人收入中扣除,可以节省个人所得税。——译者注

表 3-1 收购的种类

	股权收购	资产收购	338（h）（10）选项
卖方	公司股东	公司	公司股东
资产和负债	收购方获得所有的资产和负债	收购方可以选择	收购方获得所有的资产和负债
资产和负债的估值	使用账面价值，但可以根据资产重估增值或减值	每单项资产/负债必须是单独估值	使用账面价值，但可以根据资产重估增值或减值
卖方税收	单一税，卖方缴纳资本利得税	双重税收——对收购价格减去公允市场价值部分征税以及对股东所得征税	双重税收——对收购价格减去公允市场价值部分征税以及对股东所得征税
账面价值	基于会计目的的资产/负债重估增值或减值	基于会计目的的资产/负债重估增值或减值	基于会计目的的资产/负债重估增值或减值
税基	收购方承接卖方原资产和负债税基	按照资产（负债）重估增值或减值调整	按照资产（负债）重估增值或减值调整
商誉和其他无形资产	不能基于税收目的进行摊销并且不能抵税	基于税收目的可以摊销15年，摊销可以抵税	基于税收目的可以摊销15年，摊销可以抵税
卖方净经营亏损	交易后可以根据382条款抵税	交易后完全消除	交易后完全消除
复杂性	成本低和便于操作	复杂和耗时——需要评估和转移每项资产	成本低和便于操作
使用范围	大多数的上市公司/大公司收购	资产剥离，不良资产的出售；私人企业	私人公司；收购方和卖方之间的协商
偏好者	卖方	收购方	两者
合并资产负债表	合并所有卖方的资产和负债项目（假设卖方股东权益已消除）；进行资产增值、减值或新科目的调整	只增加收购方获得的卖方资产和负债；按照收购的资产增值、减值及新项目进行调整	合并所有卖方的资产和负债项目（假设卖方股东权益已消除）；进行资产增值、减值或新科目的调整
新增商誉	= 股权收购价格 – 卖方的账面价值 + 卖方现有商誉 – 固定资产增值 – 无形资产增值 – 卖方现有的递延所得税负债 + 卖方现有的递延所得税资产减值 + 新增递延所得税负债	= 股权收购价格 – 卖方的账面价值 + 卖方现有商誉 – 固定资产增值 – 无形资产增值 – 卖方现有的递延所得税负债 + 卖方现有的递延所得税资产减值	= 股权收购价格 – 卖方的账面价值 + 卖方现有商誉 – 固定资产增值 – 无形资产增值 – 卖方现有的递延所得税负债 + 卖方现有的递延所得税资产减值
商誉的处理	不能基于会计目的进行摊销；不能基于税务目的摊销且不可抵税	不能基于会计目的进行摊销；可基于税收目的进行摊销15年并且可抵税	不能基于会计目的进行摊销；可基于税收目的进行摊销15年并且可抵税
无形资产的处理	基于会计目的的摊销；不可抵税	可基于会计目的进行摊销；可基于税收目的进行摊销15年并且可抵税	基于会计目的的进行摊销；可基于税收目的进行摊销15年并且可抵税
固定资产增值折旧	影响税前利润但不能抵税	影响税前利润，可以抵税	影响税前利润，可以抵税
新增递延所得税负债	资产重估增值 × 收购方税率	0美元	0美元
允许使用的年度卖方净经营亏损	卖方股权收购价格 × 三个月长期利率的最大值	0美元	0美元
递延所得税资产减值	=MAX（0, 卖方净经营亏损余额 – 年度可使用的亏损 × 可使用年份数）	从递延所得税资产中减去全部的卖方净经营亏损	从递延所得税资产中减去全部的卖方净经营亏损

资料来源：Breaking into Wall Street (BIWS): http://samples.breakingintowallstreet.com.s3.amazonaws.com/22-BIWS-Acquisition-Types.pdf.

资金的来源和使用

一旦确定了收购价格，我们需要确定用于完成收购所须筹集的资金（资金的使用），并且知道如何获得这些资金（资金来源）。

资金的使用

资金的使用是指为完成收购所需要筹集的资金数额。资金的使用通常分为三大类：

（1）收购价格。
（2）净负债。
（3）交易费用。

收购价格

正如在本章收购价格部分所说的那样，企业的收购价格是基于当前的市场交易价格或是基于一些乘数。

净负债

很多时候，除了收购价格，收购方还需要筹集额外资金以偿还目标企业的存续债务。这还包括其他负债，例如融资租赁。是否偿还这些债务取决于企业是上市公司还是私营企业等诸多因素。

上市公司 如果企业是上市公司，意味着收购方从股东手中购买了所有股份，收购方必须承担目标企业资产负债表上的义务。当然，股东不对企业债务负责。因此，收购方必须确定这些负债是否能够在交易后继续保留，或者是否需要筹集额外资金以偿还这些债务。因此，收购方必须对企业的债务进行一些尽职调查。在通常情况下，当出借人借钱给企业时，这些债务会附有契约和章程，规定如果企业有任何重大事件，例如控制权的变更（收购），那么出借人有权要求企业立即偿还借款。如果是这样，那么收购方别无选择，只能通过再融资或筹集额外资金来偿还这些债务。如果出借人没有提出这样的要求，那么收购方必须决定是立即偿还这些债务还是将继续持有并保留在资产负债表上。该决定往往取决于利率或者该贷款的其他条款。如果收购方能够以更好的利率获得贷款，那么收购方很可能更愿意通过再融资的方式借新还旧。

私营企业 如果企业是私营企业，收购方很可能基于某个乘数和出售方协商收购价格。估值乘数分为权益乘数和企业价值乘数（见第二章）。在这里乘数非常重要，因为乘数决定收购价格是权益价值还是企业价值。换句话说，如果收购价格是基于权益乘数的，那么当然收购价格会是权益价值；而如果收购价格是基于企业价值乘数的，那么收购价格是企业价值。这一点很重要，因为如果谈判的收购价格是企业价值，那么该收购价格应当已经包括了债务的价值。这意味着我们不必筹集额外资金来偿还目标企业的债务。我们可以确定地说卖方应该承担这些负债。我们可以通过实例来说明，例如，我们经过协商以5倍的EBITDA购买了一家公司。如果该公司的EBITDA是10万美元，那么我们将支付50万美元购买该公司。但是，这里的50万美元是基于企业价值，因此是包括债务在内的企业价值，所以卖方应承担偿还债务的义务。

另一方面，假设我们协商的收购价格是基于权益乘数即10×的净利润。如果净利润是25,000美元，那么收购价格为250,000美元。并且，这个收购价格是权益价值（因为它是基于净利润的——扣除债务和义务之后），这意味着收购价格不包括负债的价值。本质上，收购方将承接公司的原有负债。这是符合逻辑的，因为权益价值低于我们使用EBITDA乘数时计算的收购价格（企业价值）。

假设负债的总价值为25万美元。如果我们协商的收购价格基于EBITDA，那么我们支付50万美元，并且不需要对债务负责（卖方持有责任）。但是，如果协商的收购价格是基于净利润并且收购价格是25万美元，那么我们需要筹集额外的25万美元来偿还债务，总额仍为50万美元。

	上市公司	私营企业
估值方法的应用	高于市价的百分比溢价，乘数	乘数
净债务义务	收购方承接；在收购后，继续存续、再融资或收购时偿清	可由收购方或者卖方负责；取决于估值方法、谈判以及债务合同

因此，根据收购方计算收购价格的方式，净负债可能需要也可能不需要包含在资金使用用途中。请注意，我们提到净负债而不是总负债，因为净负债是总负债减去现金及现金等价物。换句话说，我们假定在收购目标企业时，资产负债表上的任何现金，都将用于偿还现有负债。请注意，对于一家私营企业来说，卖方在出售之前很可能将所有账面现金带走。在这种情况下，资产负债表上的现金将是0美元。

> **SHIPCO 公司的例子（续）**
>
> 在 SHIPCO 公司的案例中，我们使用 EBITDA 乘数来得到收购价格。因此，2,500 万美元的收购价格实际上是企业价值，它包括债务在内。实际上如果我们购买了一家企业，卖方将负责用收到的 2,500 万美元来偿还剩余债务，因此我们将承接的是一家没有负债的企业。

交易费用

交易费用是指与交易持续进行和完成相关的中介费用。例如，律师和投资银行帮助完成交易时需要获得服务的报酬。收购方需要使用额外资金来支付这些费用。这些费用从很小的数额到交易价值的某个百分比不等，费用的多少取决于协商结果和公司的政策。这些费用中的一些可以资本化（见表3-2）。以下是一些较常见的交易费用类别。

投资银行费用 通常聘请投资银行代表客户帮助其购买或出售企业。投资银行的费用通常基于交易价值的百分比（例如，1%~3%，在几十亿美元的大型交易中，顾问费可以低于总价值的 1%）。投资银行也可以提供企业估值评估、寻找其他投资方如贷款人等、进行尽职调查等单项收费服务。

法律费用 合同谈判、监管审查和批准、法律尽职调查、准备批准文件以及股权收购协议文件都需要律师。另外法律收费服务还包括谈判、审查和准备为交易提供资金所需的文件，其中可能包括用于发行债务或股本的私人备忘录等内容。投资银行也会协助法律顾问编写备忘录。

尽职调查费用 尽职调查指的是审查和审计潜在的收购目标。这个过程包括审查所有财务记录、评估资产、企业估值以及和出售企业有关的所有重要信息。

环境评估 如果收购涉及土地或财产，可能需要进行环境评估，以评估这一资产对环境将产生的积极影响或消极影响。

人力资源 很多时候，如果杠杆收购的策略是为了提高企业的运营绩效，那么就需要寻找更好的人才。新的管理层，例如具有良好业绩记录的 CEO，可能是实现期望经营结果的关键。这就可能需要进行人力资源搜索。

负债费用 出借人通常收取一定的费用，无论是统一费率还是借出债务的一定百分比。对于标准贷款来说这个百分比可以小于1%，而对于更激进类型的债务可以是 1%~3% 的比例。它也可以根据债务的规模大小而不同。有时，与定期贷款相关的费用可以资本化，可在资产负债表上摊销。我们将在第十六章中详细介绍债务费用的资本化和摊销。

股权费用 股权投资者也可以在交易结束时收取费用。这笔费用同样取决于所投资的股权规模，这也是私募股权基金产生经营利润的几种方式之一。表 3-2 是最近一笔 3,000 万美元杠杆收购交易的交易费用的结构示例。

表 3-2　交易费用的例子　　　　　　　　　　　　单位：美元

交易费用	费率	总额
股权投资人	2%	600,000
高级贷款	0.5%	37,500
夹层贷款	2%	120,000
律师		150,000
会计		75,000
环境评估		10,000
尽职调查		15,000
人力资源		25,000
其他		25,000
总计		1,057,500

在这个例子中股权投资者是一家私募基金公司，购买了目标公司。收购价格是 3,000 万美元，所收取的股权费用是收购价格的 2%。通过高级贷款筹集了 7,500,000 美元，费率为 0.5%。通过夹层贷款筹集了 6,000,000 美元，费率为 2%，还有一些其他费用是固定费用。通过这个真实的例子，我们知道对一笔 3,000 万美元的收购来说，交易费用占总交易价值的 3.33%。

总之，收购价格、净负债和交易费用都意味着需要使用现金。这是收购方需要筹集以支付总收购成本的金额。

SHIPCO 公司的例子（续）

让我们简化 SHIPCO 公司的例子，并假设没有交易费用。同样，我们使用 SHIPCO 的例子来说明杠杆收购（LBO）的过程，因此不必在细节处深究。

资金的来源

现在我们知道了完成一笔收购需要多少资金的支持,因此我们需要获得这些资金。资金来源有发行股票、筹集债务或使用持有的现金。表3-3列举了杠杆收购中常见的资金来源。左栏中的百分比范围代表每种资金类型占总资金的平均百分比。预期收益率可能因市场环境不同而有所差异。另外请注意,表3-3中所述的预期股权回报率大于25%是许多基金希望实现的收益率,这不同于在近期市场环境下实际获得的收益率。

表3-3 杠杆收购中资本结构的例子

银行债务 (30%~50%)	▪ 对资产处置有优先权 ▪ 最低的风险 ▪ 预期回报率(利率):5%~12%
高收益债务 (0%~10%)	▪ 垃圾债券 ▪ 较高风险 ▪ 高利率 ▪ 不经常使用(夹层贷款更常见) ▪ 预期回报率:12%~15%
夹层贷款 (20%~30%)	▪ 债权和股权的结合;下跌保护(债权)和上升潜力(股权) ▪ 可被视为可转债或优先股 ▪ 有助于增加股本回报率 ▪ 预期回报率:13%~25%
股本 (20%~30%)	▪ 财务投资人 ▪ 没有下行保证 ▪ 预期回报率:>25%

负债

企业可以筹集各种类型的债务以获得收购所需的资金。常用的债务分为以下几种类型。

银行债务 银行债务或定期贷款是最基本的债务类型。它通常收取5%~12%的利息,并可以由企业的核心资产提供支持担保。这种债务通常可以在交易期内分期偿还,例如可分期为5~7年。银行债务可以来自商业银行或投资银行、私人基金或者投资者。向不同的贷款人借钱以此获得多笔贷款虽然也是可能的,但比较困难。然而,所有的贷款几乎总存在一个层级结构。次级贷款通常风险较高,并且有较高的利率。

请注意，本书的目的不是详解所有各种债务工具。债务工具的选择是非常多的，并且还有其他很好的教科书只专注于债务工具。为了更好地说明各种债务如何应用于杠杆收购分析，本书提供了简要概述。

私人企业不仅可以筹集标准定期债务，而且还可以筹集更激进的债务类型，但如果企业是上市公司的话，那么这些更激进的债务是不可行的。如果上市公司涉足高利息债务，那么股东很可能抛售股票。私人企业能够筹集多种类型债务的能力是杠杆收购的关键。

高收益债务 高收益债务是一种更激进的债务，利息率高得多，以补偿违约等额外风险。这种债务的利息可以高于15%，但也取决于当时的情况。我们在表3-3中提到，杠杆收购交易中通常使用0~10%的高收益债务。是否使用高收益债务在现实中也存在争议，一些基金以前经常使用高收益债务，但现在不再使用。而另外一些基金则再次准备进入高收益债务市场。如果你是收购方，选择什么样的债务取决于谁愿意为交易提供贷款和以什么样的成本（利率）提供贷款。

卖方票据 在收购企业时，聪明的收购者将想方设法来激励上一任企业主帮助自己完成交易后的过渡时期。收购后最坏的情况是，卖方在出售企业后建立了与原业务相竞争的企业。为了防止这种情况发生，并且进一步鼓励企业的出售者帮助收购方维持企业的正常运营，可以通过卖方票据或分期付款的支付方式。卖方票据是卖方向买方提供的、要求买方按约定分期偿还的贷款。例如，SHIPCO公司的收购中，假设收购价格为2,500万美元，经过协商我们向卖方支付2,000万美元，将剩下的500万美元视为卖方票据在五年内分期支付。这样可以激励卖方继续帮助企业，直到卖方在五年内收到500万美元。这种卖方票据可能会也可能不会产生利息，取决于卖方和收购方之间的协议。作为补充，双方通常需要签署非竞争性协议，就是为了防止卖方重新建立一个新的企业与所出售的企业进行竞争，而卖方票据是帮助执行此类协议的好方法。

夹层证券

夹层证券是债权和股权的混合，可转换债或优先股是典型的夹层融资方式。夹层证券通常被认为是一种能够在一段时间后或在满足某些条件后可以转换为股本的债务。虽然有时并不是非常明确，但当有投资者愿意投资这样的证券，并且有企业愿意使用这种融资方式时，夹层证券几乎可以创造任何债务和股权的组合。因此，投资银行中有可转债市场部门，其唯一目的是建立独特的混合结构，以便将买方与夹层融资的卖方进行匹配。

对投资者来说，夹层证券的一个好处是具有下行保护（因为它也是有期限的债务），但如果将其转换为股本，则有上升的潜力。鉴于这些证券有股权的属性，并且股权比债务的风险更大，可转换证券的有效组合回报率应高于债务的有效回报率。在表3-3中显示，总资本中的20%~30%通常由夹层证券组成。同样，这一比例通常取决于企业和各自的市场情况。

在本书的第十五章中详细介绍了优先证券，并具体说明了如何建立与亨氏公司相关的优先证券模型。

请注意：优先证券通常被认为是股权，当然它们也是夹层证券，因为它们通常以债权的某种形式存在。关于优先证券更详细的论述，请参见第十五章。

股本

上市公司可以在公开市场上发行股票，以便获得收购所需的资金。私人企业可以尝试通过私募基金或投资者增发股份，或者使用自己的资金。通常，在杠杆收购中，需要筹集20%~30%的股本以满足所需的总金额。这一比例根据交易情况和市场环境而改变。

转续股权 在私人企业中，卖方也可以将一些资金投入企业中，并获得一小部分股权。这有助于激励卖方继续关注企业，特别当卖方对继续维持客户关系非常重要或拥有企业进一步增长所必需的重要关系时。

现金

如果有足够的现金以满足总的资金需求，则企业不需要增加股权或债务。

总的资金来源应与总的资金使用相匹配。

$$资金的来源 = 资金的使用$$

> **SHIPCO 公司的例子（续）**
>
> 我们假设，在 SHIPCO 公司的例子中，我们已经能够筹集 35% 的银行债务、25% 的高收益债务和 40% 的股权。因此，2,500 万美元中的 35% 是 875 万美元，2,500 万美元中的 25% 是 625 万美元，1,000 万美元是我们将用于收购该公司的股本。我们还注意到，该公司的净负债为 10 万美元。因为在这种情况下净负债已经包括在收购价格中，所以我们将净负债与收购价格分开。换句话说，在我们同意支付给卖方的 2,500 万美元中，10 万美元将用于偿还净负债（见表 3-4）。在亨氏公司的分析中我们还会用其他的方法来进行分析。

表 3-4　SHIPCO 公司资金的来源和使用　　　　单位：10^3 美元

资金的使用	总额	来源	总额	%
收购价格（股权价值）	24,900	银行负债	8,750	35%
交易费用	0	高收益债务	6,250	25%
净负债	100	股本	10,000	40%
总计	25,000	总计	25,000	100%

内部收益率（IRR）分析

一旦有了现金来源并获得了可以使用的现金，就可以计算潜在投资的年回报率。

初始假设

我们从以下假设开始：

持有期间

首先要着重考虑的是持有期间，我们在出售之前希望持有企业多长时间？这个时间范围可能取决于我们认为需要用多长时间来对企业进行充分的改进，或者可能基于投资基金的存续时间，持有期间通常为 5 年、7 年或者 10 年。

退出价值计算方法

一旦知道了将要出售企业的时间，就需要确定退出价值——我们期待可以将企业出售的价值。因为现在企业是私人的，出售价格假设将基于此时的乘数，即假设的退出乘数。在这里，可比公司分析法或先例交易分析法可以帮助我们确定合理的退出乘数。但通常来说，也可以用收购企业时使用的乘数。换句话说，如果收购企业时支付了 10× 的 EBITDA，我们希望在 5 年后至少能够仍以 10× 的 EBITDA 出售。这个想法意味着，我们很可能希望改善企业经营和增加企业的 EBITDA，因此，虽然乘数保持不变，但企业的出售价格仍然会增加。因此，在分析中，提前考虑将使用什么方法来获得退出价值是很有用的；也就是说，是使用 EBIT 乘数、EBITDA 乘数还是其他方法的乘数？最常见的是使用 EBIT 或 EBITDA 乘数，因为它们是核心的经营指标，更能体现企业经营效益（可参考第二章有关内容）。

> **SHIPCO 公司的例子（续）**
>
> 在 SHIPCO 公司的例子中，假设我们打算持有 5 年。收购企业时支付了 5× 的 EBITDA，所以保守地假设 5 年后同样以 5× 的 EBITDA 出售该企业。

投资者回报率的分析步骤

一旦有了核心的假设——收购价格、资金的使用、资金的来源、持有期间和退出价值计算方法，就可以进行分析。

第一步：无杠杆自由现金流预测

一旦有了核心假设，很可能需要做出五年预测，以便用退出乘数计算退出价值。此外，一旦我们有了一个退出价值，并且这个退出价值是基于企业价值乘数计算得到的，那么计算结果也将是企业价值。如果是这样，我们需要通过将企业价值减掉净负债得到权益价值，权益价值能够反映我们的实际回报。换句话说，在出售企业时，我们很可能需要偿还企业的负债。其次，因为我们出售的企业是私人的，如果出售是基于 EBIT 或 EBITDA 乘数，那么出售价值就是企业价值，因此是包含负债的价值。

并且，为了预测第 5 年的债务水平，我们不仅需要了解五年间产生的利息影响，还需要了解企业五年间产生的现金流，企业五年间所产生的现金流可以用来偿还债务。无杠杆的自由现金流预测包含 EBIT 和 EBITDA 预测，可用于预测退出价值，也包含现金预测，可用于预测现金。因此，对于简单的 IRR 分析，首先建议进行简单的无杠杆自由现金流预测。

无杠杆自由现金流　无杠杆自由现金流可以视为向所有资本提供者提供的现金，包括股东和贷款人。换句话说，它衡量了向股东和贷款人支付之前的现金流。此外，由于估值是衡量公司核心业务资产的一个指标，无杠杆自由现金流代表企业核心的经营业务产生或损失的现金。为了更清楚地理解这些概念，让我们来看一张完整的现金流量表。我们将在第六章中对现金流量表的组成进行更详细的阐述，因此，如果你发现你对现金流的理解存在困难，那我们建议你在阅读第六章后再回顾这里的讨论（见表 3-5）。

为了获得无杠杆现金流，我们需要移除所有和资本结构相关的现金流。因此，我们需要移除股利支出、非控制性股东权益、股票发行、股票回购、债务增加和债务偿还；移除整个融资活动部分。此外，我们需要衡量日常活动的现金，所有非经常性和特殊项目如收购和资产剥离也将被移除。在投资活动部分，我们只留下资本性支出见表（3-6）。

简化的剩余现金流如下：

无杠杆自由现金流
净利润
+折旧与摊销
+递延所得税
+其他非现金项目
+营运资本变动
-资本性支出

最后，由于我们想计算无杠杆的现金流，所以我们还需要调整净利润中的利息费用。因此，我们需要增加一项：税后净利息费用。

无杠杆自由现金流
净利润
+折旧与摊销
+递延所得税
+其他非现金项目
+营运资本变动
-资本性支出
+税后净利息费用
=总的无杠杆自由现金流

表 3-5 合并现金流量表

合并现金流量表（单位：百万美元）

截止日期1月31日	实际值			估计值				
	2010A	2011A	2012A	2013E	2014E	2015E	2016E	2017E
经营活动产生的现金流								
净利润	14,883	16,993	16,387	17,192.1	18,030.3	18,665.9	19,066.2	19,215.5
终止经营业务净现金的损失（利润）	79	(1,034)	67	0	0	0	0	0
折旧与摊销	7,157	7,641	8,130	8,591.7	9,188.6	9,809.4	10,448.9	11,101.1
递延所得税	(504)	651	1,050	715.9	1,003.5	791	596.3	411.4
其他经营活动	318	1,087	398	318	318	318	318	318
经营性运营资本变动								
应收账款变动	(297)	(733)	(796)	146.5	(289.5)	(243.2)	(189.7)	(130.3)
存货变动	2,213	(3,205)	(3,727)	(148.4)	(2,043.1)	(1,716.2)	(1,338.7)	(919.2)
预付费用及其他变动	0	0	0	(773.9)	(122.9)	(103.3)	(80.6)	(55.3)
应付账款变动	1,052	2,676	2,687	701.2	1,865.5	1,567	1,222.2	839.3
应付负债变动	1,348	(433)	59	1,425.7	979	822.3	641.4	440.5
应计所得税变动	0	0	0	(460.7)	34.3	26	16.4	6.1
经营性运营资本净变动	4,316	(1,695)	(1,777)	890.4	423.1	352.6	271.1	181.1
经营活动产生的现金总额	26,249	23,643	24,255	27,708.1	28,963.6	29,936.9	30,700.5	31,227.1
投资活动产生的现金流								
资本性支出（CAPEX）	(12,184)	(12,699)	(13,510)	(14,213)	(14,923.7)	(15,520.6)	(15,986.2)	(16,305.9)
资本性支出占销售收入的比例	3%	3%	3%	3%	3%	3%	3%	3%
资产和设备的处置收益	1,002	489	580	0	0	0	0	0

(续)

合并现金流量表（单位：百万美元）

截止日期 1 月 31 日	实际值			估计值				
	2010A	2011A	2012A	2013E	2014E	2015E	2016E	2017E
投资和收购 - 净现金支出	0	(202)	(3,548)	0	0	0	0	0
其他投资活动	(438)	219	(131)	(438)	219	(131)	(438)	219
投资活动产生的现金总额	**(11,620)**	**(12,193)**	**(16,609)**	**(14,651)**	**(14,704.7)**	**(15,651.6)**	**(16,424.2)**	**(16,086.9)**
筹资活动产生的现金流								
短期借款（还款）	(1,033)	503	3,019	0	0	0	0	0
长期借款（还款）	(487)	7,316	466	0	0	0	0	0
一年内到期的长期负债	0	0	0	0	0	0	0	0
一年内到期的融资租赁义务	0	0	0	0	0	0	0	0
股利支付	(4,217)	(4,437)	(5,048)	(5,344.7)	(5,187.3)	(5,029.9)	(4,872.5)	(4,715.1)
股利支付（美元/股）				*1.59*	*1.59*	*1.59*	*1.59*	*1.59*
购买普通股								
(库存股)	(7,276)	(14,776)	(6,298)	(7,318.8)	(7,318.8)	(7,318.8)	(7,318.8)	(7,318.8)
购买可赎回的非控制性权益	(436)	0	0	0	0	0	0	0
融资租赁义务	(346)	(363)	(355)	0	0	0	0	0
其他	(396)	(271)	(242)	0	0	0	0	0
筹资活动产生的现金总额	**(14,191)**	**(12,028)**	**(8,458)**	**(12,663.5)**	**(12,506.1)**	**(12,348.7)**	**(12,191.3)**	**(12,033.9)**
汇率变化的影响	194	66	(33)	194	66	(33)	194	66
现金及现金等价物变动合计	**632**	**(512)**	**(845)**	**587.6**	**1,818.8**	**1,903.6**	**2,279**	**3,172.3**
补充数据：								
债务偿还之前的现金流				587.6	1,818.8	1,903.6	2,279	3,172.3

第三章 杠杆收购分析

35

表 3-6 合并现金流量表——无杠杆自由现金流量

合并现金流量表（单位：百万美元）	实际值			估计值				
截止日期 1 月 31 日	2010A	2011A	2012A	2013E	2014E	2015E	2016E	2017E
经营活动产生的现金流								
净利润	14,883	16,993	16,387	17,192.1	18,030.3	18,665.9	19,066.2	19,215.5
终止经营业务净现金的损失（利润）	79	(1,034)	67	0	0	0	0	0
折旧与摊销	7,157	7,641	8,130	8,591.7	9,188.6	9,809.4	10,448.9	11,101.1
递延所得税	(504)	651	1,050	715.9	1,003.5	791	596.3	411.4
其他营运资本	318	1,087	398	318	318	318	318	318
经营活动产生的现金变动								
应收账款变动	(297)	(733)	(796)	146.5	(289.5)	(243.2)	(189.7)	(130.3)
存货变动	2,213	(3,205)	(3,727)	(148.4)	(2,043.1)	(1,716.2)	(1,338.7)	(919.2)
预付费用及其他变动	0	0	0	(773.9)	(122.9)	(103.3)	(80.6)	(55.3)
应付账款的变动	1,052	2,676	2,687	701.2	1,865.5	1,567	1,222.2	839.3
应计负债的变动	1,348	(433)	59	1,425.7	979	822.3	641.4	440.5
应计所得税变动	0	0	0	(460.7)	34.3	26	16.4	6.1
营运资本变动净值	4,316	(1,695)	(1,777)	890.4	423.1	352.6	271.2	181.1
经营活动产生的现金总额	26,249	23,643	24,255	27,708.1	28,963.6	29,936.9	30,700.5	31,227.1
投资活动产生的现金流								
资本性支出（CAPEX）	(12,184)	(12,699)	(13,510)	(14,213)	(14,923.7)	(15,520.6)	(15,986.2)	(16,305.9)
CAPEX 在销售收入中的占比	3%	3%	3%	3%	3%	3%	3%	3%

第三章 杠杆收购分析

合并现金流量表（单位：百万美元） （续）

截止日期1月31日	实际值			估计值				
	2010A	2011A	2012A	2013E	2014E	2015E	2016E	2017E
资产和设备的处置收益	1,002	489	580	0	0	0	0	0
投资和收购净购现金支出	0	(202)	(3,548)	0	0	0	0	0
其他投资活动	(438)	219	(131)	(438)	219	(131)	(438)	219
投资活动产生现金总额	(11,620)	(12,193)	(16,609)	(14,651)	(14,704.7)	(15,651.6)	(16,424.2)	(16,086.9)
筹资活动产生的现金流								
短期负债（还款）	(1,033)	503	3,019	0	0	0	0	0
长期负债（还款）	(487)	7,316	466	0	0	0	0	0
一年内到期的长期负债	0	0	0	0	0	0	0	0
一年内到期的融资租赁义务	0	0	0	0	0	0	0	0
股利支付	(4,217)	(4,437)	(5,048)	(5,344.7)	(5,187.3)	(5,029.9)	(4,872.5)	(4,715.1)
股利支付（美元/股）	—	—	—	1.59	1.59	1.59	1.59	1.59
购买普通股（库存股）	(7,276)	(14,776)	(6,298)	(7,318.8)	(7,318.8)	(7,318.8)	(7,318.8)	(7,318.8)
购买可赎回的非控制性权益	(436)	0	0	0	0	0	0	0
融资租赁义务	(346)	(363)	(355)	0	0	0	0	0
其他	(396)	(271)	(242)	0	0	0	0	0
筹资活动产生的现金流总额	(14,191)	(12,028)	(8,458)	(12,663.5)	(12,506.1)	(12,348.7)	(12,191.3)	(12,033.9)
汇率变化的影响	194	66	(33)	194	66	(33)	194	66
现金及现金等价物变动合计	632	(512)	(845)	587.6	1,818.8	1,903.6	2,279	3,172.3
补充数据：								
债务偿还之前的现金流				587.6	1,818.8	1,903.6	2,279	3,172.3

37

对于这些项目是应该增加还是减少，通常令人困惑。最好的经验是跟随现金流量表对这些科目进行同样的调整。我们试图模仿现金流量表的形式，所以对于现金流量表中增加的项目，我们也应该增加它；对于现金流量表减去的项目，我们也应该减去它。根据标准的现金流量表，现金流量应为：

净利润＋折旧与摊销＋递延所得税＋其他非现金项目＋营运资本变化－
资本性支出＋税后净利息费用

应该加上营运资本的变化，因为现金流量表中的净利润加上营运资本变化将会得到经营现金流量。许多教科书建议减去营运资本，但实际上是指减去资产负债表中的营运资本的变化额。换句话说，如果应收账款从 0 美元增加到 1,000 美元，或者是资产负债表的变化是 1,000 美元，那么我们知道现金流变化是 –1,000 美元，因为资产增加反映了现金流出。然而，如果直接从现金流量表中引用营运资本变动的数额，它已经表示为负数（–1,000 美元），我们只需要将其加上。

更为重要的是，除了资本性支出之外，投资活动中还可能有其他科目可能对企业的日常经营产生影响。尽管在无杠杆自由现金流公式中没有明确的定义，但整个分析的关键是得到一个数值，可以反映企业预期在未来经营所产生的现金。此外，在经营活动中，可能存在未归类在标准无杠杆自由现金流定义内的其他调整。对于是否还应在无杠杆自由现金流中调整这些科目，我们可以退回到利润表，来看这些科目是如何影响净利润的。换句话说，如果这些科目是非现金项目，需要在净利润的基础上进行调整，以获得更准确的现金流量，则应将这些科目包含在分析中。然而，如果这些是真正的非经常性事件，并且如果我们已经从利润表的净利润中扣除，那么在这里做加回调整就不正确。这是一个例子，告诉我们充分理解无杠杆自由现金流的来源以及如何使用的重要性，而不是单纯地套用公式。

先前的定义并不是无杠杆自由现金流最标准的定义。通常使用 EBIT 作为起点，而不是净利润。在利润表中预测销售收入到 EBIT 相对于从销售收入到净利润更为简单一些，尤其是我们加回了很多科目。但是，两种方法都会得到相同的结果。因此，如果将 EBIT 作为起点，仍然要进行相同的调整：

无杠杆自由现金流	无杠杆自由现金流
净利润	EBIT
+ 折旧与摊销	+ 折旧与摊销
+ 递延所得税	+ 递延所得税
+ 其他非现金项目	+ 其他非现金项目
+ 营运资本变动	+ 营运资本变动
− 资本性支出	− 资本性支出
+ 税后净利息费用	
= 总的无杠杆自由现金流	

请注意，必须再次仔细检查有哪些科目应该（或不应该）包含在其他非现金项目中。由于不同的原因，如果特定的非现金科目出现在 EBIT 之后、净利润之前，那么在这种以 EBIT 为起点的情况下就不需要再进行调整。

还要再做一个调整：税收。不需要调整利息费用，因为 EBIT 已经是利息费用之前的。但 EBIT 也在税前。因此，为了调整所得税科目，需要用 EBIT × 税率。需要注意的是，不从利润表中直接引用扣除所得税数额，因为这个数额包含利息的影响。

无杠杆自由现金流	无杠杆自由现金流
净利润	EBIT
+ 折旧与摊销	+ 折旧与摊销
+ 递延所得税	+ 递延所得税
+ 其他非现金项目	+ 其他非现金项目
+ 营运资本变动	+ 营运资本变动
− 资本性支出	− 资本性支出
+ 税后净利息费用	− 所得税（EBIT × 税率）
= 总的无杠杆自由现金流	= 总的无杠杆自由现金流

SHIPCO 公司的例子（续）

对于 SHIPCO 公司，在表 3-7 中进行了简单的无杠杆自由现金流预测。假定 EBIT 将以每年 5% 的速度增长，并保持每年的折旧与摊销（D&A）支出。为了简化模型和进行说明，资本性支出和营运资本不变。我们还假设了 40% 的税率。我们将使用这些现金流来确定 SHIPCO 公司的投资者回报率（IRR）。

需要注意，理解无杠杆自由现金流的推导非常重要。在这个不断变化的市场环境中，随着创新和商业模式不断出现，无杠杆自由现金流的标准教科书定义也需要不断进行调整以正确衡量一个特定企业的价值。理解无杠杆自由现金流的目的是为了衡量企业价值，这将有助于我们形成自己的调整方式，来获得企业的真正价值。

第二步：计算企业退出价值

无杠杆自由现金流包含 EBIT 和 EBITDA。因此，假设使用 EBIT 或 EBITDA 乘数作为计算退出价值的方法，可以将这个乘数应用于退出年份无杠杆自由现金流量相对应的财务指标中。

$$EBITDA 乘数 \times 退出年 EBITDA = 退出企业价值$$

请注意，这样计算出了企业价值。为了计算回报，需要股权价值，所以需要减除债务。

SHIPCO 公司的例子（续）

看表 3-7，我们注意到 2017 年 EBITDA 为（6,381.4 + 400）美元（EBIT + 折旧与摊销）。所以 5 倍乘以 EBITDA 6,781.4 美元，得到退出价值为 33,907 美元。

表 3-7 SHIPCO 公司无杠杆自由现金流　　　　　　　　　　　　　　　单位：美元

预测自由现金流量

	2012A	2013E	2014E	2015E	2016E	2017E
EBIT	5,000	5,250	5,512.5	5,788.1	6,077.5	6,381.4
EBIT 增长率		5%	5%	5%	5%	5%
折旧与摊销	400	400	400	400	400	400
资本性支出	(1,000)	(1,000)	(1,000)	(1,000)	(1,000)	(1,000)
营运资本变化	(100)	(100)	(100)	(100)	(100)	(100)
所得税（40%）		(2,100)	(2,205)	(2,315.3)	(2,431)	(2,522.6)
无杠杆自由现金流		2,450	2,607.5	2,772.9	2,946.5	3,128.8

第三步：计算退出时负债

现在已经计算出退出价值，需要减去第 5 年的净负债，以确定作为投资者获得的实际回报的价值。为了计算退出时的债务，需要考虑几件事情：

- 总是从最初收购时筹集的负债开始。
- 需要计算拥有该企业后每年的利息。
- 产生的现金（无杠杆自由现金流）可用于偿还债务和利息。

因此，初始收购时债务的初始价值（初始债务），加上每年的应计利息，减去产生的现金总额，就是退出时的债务，或者：

$$初始债务 + 总利息 - 总现金 = 退出时债务$$

总利息可以用所筹集的债务金额乘以利率，再乘以持有企业的年数和（1－税率）来计算，即：

初始债务 × 利率 × 年数 ×（1－税率）

如果企业有不止一种利率的债务，则应该对每种类型的债务分别计算利息，然后加在一起。请注意，这只是一种快速的分析方式，但不适用于现实，即如果债务逐年偿还，利息费用会不断减少。我们在这里保守地假设利息费用保持不变。我们稍后会通过全面的杠杆收购分析模型来更灵活地动态处理债务偿还和利息支付。

总现金是预计年度的无杠杆自由现金流量的总和。

用（1-税率）调整利息的说明　经常有人会问，为什么将利息费用乘以（1-税率）。因为利息是可抵税的。我们将用下面这个例子来说明。

净利润包括利息：

单位：美元

利息 ×（1-税率）	
EBIT	5,000
利息	1,000
税前利润	4,000
所得税（40%）	1,600
净利润	2,400

净利润为 2,400 美元，其中包含 1,000 美元的利息。如果去除了 1,000 美元的利息费用，也需要调整所得税。

净利润不包括利息：

单位：美元

利息 ×（1-税率）	
EBIT	5,000
利息	0
税前利润	5,000
所得税（40%）	2,000
净利润	3,000

你可以看到，一旦移除 1,000 美元的利息，净利润将从 2,400 美元增加到 3,000 美元。请注意，增加 600 美元，而不是 1,000 美元。这是因为虽然去掉了利息费用，但与该利息费用相关的所得税抵减也同时移除。

换句话说，一旦该利息费用被取消，税前利润实际上就增加了 1,000 美元（从

4,000美元到5,000美元）。更高的税前利润意味着更高的所得税。因此，所得税由1,600美元增加至2,000美元。所以真正的变化是：①利息费用减少1,000美元；②所得税增加400美元。即1,000美元–400美元，这是净利润的净效应600美元。

现在这1,000美元相当于利息减去400美元（利息乘以税率）。所以，

$$利息 - (利息 \times 税率)$$

我们可以提取利息，将公式变化如下：

$$利息 \times (1 - 税率)$$

第四步：计算IRR

一旦有了退出企业价值和退出债务，只需要相减就可以得到退出权益价值。这是作为投资者获得的最终投资回报。利用这个值，我们可以计算出IRR。

$$IRR = (退出权益价值 / 投资权益)^{\wedge}(1 / 年数) - 1$$

投资权益是指投资者最初投资于该企业的权益的价值（在现金来源中找到），年数是持有企业的时间。

SHIPCO公司的例子（续）

看看表3-4（现金来源），可以注意到，我们已经筹集了8,750美元的银行债务和6,250美元的高收益债务。假定银行债务的利率为10%，高收益债务的利率为15%。再次指出，我们正在用简化模型来说明杠杆收购分析过程，不要把这些假设看作是现实的情况。一旦了解方法，我们将使用亨氏公司的真实案例来说明。

现在计算每笔债务的总利息。公式是：

$$初始债务 \times 利率 \times 年数 \times (1 - 税率)$$

我们可以代入假设得到：

$$8,750 \times 10\% \times 5 \times (1-40\%) = 2,625（美元）$$

的银行债务利息，和：

$$6,250 \times 15\% \times 5 \times (1-40\%) = 2,812.5（美元）$$

的高收益债务利息，共计5,437.5美元的利息费用。

为了计算总现金，我们只需要将现金流量从2013年到2017年由表3-7中相加：2,450 + 2,607.5 + 2,772.9 + 2,946.5 + 3,128.8 = 13,905.7（美元）。

$$退出债务 = 初始债务 + 总利息 - 现金$$

或者

$$8,750 + 6,250 + 5,437.5 - 13,905.7 = 6,531.8（美元）$$

因此，退出企业价值为33,907美元，最终债务为6,531.8美元，退出权益价值为27,375.2美元（33,907-6,531.8）。这基本上是归还给投资者的净额。我们将其与初始投资进行比较以计算IRR。原来的股权投资是1,000万美元。现金来源见表3-4。所以要计算IRR，

$$(27,375.2 / 10,000)^{\wedge}(1/5) - 1 = 22.3\%$$

就是这样！这是杠杆收购 IRR 分析的简单版本。

虽然每年回报率 22.3% 并不算太差，但一些基金的最低回报率要求为 25%。

为了加强对分析的理解，要重点强调一些影响 IRR 的关键变量：

- *收购价格*。当然，收购价格在确定 IRR 方面起着重要作用。收购价格越高，投资者投资成本越高，因此 IRR 越低。这里有几个例外：假设较高的收购价格意味着投资者必须将更多的股本投入初始投资。此外，更高的收购价格可以通过更高的出售价值抵销，如果是这样，则 IRR 可能不会受到影响。
- *现金来源*。为了投资而筹集的负债也会影响 IRR。我们筹集到的债务越多，需要投入的股本就越少，所以预期回报就会越高。
- *利率*。降低利率将会降低成本，这将会增加现金，将使我们能够更快地偿还债务并提高 IRR。
- *持有期限*。通常来说，较短的时间将会产生更高的 IRR。但小心不要有错觉，因为这是一个复合增长率。换句话说，5 年 25% 年回报率产生的退出价值并不高于 10 年 20% 年回报率产生的退出价值。以 1,000 美元的投资为例。

$$1,000 \times (1 + 25\%)^5 = 3,051.76（美元）$$

要么

$$1,000 \times (1 + 20\%)^{10} = 6,191.74（美元）$$

你更喜欢哪个？虽然第一个例子有 25% 的较高回报率，但总的退出价值只有第二个例子中的一半。

- *运营绩效（EBITDA 预测）*。我们能提高的 EBITDA 越多，潜在出售价值越高，这将增加 IRR。此外，较高的 EBITDA 会改善现金流。
- *现金流量（自由现金流预测）*。自由现金流越高，我们越能够更快地偿还债务，并提高 IRR。
- *退出乘数*。退出乘数越高（退出值），回报越高。

这些是影响 IRR 分析的主要变量。当我们继续亨氏公司的例子时，请记住这些主要因素。虽然这些分析可以对投资者回报进行快速估计，但这样一个简短分析有几个主要缺陷：

- *缺少利润表*。我们没有净利润的记录,并且可能忽略了EBIT科目之后的一些关键费用,这会对业务表现带来潜在影响。
- *缺少完整的现金流量表*。尽管如前所述,虽然无杠杆自由现金流能够很好地度量现金状况,但没有一个完整的现金流量表,我们可能会忽略一些隐藏在现金产生过程中的其他重要的现金流量项目。
- *缺少资产负债表*。没有资产负债表,我们不能确定企业可以承受多少债务。一个完整的模型将有助于我们更好地确定企业的偿债能力。
- *利息费用*。在这个例子中,通过将利率乘以初始债务来计算利息费用。然后,将利息费用乘以持有业务的年数。在这样做的时候,我们假定每年的利息费用是相同的。然而实际上,每年都可以偿还债务,从而减少利息费用。尽管每年保持相同的利息费用是保守的假设,每年通过偿还债务来节省利息的能力是杠杆收购分析的关键组成部分。
- *商誉/无形资产*。我们没有对无形资产摊销的税收优惠进行假定,无形资产是指支付价值超过账面价值的溢价部分。我们将在第八章中进行讨论。
- *协同效应*。我们没有考虑协同效应或成本节约的影响。虽然我们可以在无杠杆自由现金流分析中做到这一点,但最好在利润表中直接对协同效应进行预测。

以上是为什么全面的杠杆收购分析可以提供更准确的投资者回报估计的一些原因。然而,这种快速分析有助于强调杠杆收购分析的主要概念和驱动因素。在下一部分中,将介绍华尔街对亨氏公司杠杆收购的完整分析。

第 二 部 分
完整的杠杆收购模型

通过对前面章节的反复阅读，你已经对杠杆收购理论有了很好的理解。在上一章的结尾，谈到了简化杠杆收购分析的缺点，这使得我们有必要构建一个完整的杠杆收购模型。然而，对于判断一笔交易是否值得继续下去，简化的分析可以帮助我们更为快速地决策。

一个完整的模型确实有很多优势：

- *详细预测*。如果你真的要收购企业，那么需要完整地预测利润表、现金流量表和资产负债表中的每一个科目。这一细节有助于我们真正了解企业的财务状况。
- *资产负债表的调整*。在投资完成后我们就会知道资产负债表的重要性，包括所有用于收购的新增债务和股权。
- *债务计划表*。完整的杠杆收购模型包含一张计算利息费用和现金流量在三张报表流转的债务计划，这非常关键。当我们介绍亨氏公司的例子时，将证明它的重要性。

回忆杠杆收购步骤3中关于退出时债务的简单分析，完整的杠杆收购模型和其紧密相连，通过债务计划表自动处理债务和利息的偿还与调整。当我们完成模型的构建时，不需要像简化分析那样对所有的负债、利息和现金进行额外计算。在完整的模型中，为了找到退出时的负债，我们只需查看债务计划表或资产负债表，来找到对应的净负债价值，与此同时，可以从企业价值中减掉净负债来得到退出时的股权价值。

这些仅仅是完整的杠杆收购模型的几个主要优点，完整的杠杆收购模型的构建分为九个部分：

（1）假设（收购价格、资金来源和使用）；
（2）利润表；
（3）现金流量表；
（4）资产负债表；
（5）折旧计划表；
（6）营运资本计划表；
（7）资产负债表预测；
（8）债务计划表；
（9）内部收益率（IRR）。

在随后的章节中，我们将解释每个部分是如何关联到一起，以形成一个完整的杠杆收购模型。我们将使用本书网站上"NYSF-Leveraged_Buyout_Model_Template.xls"的模型。建议你下载这一模型并在我们逐步完成亨氏公司案例分析的过程中完成模型的构建。

第四章

假 设

假设是模型的核心，假设的主要部分包括收购价格、资金的使用和资金来源。

我们使用亨氏公司的例子构建杠杆收购（LBO）分析模型，将创建一张假设表，其中包含许多假设驱动因素，尽管在本案例的情况下可能不需要全部用到这些假设。让我们回顾一下收购亨氏公司的新闻稿：

亨氏公司杠杆收购新闻稿

PITTSBURGH & OMAHA, Neb. & NEW YORK-（BUSINESS WIRE）-（美国商业资讯）亨氏公司（纽约证券交易所：HNZ）（"Heinz"）今天宣布，它已经签署了一项最终并购协议，由伯克希尔·哈撒韦公司与3G资本公司组成的投资财团将对亨氏公司发起收购。

协议得到亨氏公司董事会的一致同意，根据协议条款，亨氏公司的股东们所拥有的每股普通股将收到72.5美元的现金，包括亨氏公司存续的负债，此次交易总价值将达到280亿美元。每股股价相对于亨氏公司在2013年2月13日的收盘价60.48美元溢价20%，比亨氏公司的历史最高股价高出19%，比亨氏公司90天平均股价溢价23%，比亨氏公司年平均股价高出30%。

（亨氏公司新闻稿，2013年2月14日）

新闻稿表明，"亨氏公司的股东将收到每股72.5美元的现金。"

在构建模型之前，研究各种数据源以获得准确的信息非常重要。建议访问公司官方网站和www.sec.gov网站，以获得最准确的信息。我们已经从公司网站的投资者关系栏目里面找到了2月14日的新闻稿。如果想要找到这个新闻稿，你可以搜索www.heinz.com网址。在亨氏公司官方网站主页的右上角有一个"投资者关系"（Investor Relations）栏目（见图4-1）。

这个页面的底部是金融新闻部分，可以找到关于收购的新闻稿。

美国证券交易委员会（Securities and Exchange Commission, SEC）里的文件是获得被收购公司财务数据的最佳来源。代理声明中包含一个"财务顾问意见"（Opinion of Financid Adviser）部分，也被称为公平意见，在这里财务顾问会给出支持收购的详细估值说明。SEC网站上表格S-4和表格8-K包含有关收购的财务细节的归档文件。公司的年度报告还包含讨论收购交易的段落。

我们可以浏览网站www.sec.gov。

图 4-1　亨氏公司网站——投资者关系

在图 4-2 的右上方有一个"公司文件"（Company Filings）的链接。点击这一链接将进入另一个页面，我们可以在新的页面"公司名称"搜索框中输入"Heinz"（亨氏），然后点击"搜索"按钮，将会显示与名称"Heinz"相关的公司信息的列表（见图 4-3）。

图 4-2　SEC 网站首页

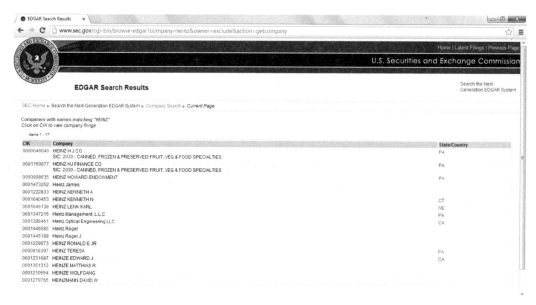

图 4-3　SEC 亨氏公司查询

在列表中可以看到有很多和"Heinz"（亨氏）公司名称相关的信息。在页面顶部会显示名为"Heinz HJ Co"、企业代码为 0000046640 的信息。继续点击这里，结果如图 4-4 所示。你可能需要向下滚动鼠标才能查看发布交易公告时提交的文件。

图 4-4　亨氏公司提交的文件

10-Q 和 10-K 报告将会对我们有帮助。但更重要的是，我们需要查找与收购直接相关的申报。可能需要再进行一些搜索来找到包含有用信息的公开文件。图 4-4 底部的文件显示为 2013 年 3 月 4 日提交的《关于兼并或收购的初步委托投票报告书》。这显然与收购有关，点击这里获取关于杠杆收购有用的初步信息。初步委托投票报告书包含的有用信息要比其他文件包含得多，因此，我们将使用初步委托投票报告书中的信息来构建模型。随着更多信息的获得，可以不断更新模型。委托投票报告书也可以在配套网站中找到，文件名为"Heinz_Preliminary _Proxy.pdf"。

最后，收购建议书、新闻稿或研究报告等其他信息来源可能也是包含收购财务信息的有效信息来源。到目前为止，我们将使用年度报告、委托投票文件以及 10-Qs 和 10-Ks 来构建杠杆收购分析模型。

> **注意**
>
> 在撰写本章时，2013 年 3 月 3 日提交的委托投票报告书是所提交文件中最新且最相关的委托文件。然而，在完成本书的过程中，亨氏公司将会提交更多的委托文件，公布更多的相关信息，但那些文件可能不会包括在初步委托投票报告书中披露的重要核心信息。为了防止在几个文件之间来回转换而产生混淆，我们将仅使用这个核心的初步委托投票信息来进行初始分析。这是为了不让那些小细节使 LBO 模型变得复杂，并且这样做仍然能获得企业预期的投资回报率。

收购价格

正如我们在第三章中讨论的，2 月 14 日的新闻稿披露，亨氏公司股票的要约价格为 72.5 美元 / 股。为了计算基于 72.5 美元 / 股的总的收购价格，我们需要知道亨氏公司稀释后的股本总数。

公司在利润表上报告的普通股股数可以为基本普通股股票数量或稀释后普通股股票数量。基本普通股股票数量是市场上已发行股票数量。稀释后普通股股票数量是指市场上已发行股票的数量加上那些可以认为是普通股的股数，即假设所有期权和认股权证持有者都将持有的价内期权或认股权证行权。当股票价格高于行权价格时，持有人将会行权获得股票。因此，稀释后普通股股票数量可以认为是假想的一种情景，如果所有的期权和认股权证持有者都行使权利，那么现在将有多少股票？在收购情景中，例如亨氏公司的情况，由于股东会获得股权溢价（根据新闻稿为 20% 溢价），因此所有期权和认股权证持有人很可能行使其权利。因此，我们需要基于稀释后的股本数计算收购价格。幸运的是，委托投票报告中有收购股份的详细信息。委托投票报告第一页的底部是：

交易适用的证券总数：

329,787,479 股普通股，其中包括：

（i）截至 2013 年 2 月 27 日已发行和流通的普通股 320,959,712 股；（ii）截至 2013 年 2 月 27 日，行使第三次累积优先股后的普通股 86,805 股；（iii）截至 2013 年 2 月 27 日行使期权购买后发行的 6,713,956 股普通股；（iv）截至 2013 年 2 月 27 日受限制股份的 2,027,006 股普通股。

可以说，截至 2013 年 2 月 27 日，稀释后的总股份数为 329,787,479。这是稀释后总股份数，因为文中提到期权和其他可换股股份。但我们需要知道这些可转换股份是否会全部转换，以计算总的交易价值。如果我们继续阅读，会发现：

根据单价或交易法第 0-11 计算的交易价值（阐明申请费计算的全额以及如何确定申请费）：

根据修订的 1934 年证券交易法第 14 条（g），交易费用由乘数 0.000,136,40 和潜在交易价值 23,575,707,195.62 美元决定，其计算的总额为：（a）乘以（i）截至 2013 年 2 月 27 日发行且流通的普通股 320,959,712 股（ii）合并对价 72.5 美元/股；加上（b）乘以（i）截至 2013 年 2 月 27 日，第三次累计优先股转换的普通股 86,805 股（ii）合并对价 72.5 美元/股；加（c）乘以（i）截至 2013 年 2 月 27 日，行使期权购买的流通中的普通股 6,713,956 及（ii）22.77 美元/股（72.5 美元/股和期权平均行权价格 49.73 美元/股之差）；加（d）（i）2,027,006 股截至 2013 年 2 月 27 日的受限股票单位，及（ii）合并对价 72.5 美元/股。

这大致上是说交易价值为 23,575,707,195.62 美元，将股价与基本普通股股票数量（320,959,712）、可转换优先股数量（86,805）以及受限普通股数量（2,027,006）相乘，即（320,959,712+86,805+2,027,006）×72.5= 23,422,830,417.5（美元）。此外，6,713,956 是用 22.77 美元/股（收购价格 72.5 美元/股和期权行权价格 22.77 美元/股之间的差额）乘以的股票期权数量，即 22.77×6,713,956=152,876,778.12（美元）。加上 23,422,830,417.5，得到了 23,575,707,195.62 美元，这就是亨氏公司的收购价格（见表 4-1）。

表 4-1 总收购价格

股票类型	股数	价格/(美元/股)	总价值/美元
基本普通股	320,959,712	72.5	23,269,579,120
可转换优先股	86,805	72.5	6,293,362.5
受限普通股	2,027,006	72.5	146,957,935
股票期权	6,713,956	22.77	152,876,778.12
总收购价格			23,575,707,195.62

这是委托投票报告中所描述的收购价格，但在模型中，我们通常使用另一种方法——库存股法。

库存股法

我们都知道如果期权属于价内期权，持有人会行权获得普通股，这部分股票应该包含在稀释后的股票总数中。现在，收购价格为72.5美元/股，高于平均行权价格49.73美元/股。这意味着，如果所有期权全部行权，它们的总价值将为333,885,031.88美元（49.73×6,713,956）。现在有一个常用的方法叫作库存股法，是指用行权收入回购股票。因此，如果用行使期权后总的价值除以收购价格即（333,885,031.88/72.5），将可以回购股票4,605,310.78股。换句话说，行使了6,713,956笔期权，但买回4,605,310.78股股票，最终新增的股票数量为2,108,645.22普通股。我们可以将这个数值加到其他证券的股份总数中（320,959,712+86,805+2,027,006）得到325,182,168.22。你可能会注意到，325,182,168.22乘以72.5将得到相同的收购价格23,575,707,195.62美元（如果手动计算会有轻微的舍入误差，但是，如果在计算器或Excel中计算则会完全相同）。这种方法的好处是，我们现在能够展示模型中的总股数（325,182,168.22），以及每股的收购价格（72.5美元/股），而不是委托投票报告中的方法。有些人认为，小数点后的股票份额没有任何技术意义，应该四舍五入计算股票份额为整数。在这里我们先不会这样做，因为如果这样做了，总收购价将不能完全匹配委托投票报告的收购价格。无论哪种方式，取整或保留小数对整体分析不会产生任何实质性的区别，为了使分析更有价值，我们在构建亨氏公司分析模型时会将股数四舍五入为整数。

你可能还注意到，在本章开头部分的新闻稿中提到，该交易价值为 280 亿美元。虽然还没有百分之百地确定，从 236 亿美元到 280 亿美元价值的增加最有可能归因于亨氏公司存续的负债和交易费用。我们将在现金的使用部分中注意这些。

目标股票价格

参考模型的假设页，让我们将基于新闻稿信息的收购价格和表 4-1 以及 4-2 联系起来。你将注意到左上角名为"收购价格"的单元格。单元格的第一项是"目标股价"，指的是亨氏公司当前股票的交易价格。为了准确地得到新闻稿上给出的数字，我们使用新闻发布时的价格 60.48 美元/股。可以将"60.48"输入单元格 C6。

在此之前，有必要注意建模的两个重要规则：

（1）所有输入的数值和假设，都应该使用蓝色字体。

（2）所有使用公式的单元格都应该使用黑色字体。

表 4-2　稀释股份数量计算

股票价格/（美元/股）	72.5
基本普通股数	320,959,712
可转换优先股数	86,805
受限普通股数	2,027,006
未行权期权（实值期权）数	6,713,956
期权平均行权价格/（美元/股）	49.73
期权行权的总收入/美元	333,885,031.88
库存股法回购的股份数量	4,605,310.78
新增发行股票（行使期权）数量	2,108,645.22
已发行稀释后股份总额	325,182,168.22
总的收购价值/美元	23,575,707,195.62

当我们提到"硬编码"（hard-coded）数值，意思是数据直接输入单元格中，也就是说没有链接或者公式。模型中所有的其他公式都依赖于这些原始输入数据，并应保持黑色字体。例如，现在我们输入的历史数据是固定数值，这些应该使用蓝色字体。但是，对这些原始输入数值进行求和的单元格应该是黑色字体，因为这些都是公式。这是华尔街通用的建模规则，⊖ 会使模型的分析更为简单。重要的是，这使我们能够将注意力迅速集中到驱动模型预测的数值和假设（蓝色字体）上。

⊖ 关于财务建模的更多规范，请参阅《CVA 财务建模规范指南》，在注册估值分析师协会官方网站下载，www.CVAinstitute.org。——译者注

收购溢价

模型中的下一行标题是"收购溢价"。这是支付的超过目前市场股票交易价格的控制权溢价。新闻稿中提到，收购财团实际上提出以 72.5 美元 / 股的价格收购企业。在大多数的交易模型中，控制权溢价假设非常重要，因为控制权溢价往往是驱动模型分析结果的假设变量。换句话说，一旦建好模型，我们就能够调整假设变量（控制权溢价），来观察它对内部收益率（IRR）有什么影响。该新闻稿指出 72.5 美元 / 股相比亨氏公司交易价格有 20% 的溢价。新闻稿很可能进行了四舍五入，在这里进行精确的计算并将溢价直接输入 C7 的单元格更好。因此，在 C7 单元格中就要输入"=72.5/60.48–1"。这时我们得到 19.9% 的控制权溢价。

现在可以使用控制权溢价来计算每股隐含的收购价格。这似乎有点多余，因为我们已经知道的收购价格为 72.5 美元 / 股。但是，我们希望基于控制权溢价构建更加灵活的可调整的模型。到后面就会知道这样设置的好处。每股收购价格的计算公式为：

股票目前交易价格 ×（1+ 控制权溢价）

因此，在单元格 C8"每股收购价格"，我们可以，

计算每股股票的收购价格（单元格 C8）

Excel 快捷键	描述
输入"="	进入"公式"模式
选择单元格 C6	股票当前交易价格
输入"*"	乘以
输入"(1+"	控制权溢价百分比加"1"
选择单元格 C7	控制权溢价
输入")"	结束"1+ 控制权溢价"
按下 <Enter> 键	结束
公式计算结果	=C6*（1+C7）

收购价格

现在，我们通过每股收购价格得到实际的收购价格。你应该可以看到控制权溢价作为变量的好处。如果将 19.9% 改为更高的控制权溢价率（你可以现在尝试然后再取消），每股的收购价格将会增加，总的收购价格也将随之增加。如果你将控制权溢价率改为低于 19.9%，收购价格也将会减少。重要的是，有了这样的变量，就可以进行各种敏感性测试来计算收益边界。

在单元格 C9，我们可以将股票数量输入早先确定的 325,182,168（正如前面提到的，将其四舍五入，股票数量为整数）。但是，请注意，报告中的股票数量是实际数量。在模型中，我们希望收购价格的单位为百万（见左上角的单元格 B3）。所以，我们设定股票数量的单位为"百万"。在单元格 C9，我们可以输入"=325.182,168。"

现在，可以通过将总普通股乘以每股收购价格，计算总收购价格，即：

总收购价格（单元格 C10）

Excel 公式输入	描述
输入 "="	进入"公式"模式
选择单元格 C8	每股收购价格
输入 "*"	乘以
选择单元格 C9	稀释后股份
按下 <Enter> 键	结束
公式计算结果	=C8*C9

我们可以得到 23,575.7 百万美元的收购价格。请注意，不等于新闻稿报告的价值 280 亿美元。这里的差额最有可能是因为净负债和交易费用，现在来讨论这个问题。

资金的来源

在这个时间点，由于初步委托投票报告提供的资金来源相关信息要比资金用途相关信息更详细（即初步委托投票报告还没有提供净负债和交易费用的信息），我们要先分析资金的来源。通常，资金用途比资金来源更早获悉，但我们很快就会发现初步委托投票报告并没有对资金用途进行明确说明。因此，我们将先着眼于资金的来源，并可以反推资金的用途。请记住，因为资金来源总额必须和资金使用总额相匹配——这将帮助我们反推资金的用途。

正如第三章所讨论的，资金来源包括为交易提供资金所需的各种负债和权益。我们可以通过委托投票报告、最近的新闻文章和新闻稿发现信息。在初步委托投票报告第 5 页的底部和第 6 页的顶部，我们看到：

预计完成收购需要的总资金，包括以下所需资金：

- 支付给股东（以及其他股权利益的持有者），支付金额取决于相关的并购协议以及费用支出。基于 2013 年的普通股数 [—]（以及其他的股权利益），支付金

额将会达到 [—] 亿美元。
- 资金的来源组成如下：
  - 3G 资本公司提供的 41.2 亿美元股本资金；
  - 伯克希尔·哈撒韦公司提供 121.2 亿美元股本，其中 41.2 亿美元为普通股，80 亿美元为含认股权证的优先股；
  - 105 亿美元为高级信贷担保下的中长期贷款（以及不会用于收购支付的 15 亿美元循环信贷额度）；
  - 发行本金总额高达 21 亿美元的高级担保次级留置权票据（或者，这种票据不会在合并完成之前或者合并完成时发行，则通过 21 亿美元高级担保次级留置权过桥贷款减去任何已发行票据的金额）。

注意第一个要点包含空格"[—]"，空格实际上指的是现金使用，募集的资金将用于支付给股东。第二个要点中募集的资金将用来支付亨氏公司的负债。还记得我们在第三章中讨论的需要偿还的债务，亨氏公司作为一家上市公司，收购方应该承接存续债务，原股东将不会对后续债务承担责任。空格是由于这样的事实：交易结束时最终的收购价格和债务余额很可能会和现在不同。随着交易的进行，我们将看到其他的委托投票文件和更多的数据。按照之前所说，如果有了新的委托投票文件，我们可以随时返回并更新相关的数据。当然，本书最重要的分析是了解杠杆收购的结构和过程。一旦有了合适的工具，更新数据将是一个简单的操作。

权益

接下来的要点是说明如何筹集资金。我们可以看出 41.2 亿美元的权益是由 3G 资本公司和伯克希尔·哈撒韦公司各自提供的。然而，除了普通股，伯克希尔·哈撒韦公司将提供额外的 80 亿美元含有认股权证的优先股。该优先股将包含其他收益，例如股利，都需要在模型中进行设置。我们将在第十五章中详细讨论。

负债

最后两个要点解释了收购所用资金的债务筹集，包括 105 亿美元的长期贷款（银行债务），以及额外的 15 亿美元的循环信贷额度。文件说明，循环信贷额度将不会提取,因此我们现在将其设为 0。另外还有 21 亿美元的票据。

让我们将这些信息放在模型资金来源计划中(见表 4-3)。

请注意,我们在负债和权益部分以百万美元为数量单位。

单元格 F15 是总的资金来源,我们可以合计所有前面的数值。因此单元格 F15 将写为"= SUM(F8:F14)"。

总的资金来源(单元格 F15)

Excel 公式输入	描述
输入"="	进入"公式"模式
输入"SUM("	开始"求和"公式
选择单元格 F8	选择一系列单元格中的第一个
输入":"	表明我们想包含从第一个到最后一个这一系列的单元格
选择单元格 F14	选择一系列单元格的最后一个
输入")"	结束"求和"公式
按下 <Enter> 键	结束
公式计算结果	"=SUM(F8:F14)"

表 4-3 亨氏公司的资金来源 单位:百万美元

	金额	总资本占比(%)	占股权的百分比(%)
负债			
循环信贷额度	0		
中长期贷款	10,500		
票据	2,100		
权益			
伯克希尔·哈撒韦公司优先股	8,000		
伯克希尔·哈撒韦公司普通股	4,120		
3G 资本公司普通股	4,120		
总计	28,840		

需要注意的是,总的资金来源高达 288.4 亿美元,比新闻稿中提出的 280 亿美元略高。我们将在资金的使用部分进行讨论。

在总资本中占比

计算每一项资金来源在总资本中所占百分比是非常重要的,这有助于我们更好地了解每项负债和权益对总资金来源所做的贡献。为了计算每种资金来源占总资本的百分比,我们将每种资金来源除以资金来源总额。例如,为了计算循环信贷在总资本中所占的比例,我们用循环信贷除以资金总额。

循环信贷在总资本中的占比（%）（单元格 G8）

Excel 公式输入	描述
输入“=”	进入“公式”模式
选择单元格 F8	循环信贷
输入“/”	除以
选择单元格 F15	总资本
按下 F4	引用“$”
按下 <Enter> 键	结束
公式计算结果	=F8/F$15

当循环信贷的金额为 0 时，在总资本中所占的比率也为 0。请记住，在交易结束时这些数字很有可能发生变化，所以要确保模型中构建的所有公式都能处理变化后的情景。另外，还要注意单元格 F15 中美元符号（“$”）绝对引用的锚定设置。这是绝对引用单元格，所以如果我们复制单元格 G8 到单元格 G14，分子会发生改变，但分母仍是总的资金来源。

绝对引用公式 当单元格中有例如“=B1”之类的公式时，向右复制时第二列会变成“C1”，第三列会变成“D1”，以此类推（见图 4-5）。

	A	B	C	D
1	Value	10	20	30
2		40	50	60
3	Formula	=B1	=C1	=D1
4		=B2	=C2	=D2
5	Result	10	20	30
6		40	50	60

图 4-5 未绝对引用的公式

但是，如果在“B”前面加一个美元符号（即“= $B1”），向右复制公式时就不会改变“B”（见图 4-6）。因此，在第二列和第三列的公式仍然是“= $B1”。此时，我们仅仅固定了列的引用而不是行的引用。所以，如果将这个公式向下复制，行引用仍然会发生变化，在第二行则“=$B2”。

可以在行引用时也添加一个“$”来实现绝对引用。如果将公式变为“=$B $1”，之后不管将这一公式向右还是向下复制，将总会是“=$B $1“（见图 4-7）。

	A	B	C	D
1	Value	10	20	30
2		40	50	60
3	Formula	=$B1	=$B1	=$B1
4		=$B2	=$B2	=$B2
5	Result	10	10	10
6		40	40	40

图 4-6 绝对引用列的公式

	A	B	C	D
1	Value	10	20	30
2		40	50	60
3	Formula	=$B$1	=$B$1	=$B$1
4		=$B$1	=$B$1	=$B$1
5	Result	10	10	10
6		10	10	10

图 4-7 绝对引用列和行的公式

现在，在单元格 G15 中，我们可以合计所有先前计算出的百分比，以确保加起来为 100%。因此，单元格 G15 将是"= SUM（G8：G14）"。

总资本（%）（单元格 G15）

Excel 公式输入	描述
输入 "="	进入 "公式"模式
输入 "SUM"	开始 "求和"公式
选择单元格 G8	选择一系列单元格中的第一个
输入 "："	表明我们想包含从第一个到最后一个这一系列单元格
选择单元格 G14	选择一系列单元格的最后一个
输入 "）"	结束 "求和"公式
按下 <Enter> 键	结束
公式计算结果	"=SUM（G8:G14）"

见表 4-4。

持股比例

持股比例有助于确定股东持有的权益比例。需要注意，债权并不等同于企业的实际权益；但是，某些可转债或混合证券的构成中可能包括潜在权益。因此，循环信贷额度、中长期贷款以及票据对应的权益比例为 0%。我们在单元格 H8~H10 输入"0%"。

据悉，基于各自出资，伯克希尔·哈撒韦公司将获得 30% 的股份，3G 资本公司将获得 70% 的股份。这条信息虽然尚未确认，但我们目前暂时使用该信息。这个百分比对于计算各方的投资回报率非常重要。我们假设，报告的 30% 股份包含了任何与伯克希尔·哈撒韦公司的优先股有依附关系的股权成份。因此，让我们分别将单元格 H12、H13 和 H14 中写入 "0%""30%"和 "70%"，并确保它们是蓝色字体。

在单元格 H15 中，我们可以将这些所有的百分比加总，以确保它们的合计值是 100%。因此单元格 H15 是 "=SUM（H8:H14）"。

表 4-4　亨氏公司总资本占比　　　　　　　　　　单位：百万美元

		金额	总资本占比（%）	占权益的百分比（%）
负债				
	循环信贷额度	0	0%	
	中长期贷款	10,500	36%	
	票据	2,100	7%	
权益				
	伯克希尔·哈撒韦公司优先股	8,000	28%	
	伯克希尔·哈撒韦公司普通股	4,120	14%	
	3G 资本公司普通股	4,120	14%	
总计		28,840	100%	

总股权（%）（单元格 H15）

Excel 公式输入	描述
输入 "="	进入 "公式" 模式
输入 "SUM（"	开始 "加总" 公式
选择单元格 H8	选择一系列单元格的第一个
输入 "："	表明我们选择从第一个到最后一个这一系列的单元格
选择单元格 H14	选择一系列单元格的最后一个
输入 "）"	结束 "求和" 公式
按下 <Enter> 键	结束
公式计算结果	"=SUM(H8：H14)"

见表 4-5。

表 4-5　持股比例　　　　　　　　　　单位：百万美元

		金额	总资本占比（%）	占权益的百分比（%）
负债				
	循环信贷额度	0	0%	0%
	中长期贷款	10,500	36%	0%
	票据	2,100	7%	0%
权益				
	伯克希尔·哈撒韦公司优先股	8,000	28%	0%
	伯克希尔·哈撒韦公司普通股	4,120	14%	30%
	3G 资本公司普通股	4,120	14%	70%
总计		28,840	100%	100%

资金的使用

在第三章中我们已经讨论过，资金的使用主要包含收购价格、净负债以及交易费用。

我们已经计算出收购价格为 23,575.7 百万美元。

净负债

净负债的基本定义是指企业的短期负债加上长期负债减去现金及现金等价物：

净负债 = 短期负债 + 长期负债 − 现金

然而，我们想要准确说明买方在收购后需要承担的所有负债和义务，这一定义应该加以扩展，以包含其他类型的负债，如融资租赁义务。进行一些研究了解收购方需要支付的负债是非常重要的，这有利于我们获得正确的净负债数值。我们之后将会看到，在完整的杠杆收购模型中，这里计算的净负债需要与资产负债表相关，以使其与资产负债表的调整相匹配。在理想情况下，公司将有一份代理报告，详细说明其净负债的情况。不幸的是，初步委托投票文件尚未公开该细节。因此，获得净负债最好的来源是我们创建的资产负债表。然而，由于我们还没有编制资产负债表，那么就先做一个简单的假设，一旦在模型中完成了资产负债表的编制，我们将重新将其关联。

注意新闻稿的提示：

根据协议条款，亨氏公司的董事会一致同意，亨氏公司的股东们所拥有的每股普通股将收到 72.5 美元的现金，**包括亨氏公司存续的债务，此次交易总价格将达到 280 亿美元。**

新闻稿表明，包括负债的交易价值为 280 亿美元。我们希望未来会有关于交易细节的详细披露，帮助我们建立资产负债表，能够与计算净负债相关联。但在那之前，我们可以简单地用交易价格减去权益收购价格来估算出净负债。

注意从单元格 I6 开始为模型中的"资金的使用"。这里可以将单元格 C10 中计算的收购价格引用到单元格 J6。或者说单元格 J6 将写为 "= C10"。现在，在净负债单元格 J7 中，可以用 280 亿美元减去单元格 J6 中的 236 亿美元。或者我们可以将单元格 J7 写为 "= 28,000−J6"⊖，现在得到 4,424.3（见表 4-5）。一旦建好了资产负债表，就可以重新写入公式，结果应该不会离这个估计太远。

⊖ 通常公式中不会写入除 0,1,24,365 等之外的常数，因此这里只是暂时说明性操作，并不符合惯例。——译者注

亨氏公司的资金使用	单位：百万美元
使用	
收购价格（权益价值）	23,575.7
净负债	4,424.3
交易费用	
交易费用占比（%）	
总计	

交易费用

我们在第三章中提到可能存在的大部分类型的交易费用。在这种情况下，确定企业支付的交易费用总额还太早。

在委托投票文件中搜索"费用"（fees）发现有关费用的多个内容，包括在初步委托投票文件的第 59 页上找到如下内容：

亨氏公司董事会选择森特尔维尤合伙公司 (Centerview) 作为其财务顾问。因为森特尔维尤合伙公司是全国公认的投资银行，并具有类似并购交易的丰富经验。森特尔维尤合伙公司作为财务顾问，代表亨氏公司对外联系，并且牵头并购谈判，引导公司合并。考虑到森特尔维尤合伙公司的服务，根据 2013 年 2 月 13 日委托顾问函，**亨氏公司已经同意向森特尔维尤合伙公司支付约 3,600 万美元费用**，其中 400 万美元的费用在协议执行时支付，剩下的在合并后支付。亨氏公司还同意支付某些森特尔维尤合伙公司所产生的费用，并补偿森特尔维尤合伙公司可能出现的其他责任。

另外，初步委托投票文件第 65 页提到预计支付给美银美林银行的费用：

亨氏公司已经同意为美银美林银行在并购中提供的服务支付约 2,100 万美元，其中的 200 万美元是对其公允意见的支付，剩下的 1,900 万美元取决于交易的完成。亨氏公司也已同意偿付美银美林银行因参与交易而发生的费用，并同意就指定责任，包括联邦证券法中的责任，对美银美林的任何控制人及其董事、管理人员、员工、代理商和附属机构提供补偿。

虽然这些说明有助于确定向几家投资银行支付的费用，但我们并不能确定总交易费用，包括贷款人和律师。事实上，在这时甚至亨氏公司也不知道总的交易费用是多少。但是，有一个线索可以帮助我们估算交易费用。我们知道资金来源总额为 288.4 亿美元，大于迄今为止使用的资金 280 亿美元。我们知道资金来源总额必须与资金使用总额相匹配，现在可以使用差额预估费用。因此，在单元格J8中，我们可以通过从总资金来源中减去收购价格和净负债来估计交易费用。

交易费用（单元格J8）

Excel 公式输入	描述
输入 "="	进入"公式"模式
选择单元格 F15	总的资金来源
输入 "-"	减
选择单元格 J7	净负债
输入 "-"	减
选择单元格 J6	收购价格
按下 <Enter> 键	结束
公式计算结果	=F15-J7-J6

我们得到交易费用为8.4亿美元。当然，我们要记住，这不是计算交易费用最准确的方式。通常在建模中，交易费用可以估计为收购价格总额的一个百分比。但是，在亨氏公司的案例中，由于资金来源是提供给我们的唯一的准确数据，除了收购价格之外的资金使用是未知的，所以现在我们选择对这些数值进行大概估计（净负债和交易费用）。随着公司开始提交更多的公开数据，我们希望得到更多的信息。此外，一旦开始构建资产负债表，我们将会对负债有更精确的估计，只剩下交易费用作为最大的未知数。现在，来看看交易费用占收购价格的百分比。可以通过将交易费用除以收购价格来计算。

交易费用占收购价格的百分比（单元格J9）

Excel 公式输入	描述
输入 "="	进入"公式"模式
选择单元格 J8	交易费用
输入 "/"	除以
选择单元格 J6	收购价格
按下 <Enter> 键	结束
公式计算结果	=J8/J6

我们得到交易费为支付的收购价格的3.6%（参见下面的亨氏公司资金的使用表格）。我们现在通过将收购价格、净负债和总交易费用加总来计算资金使用总额。因此，单元J10将写为"= SUM（J6：J8）"。

总的资金使用（单元格 J10）

Excel 公式输入	描述
输入 "="	进入 "公式" 模式
输入 "SUM（"	开始 "求和" 公式
选择单元格 J6	选择一系列单元格的第一个
输入 "："	表明我们想要包含从第一个到最后一个这一系列单元格
选择单元格 J8	选择一系列单元格的最后一个
输入 "）"	结束 "SUM" 公式
按下 <Enter> 键	结束
公式计算结果	"=SUM（J6：J8）"

亨氏公司的资金使用　　　　　　　　　　　　　　　单位：百万美元

资金使用	
收购价格（权益价值）	23,575.7
净负债	4,424.3
交易费用	840
交易费用占比 %	3.6%
总计	28,840

当然，资金来源总额与资金使用总额相等。我们已经设置了收购价格、资金来源和资金使用，接下来可以进入利润表。还有一些其他的假设留待处理，我们将在完成财务报表后来进行处理。

在实际建模之前，在以下几个章节中，我们一开始都先对财务报表内容进行简要回顾。如果你已经很熟悉这部分内容，就可以直接跳到建模部分。

第五章

利 润 表

利润表衡量一家公司在一定时间里的利润（或损失）。为了报税需要，公司一般被要求记录其产生的销售收入。当然，销售产生的费用可以抵扣基于销售收入征收的税金。尽管对上述费用究竟在何时以及如何抵税有具体的税法规定，但通常的概念为：

$$利润 = 收入 - 费用$$

一家公司需要基于利润征税，因此：

$$净利润 = 利润 - 税收$$

然而，利润表现在已经非常复杂，多种类别的费用可能因公司而异。作为分析师，我们需要对利润表科目进行合理归类，以便后续进行分析。正因如此，通常我们需要将利润表的明细分成以下九个主要类别：

（1）销售收入（销售额）；

（2）销售成本（COGS）；

（3）营业费用；

（4）其他业务收入；

（5）折旧与摊销；

（6）利息；

（7）所得税；

（8）非经常性项目；

（9）利润分配。

无论利润表有多复杂，一名优秀的分析师都能将每个明细科目归入上述九类之中。这样一来，分析师就能更容易地了解利润表中驱动公司盈利的主要科目类别，以便进一步比较不同公司的盈利能力——这是确定公司相对价值的一项重要分析工作。我们将简要地回顾一下这些项目。

销售收入

销售收入是指企业在一定时期内产生的销售收入或毛利润。注意，收入在什么时间确认、如何确认，不同企业的处理方式不同，并且可能与实际现金收讫存在差异。收入在"实现或获得"时予以确认，即通常是当售出商品已交割或已经提供了某项服务时。

销售成本

销售成本是指与企业产品销售直接相关的成本。这些成本与收入最直接相关，其中通常由所销售产品的材料成本构成，尽管也可能包含其他直接成本。

毛利润

因为毛利润是合计科目，所以不在上述列示的利润表的九个类别之中。它等于销售收入与销售成本的差额，该指标有助于确定从销售收入中移除销售成本后的净值。有个常用的分析指标是毛利率，用毛利润除以总销售收入。稍后，我们会在本章中计算亨氏公司的毛利润和毛利率。

例如，一家汽车销售公司，可能会产生制造费用。假设我们自行制造汽车，一辆汽车售价为 20,000 美元。为此，我们需要花费 5,000 美元采购制造汽车所需要的原材料。如果我们售出一辆汽车，则销售收入为 20,000 美元，销售成本为 5,000 美元，进而毛利润为 15,000 美元，或者毛利率为 75%。现在我们假设第一季度销售 25 辆汽车，则收入为（25×20,000）美元，即 500,000 美元；销售成本为（25×5,000）美元，即 125,000 美元；计算得出毛利润为 375,000 美元。

单位：美元

汽车公司	2012 第一季度
销售收入	500,000
销售成本	125,000
毛利润	**375,000**
毛利率	75%

营业费用

营业费用是指一家企业在进行正常的经营运转时发生的费用。这是一项与企业创收有关且用于支撑企业运转的间接费用。营业费用可被细分为多个不同类别，最常见的分类方式如下：

- 销售、管理及行政费用（SG&A）㊀：指企业所有销售费用及管理、行政费用，如职工工资、租金等。
- 广告及市场营销费用：指任何与企业广告及市场营销举措相关的费用，如印刷广告费用、购买谷歌广告费用等。
- 研究与开发费用（R&D）：指与企业未来产品及服务的研究及开发活动有关的费用。

再以汽车销售公司为例，假设第一季度总计花费 75,000 美元支付给员工。此外支付租金 2,500 美元，广告宣传花费 7,500 美元。最后，假设每季度用于改进汽车产品的研究及开发费用约 5,000 美元。则延续之前的例子，公司利润表如下：

单位：美元

汽车公司	2012 第一季度
销售收入	500,000
销售成本	125,000
毛利润	375,000
毛利率	75%
营业费用	
销售、管理及行政费用	77,500
广告宣传费用	7,500
研究与开发费用	5,000
总营业费用	90,000

其他业务收入

企业并非仅仅依靠核心业务创造收入。由于其他业务收入需要纳税，所以需要列示在利润表中。然而，既然该部分收入并非由核心业务产生，所以不能计入销售收入。仍以汽车公司为例。汽车公司的核心业务应该是制造和销售汽车。然而，很多汽车公司也会通过其他途径创造收益，比如从事融资活动。例如，汽车公司以提供融资收取利息的方式，帮助消费者筹集购车款项。这部分利息收入需要交税，并且被视为

㊀ 销售、管理及行政费用，SG&A 为 Selling, General & Administrative Expenses 的首字母缩写。——译者注

额外收入。然而，由于该部分收入与汽车公司的核心业务无关，因此不能被确认为销售收入，应计入其他业务收入。

另一个关于其他业务收入的常见例子是"非控制性权益"，也被称为"来自非合并附属企业的收益"。当企业以非控股形式投资于另一家企业时，可获得该部分收益。当一家企业（公司 A）投资于另一家企业（公司 B），并获得公司 B 的少数股权时，公司 B 会按比例将净利润中的一部分分配给公司 A。公司 A 则将这部分收入计入其他业务收入。

EBITDA

息税折旧及摊销前利润（EBITDA）是一项备受华尔街分析师关注的重要指标。在后续章节中，我们会看到该指标被当作基础指标广泛应用于估值和分析中。它可由销售收入 – 销售成本 – 营业费用 + 其他业务收入计算得到。

至于其他业务收入是否应该纳入 EBITDA 中，仍然存在许多争议。对此，有以下两种不同观点：

（1）*其他业务收入应该被纳入 EBITDA 中*。如果一家企业能够获取其他业务收入，就应该被视为 EBITDA 的一部分，并且其他业务收入应该被列示在 EBITDA 总额的上方。持此主张的观点认为，尽管其他业务收入并非收入的核心组成部分，但实际上的确是经营活动，应该作为企业经营活动的一部分进行列示。以汽车公司为例，尽管融资活动并非其核心收入，但能够反映公司整体的盈利能力，有必要被视为 EBITDA 的一部分。

（2）*其他业务收入不应该被纳入 EBITDA 中*。如果一家企业能够获取其他业务收入，但不应该被视为 EBITDA 的一部分，并且该部分收入应该列示在 EBITDA 总额之后。持此主张的观点认为，尽管其他业务收入在一定程度上反映企业盈利能力，但它并非核心收入，不应该被视为企业核心盈利的一部分。

确定是否应将其他业务收入纳入 EBITDA 不是容易的事。重要的是考虑这部分收入是否是一贯的且可重复发生的。如果答案是否，则多半可以将其从 EBITDA 中剔除。此外，考虑所进行分析的目的同样重要。例如，如果你想要收购一家公司，并且该公司在被收购后仍然能创造其他业务收入，那么这部分其他业务收入应被视为 EBITDA 的一部分。如果该部分其他业务收入或许在收购之后不存在了，那么在这种情况下，则不能将其纳入 EBITDA 中。再看一个例子，如果你正在试图比较不同公司的 EBITDA，那么在做 EBITDA 分析时最好将其他业务收入从 EBITDA 中剔除出去，以保证不同公司的 EBITDA 的可比性。

不同的投资银行及企业对于是否应将其他业务收入纳入 EBITDA 有不同看法，即使同一家集团的不同子公司也会对此有不同的看法。作为一名优秀的分析师，重要的是选择一个站得住脚的观点，并坚持己见。注意，从 EBITDA 中排除其他业务收入的同时，其他业务收入也将从息税前利润（EBIT）中剔除。

让我们假设在汽车公司的案例中，将其他业务收入视为 EBITDA 的一部分。

单位：美元

汽车公司	2012 年第一季度
销售收入	500,000
销售成本	125,000
毛利润	**375,000**
毛利率	75%
营业费用	
销售、管理及行政费用	77,500
广告宣传费用	7,500
研究与开发费用	5,000
总营业费用	90,000
其他业务收入	1,000
EBITDA	286,000
EBITDA 利润率	*57%*

注意，我们同时计算了 EBITDA 利润率，它等于 EBITDA/销售收入。

折旧与摊销

折旧代表了固定资产在一段时期内的老化和耗损。摊销则代表了无形资产（例如专利、版权以及商标等知识产权）在其使用年限内基于成本的减值。但并不是所有的无形资产都可以进行摊销。我们将在第九章中讨论折旧与摊销。

EBIT

与 EBITDA 类似，息税前利润（EBIT）同样也被用于估值。EBIT 等于 EBITDA 减折旧与摊销。所以，让我们假设在之前的案例中，汽车公司每季度的折旧与摊销额为 8,000 美元。则：

单位：美元

汽车公司	2012 年第一季度
EBITDA	286,000
EBITDA 利润率	*57%*
折旧与摊销（D&A）	8,000
EBIT	278,000
EBIT 利润率	*56%*

注意，我们同时计算了 EBIT 利润率，它等于 EBIT/销售收入。

利息

利息由利息费用和利息收入两部分组成。利息费用是指企业债务的成本。利息收入是指企业储蓄账户中的现金、定期存单以及其他投资产生的利息。

假设上述汽车公司有一笔 100 万美元的贷款，年利率为 10%。因此该公司每年的利息费用为 100,000 美元，折合每季度 25,000 美元。此外，还假设公司有 50,000 美元现金，利率为 1%，即每年产生利息收入 500 美元，折合每季度 125 美元。

在通常情况下，利息是指利息费用和利息收入相抵后的净值。

税前利润（EBT）⊖

税前利润（EBT）可由 EBIT 减净利息得到。

单位：美元

汽车公司	2012 年第一季度
EBIT	278,000
EBIT 利润率	*56%*
利息费用	25,000
利息收入	125
净利息费用	24,875
税前利润（EBT）	253,125
EBT 利润率	*51%*

注意，我们同时计算了 EBT 利润率，它等于 EBT/销售收入。

⊖ EBT 是 Earnings before Tax，税前利润的首字母缩写。——译者注

所得税

所得税是政府基于企业经营情况征收的财政费用,该笔费用基于此前界定的税前利润征收。在汽车公司的案例中,可以假设税率为35%。

净利润

净利润等于EBT减所得税。汽车公司完整的利润表如下:

单位:美元

汽车公司	2012年第一季度
销售收入	500,000
销售成本	125,000
毛利润	375,000
毛利率	*75%*
营业费用	
销售、管理及行政费用	77,500
广告宣传费用	7,500
研究与开发费用	5,000
总营业费用	90,000
其他业务收入	1,000
EBITDA	286,000
EBITDA 利润率	*57%*
D&A	8,000
EBIT	*278,000*
EBIT 利润率	*56%*
利息费用	25,000
利息收入	125
净利息费用	24,875
EBT	253,125
EBT 利润率	*51%*
所得税	88,593.75
税率	*35%*
净利润	164,531.25

非经常性项目

非经常性项目或事件产生的费用或收益是一次性的,并且与日常核心经营业务无关。因为出售资产或终止业务带来的收益和损失属于非经常性项目,在美国通用会计准则（Generally Accepted Accounting Principles, GAAP）下，诸如此类的非经常性项目可能分散在利润表的各个科目中。因此，对于一名优秀的分析师而言，将这些分散的非经常性项目辨别出来，并将其调整到利润表的最下方，以便得出能反映企业每日持续经营状况的净利润是"纯净的"。然而，我们并不希望将那些非经常性项目完全剔除，因此才将它们单独作为一部分移到该科目下。从现在起，我们将"非重复发生的"以及"意外"项目简单统称为"非经常性项目"。稍后，我们将演示如何处理亨氏公司的非经常性项目。

利润分配

广义的利润分配是指对股东的支付行为。这主要以股利或非控制性权益的形式支付。

非控制性权益是指一家企业或一家企业的附属机构的部分权益由外部个人或者第三方机构持有。如果一家企业（公司 A）拥有另一家企业（公司 B）的非控制性权益，则公司 B 必须将其盈利按照股权比例分配给公司 A（我们将在第七章中深入讨论非控制性权益）。

净利润（披露的）

由于此前我们建议将非经常性项目移到一个单独的科目中，因此之前列示的净利润是调整后的净利润，该指标在分析、估值和数据比对中是最有用的。然而，保持将包含所有调整项目的完整净利润还原后与初始净利润仍然相同仍是十分重要的，因此建议增加净利润的第二种表示方式：净利润 – 非经常性项目 – 利润分配，并以此作为净利润指标的合理性检查。

股份数

一家企业在利润表中通过两种形式披露流通的股份数，即基本股份数和稀释股份数。基本股份数是指已发行的市场中流通的企业股份。稀释股份数是指市场中流通的企业股份加上如果期权或权证的持有人决定行权后的股份。稀释股份数考量了"如果行权会怎样"的情景。即如果所有期权以及权证的持有者选择行权的话，普通股份数将变成多少？

每股收益

每股收益（EPS）即为净利润除以普通股股份。一家企业通常会披露基本 EPS 与稀释 EPS，分别用净利润除以基础股份数与稀释股份数。注意，在计算 EPS 时，每家企业对净利润的界定可能有所不同。换言之，应该用非控制性权益之前的净利润还是用非控制性权益之后的净利润，因企业而异。或者，应该使用支付股利前的数据还是使用支付股利后的数据，同样因企业而异。对于投资者而言，通常会用支付股利之前的数据，但用支付非控制性权益之后的净利润值。然而，我们建议你查看企业历史的 EPS 数据，以便倒推出该企业使用的 EPS 计算公式。接下来。我们以亨氏公司为例，演示这一过程。

基本 EPS= 净利润 / 基本股份数

稀释 EPS= 净利润 / 稀释股份数

亨氏公司的利润表

通常，我们可以通过很多途径来获取上市公司的财务数据信息。我们建议你首先访问该公司的官网，并且查看"投资者关系"页面。第四章可以帮助你找到亨氏公司的"投资者关系"部分。

无论是年报还是 10-K 报告中，均应包含财务报表的部分。我们注意到，交易在 2013 年 2 月发生。为了在模型中使用最新数据，综合使用 10-K 和 10-Q 报告来计算最为理想。因此我们使用亨氏公司 2012 年年报和在 2013 年 2 月 21 日提交的第三季度报告。你可以访问美国证券交易委员会的网站（www.sec.gov）寻找网页版报告，或者访问亨氏公司网站找到 2012 年年报和季度报告的 pdf 版。使用哪个版本由读者自己决定，但是我们建议使用 pdf 版，你可将其下载到计算机上。

如果你已经下载了正确的文件，请翻阅并找到利润表。请确保你找到的是公司完整的利润表，而不是"报表摘要"。如果继续翻阅公司年报，你会在第 33 页中找到完整的利润表。同时，你将注意到其标题为"合并利润表"（见图 5-1）。我们将使用这个利润表来分析亨氏公司过去的财务状况。常规做法是在模型中包括过去三年的财务数据，因此我们在财务模型中包括 2010~2012 年的数据。

	财务报表截止日期		
	2012年4月29日 （52 1/2 周）	2011年4月27日 （52 周）	2010年4月28日 （52 周）
	（以千美元计，每股数值除外）		
销售收入	11,649,079	10,706,588	10,494,983
销售成本	7,649,549	6,754,048	6,700,677
毛利润	3,999,530	3,952,540	3,794,306
销售、管理及行政费用	2,548,362	2,304,350	2,235,078
营业收入	1,451,168	1,648,190	1,559,228
利息收入	34,615	22,565	45,137
利息费用	294,104	275,398	295,711
其他费用净值	(8,236)	(21,188)	(18,200)
所得税前的持续经营利润	1,183,443	1,374,169	1,290,454
预提所得税	243,535	368,221	358,514
持续经营利润	939,908	1,005,948	931,940
税后非持续性经营损失	—	—	(49,597)
净利润	939,908	1,005,948	882,343
减去：归属于非控制性权益的净利润	16,749	16,438	17,451
归属于亨氏公司的普通股净利润	923,159	989,510	864,892
稀释的			
归属于亨氏公司持续经营产生的普通股每股稀释后基本利润	2.85	3.06	2.87
归属于亨氏公司终止业务产生的普通股每股稀释后基本利润	—	—	(0.16)
归属于亨氏公司的普通股股东的净利润	2.85	3.06	2.71
稀释后的加权平均普通股股数	323,321	323,042	318,113
基本的			
归属于亨氏公司持续经营的普通股每股基本利润	2.87	3.09	2.89
归属于亨氏公司终止业务产生的普通股每股基本利润	—	—	(0.16)
归属于亨氏公司的普通股股东的净利润	2.87	3.09	2.73
基本的加权平均普通股股数	320.686	320.118	315.948
每股现金股利	1.92	1.8	1.68
归属于亨氏公司普通股股东的股份数			
税后持续经营的利润	923,159	989,510	914,489
税后非持续性经营损失	—	—	(49,597)
净利润	923,159	989,510	864,892

图 5-1 亨氏公司及其附属公司合并利润表

销售收入

当研究利润表时,你想要辨认出本章前述部分提及的所有科目,首先从销售收入开始。我们看到,亨氏公司在第一行直接列示了销售额,报表以"千"为单位披露数据。注意,在整个模型中使用一致的单位来避免出错非常重要。假设表中资金的使用和来源以"百万"作为单位。尽管两种单位都可以接受,但我们坚持使用"百万"作为单位。我发现使用大额单位可以更容易地阅读报表。个人感觉,如果每个单元格中超过 7 位数(在我看来,×××,×××.×× 是理想的数据格式),那么数据看起来会很困难。同样注意,截止日期是 4 月,具体日期每年都会发生变化。你看到在年报利润表最上面一行,2012 年截止日期是 4 月 29 日,而 2011 年截止日期是 4 月 27 日,2010 年截止日期是 4 月 28 日。

正是因为这个原因,所以我们在模型的最上面仅模糊标识为"截止日期"。请参照模型中报表所在的工作表。

在表 5-1 利润表中我们输入三年的历史财务数据,简单地使用"硬编码"方式或直接将年报中披露的数据输入模型。在第 6 行,即"销售收入",我们可以在 2010 年、2011 年、2012 年分别输入"10,494.983""10,706.588""11,649.079"。注意,通过用小数点替换最后一个逗号来调整单位。同时,由于这些数据是输入的数值,记住要用蓝色字体标注。之后,我们以公司历史数据的趋势为线索来预测未来。见表 5-1,现在先计算公司销售收入的历史增长率,公式如下:

当年销售额 / 上一年销售额 −1

我们可以按以下步骤在单元格 E7 中计算亨氏公司 2011 年净销售增长率。

计算亨氏公司 2011 年销售收入增长率(单元格 E7)

Excel 公式输入	描述
输入 "="	进入"公式"模式
选择单元格 E6	2011 年销售额
输入 "/"	除以
选择单元格 D6	2010 年销售额
输入 "-1"	减 1
按下 <Enter> 键	结束
公式计算结果	=E6/D6-1

由此可得，2011 年销售收入增长率为 2%。同理，在计算 2012 年销售收入增长率时可重复该过程，或通过剪切、复制公式完成。有三种方法可以完成向右复制这个过程。

（1）选择 2011 年的公式并拖拽至 2012 年对应的单元格。利用鼠标，你可以单击单元格 E7 的右下角，按住鼠标左键，将此单元格的公式拖拽到单元格 F7 中。

（2）选中 2011 年销售收入增长率的单元格 E7，从菜单栏中选中"复制"项（或按住"Ctrl"+"C"）。然后，选中 2012 年销售收入增长率对应的单元格（单元格 F7），选择菜单栏中的"粘贴"项（或按"Ctrl"+"V"）。

（3）推荐方法

　　a. 同时选中 2011 年销售收入增长率所在的单元格 E7 以及 2012 年销售收入增长率所在的空白单元格（即 F7）。可以通过以下两种途径实现。

　　　　i. 使用鼠标：通过选择单元格 E7，确保点击的是单元格的中心位置，而非右下角。与此同时，按住鼠标左键并向右侧移动鼠标。

　　　　ii. 利用键盘：选中单元格 E7，然后按住 Shift 键，同时点击向右的箭头，直至想要的单元格全部被选中。

　　b. 按"Ctrl"+"R"，即向右填充的快捷键，另有快捷键"Ctrl"+"D"，表示向下填充，遗憾的是，没有向左或向上填充的快捷键。

表 5-1　亨氏公司历史销售额

合并利润表（以 100 万美元计，每股数值除外）	实际值		
截止日期	2010A	2011A	2012A
销售收入	10,495	10,706.6	11,649.1
年销售收入增长率		*2%*	*8.8%*

建模小贴士

我们强烈推荐读者尽可能使用快捷键（例如"Ctrl"+"R"）。当你在鼠标和键盘之间更愿意使用后者时，说明你已成为一名更高效的建模者（有关 Excel 的快捷键，请参见附录 3）。

在模型中，F9 键被用来手动重新计算公式。根据你的设置，你需要按 F9 键令模型公式重新计算。在本书第十二章中讨论循环引用时，我们将逐步说明如何改变重新计算的设置。

得出 EBITDA

我们可以看到，在销售收入项下有"销售成本""毛利润"和"销售、管理及行政费用"。在之前章节中，我们将销售成本列为第二类，将营业费用列为第三类。"销售成本"属于第二类项目，"销售、管理及行政费用"属于第三类项目。毛利润是一个合计科目：销售收入减去销售成本，理论上，对于成本有更细致的划分。如果有这个划分，我建议将每个成本项目在营业费用部分单独列出来。我们应该在年报中快速搜索"费用"（Expense）或"营业费用"（Operating Expense），来查找是否有更加细致的成本划分。

剖析折旧与摊销

当已经辨识出利润表中的所有费用科目后，还有一项很重要的工作，就是确定折旧与摊销费用。那些拥有折旧性资产或者无形资产的企业一般会将折旧或摊销计入费用，用以抵税。因此，如果一家企业计提了折旧与摊销，则应反映在利润表中。然而，并不是每个企业都会单独列示折旧与摊销费用。所以，一位优秀的分析师需要通过更多的工作来获得折旧与摊销的具体数值。亨氏公司的确对资产计提折旧。如果你无法确定所研究企业是否计提资产折旧，则应该仔细研究企业的资产。一个简单的做法是，在企业年报中搜索"折旧"（Deprecation）和"摊销"（Amortization），或者查阅现金流量表中是否存在折旧与摊销科目。折旧与摊销科目出现在企业年报的多个地方。在图 5-2 中，我们使用了亨氏公司年报第 71 页数据。这似乎是公司经营活动的划分。

在图 5-2 中，我们看出 2010 年、2011 年、2012 年计提的折旧与摊销费用分别为 299,050、298,660 和 342,793。与此同时，年报（见图 5-3）第 38 页的现金流量表中，2012 年、2011 年的折旧与摊销金额与图 5-2 的金额完全相同。尽管以两行的方式分别展示，但两行数值的合计数就是图 5-2 的数值。这是很好的交叉验证。

然而，需要注意的是，图 5-2 中 2010 年折旧"299,050"与现金流量表折旧与摊销的合计数"302,836"（254,528+48,308）有一些不同。该合计数来自年报（见图 5-3）的第 38 页。一些高阶的会计准则会导致现金流量表与企业财报其他地方列示的折旧与摊销金额存在差异。

	财务报表截止日期					
	2012年4月29日（52 1/2 周）	2011年4月27日（52 周）	2010年4月28日（52 周）	2012年4月29日（52 1/2 周）	2011年4月27日（52 周）	2010年4月28日（52 周）
	（以千美元计）					
	净外部销售			营业利润（损失）		
北美地区消费产品	3,241,533	3,265,857	3,192,219	812,056	832,719	771,497
欧洲	3,441,282	3,236,800	3,332,619	608,829	581,148	554,300
亚洲	2,568,716	2,320,789	2,007,252	206,306	221,580	195,261
美国餐饮行业	1,418,970	1,413,456	1,429,511	166,298	175,977	150,628
世界其他地区	978,578	469,686	533,382	105,080	53,371	69,219
非经营所得[a]	—	—	—	(223,084)	(216,605)	(158,989)
生产效率措施[d]	—	—	—	(224,317)		(37,665)
荷兰财产处理的收益[e]						14,977
总计	11,649,079	10,706,588	10,494,983	1,451,168	1,648,190	1,559,228
	折旧与摊销费用			资本性支出[b]		
北美地区总计	133,589	123,817	122,774	103,958	101,001	88,841
欧洲	98,384	91,222	105,684	113,420	97,964	74,095
亚洲/太平洋	63,102	53,326	46,976	99,912	71,419	46,105
世界其他地区	19,290	6,324	6,638	38,539	12,829	11,785
非经营所得[a]	28,428	23,971	16,978	62,905	52,433	56,816
总计	342,793	298,660	299,050	418,734	335,646	277,642
	可辨认资产					
北美地区总计	3,394,387	3,633,276	3,532,477			
欧洲	4,158,349	4,398,944	3,815,179			
亚洲/太平洋	2,544,332	2,424,739	1,869,591			
世界其他地区	1,145,696	1,149,802	276,902			
非经营所得[c]	740,529	623,884	581,562			
总计	11,983,293	12,230,645	10,075,711			

（a）包括公司管理费用、公司内部冲销以及不是直接属于经营部门的费用。
（b）不包括通过合并获得的固定资产净值。
（c）包括不直接属于经营部门的可辨认资产。
（d）详见 2012 年度生产效率措施中的注 3。2010 年度包括与目标劳动力减少相关的费用，提高公司生产效率措施的资产报废。资产报废与工厂关闭、英国连锁店的退出有关。
（e）包括从荷兰政府收到的付款，除去估计的关闭工厂的费用，见注 4 的解释。

图 5-2 亨氏公司的分部经营

	财务报表截止日期		
	2012年4月29日（52 1/2周）	2011年4月27日（52周）	2010年4月28日（52周）
	（以千美元计）		
经营活动			
净利润	939,908	1,005,948	882,343
基于经营活动的现金调整			
折旧	295,718	255,227	254,528
摊销	47,075	43,433	48,308
递延所得税（收益）/准备	-94,816	153,725	220,528
剥离产生净损失	—	—	44,860
养老金缴款	-23,469	-22,411	-539,939
来自2012年度提高生产效率措施的资产报废	58,736	—	—
其他项目净值	75,375	98,172	90,938
流动资产与负债的变动：不包括兼并与剥离的影响			
应收款项（包括资产证券化的收入）	171,832	-91,057	121,387
存货	60,919	-80,841	48,537
预付费用及其他流动资产	-11,584	-1,682	2,113
应付账款	-72,352	233,339	-2,805
预计负债	-20,008	-60,862	96,533
所得税	65,783	50,652	-5,134
经营活动产生的现金流量	1,493,117	1,583,643	1,262,197

图 5-3　亨氏公司经营活动产生的现金流量

在年报的 A-7 页，有另一个包含折旧的表格，表格主要解释了差异（见图 5-4）。表格"折旧与摊销"一行中的注1写道：

这些数据不包括两项业务的经营成果，因为它们在2010年已经从公司剥离且是终止业务，分别是英国的私人冷冻甜点业务和美国的烤肉串及开胃菜业务。

注1表明，有一些折旧摊销与已经剥离的业务有关，需要将其移除出去。由于这一部分的折旧与摊销在现金流量表中没有调整，因此存在差异。考虑到差异较小，并且发生在2010年，影响不大。最重要的任务是确保历史数据与模型中使用的已披露数值相匹配。

之后，我们将看到，公司已经将折旧与摊销分离开。折旧代表资产损耗的金额，与公司的固定资产净值相关，而摊销与公司的无形资产相关。一般公司会把折旧与摊销合并成一个科目，但是亨氏公司已经将它们分开，我们在这里也这样做。我们使用现金流量表中的折旧与摊销（见图 5-3），因为它们已经分开了。

既然我们已经辨别出折旧与摊销，就需要确定折旧与摊销费用应该在利润表中的何处列示。尽管可能并非直接列示折旧，但既然我们已经证明了它的存在，就应该在利润表的某个地方进行体现。注意不要简单地将这些费用加入利润表中，因为折旧与摊销费用有可能隐藏在这些已经明确的科目中。但是，我们如何知道哪个科目中包含这些费用呢？

亨氏公司及其附属公司五年的经营活动和其他相关数据

（以千美元计，每股数值除外）	2012年	2011年	2010年	2009年	2008年
经营活动总结					
销售收入[1]	11,649,079	10,706,588	10,494,983	10,011,331	9,885,556
销售成本[1]	7,649,549	6,754,048	6,700,677	6,442,075	6,233,420
利息费用[1]	294,104	275,398	295,711	339,635	364,808
预提所得税[1]	243,535	368,221	358,514	375,483	372,587
归属于亨氏公司普通股股东持续经营的利润[1]	923,159	989,510	914,489	929,511	846,623
归属亨氏公司持续经营的每股收益——稀释的[1]	2.85	3.06	2.87	2.91	2.62
归属亨氏公司持续经营的每股收益——基本的[1]	2.87	3.09	2.89	2.95	2.65
其他相关数据					
股利支付					
普通股	619,095	579,606	533,543	525,281	485,234
每股数值	1.92	1.8	1.68	1.66	1.52
优先股	9	12	9	12	12
稀释的加权平均普通股股数	323,320,668	323,041,725	318,113,131	318,062,977	321,717,238
基本的加权平均普通股股数	320,686,010	320,118,159	315,947,737	313,747,318	317,019,072
员工数量	32,200	34,800	29,600	32,400	32,500
资本性支出	418,734	335,646	277,642	292,121	301,588
折旧与摊销[1]	342,793	298,660	299,050	274,107	281,467
资产总计	11,983,293	12,230,645	10,075,711	9,664,184	10,565,043
负债总计	5,026,689	4,613,060	4,618,172	5,141,824	5,183,654
所有者权益总计	2,758,589	3,108,962	1,891,345	1,219,938	1,887,820
投资回报率（ROIC）[2]	16.8%	19.3%	17.8%	18.4%	16.8%
每股账面价值（普通股）	8.61	9.68	5.95	3.87	6.06
普通股价格区间					
高	55	51.38	47.84	53	48.75
低	48.17	40	34.03	30.51	41.37

图 5-4　亨氏公司五年经营数据汇总

遗憾的是，在许多案例中，这个问题很难说清楚。以"折旧"和"摊销"作为关键词搜索，也许可以解释该科目隐藏在利润表的哪个地方。在亨氏公司的案例中，这么做并没有效果。通常折旧与摊销包括在销售成本或者销售、管理及行政费用中，或者两者都包括一部分。折旧与摊销费用经常包括在这些科目中但无法逐一识别。值得庆幸的是，无论最终我们能否将折旧与摊销费用从销售成本，销售、管理及行政费用，或者同时从两者中抽离出来，都不会影响估值用到的关键指标 EBITDA。因此，在这个案例中，我们假设它们是销售成本的一部分。

基于这个假设，我们将要从销售成本中扣除折旧费用。例如，2012 年，销售成本将从 7,649,549 下降至 7,306,756，减少了折旧与摊销的费用，即 295,718+47,075（见图 5-3）。接下来我们将在模型中这样做。

现在，我们已经掌握了足够的信息构建过去三年利润表中至 EBITDA 之前的部分。

销售成本

亨氏公司以名为"销售成本"的科目来披露，科目在 2010 年、2011 年以及 2012 年对应的金额分别为 6,700,677、6,754,048、7,649,549。但是，考虑到之前的讨论，我们假设折旧与摊销费用包含在销售成本中。因此在第 8 行，我们应该直接用销售成本减去折旧与摊销费用，或者在 2010 年，我们应该写入"6,700,677–254,528–48,308"。我们在现金流量表中找到的折旧与摊销费用，除了 2010 年，都与利润表中披露的折旧与摊销费用一样。我们还需要从千美元单位转换成百万美元单位，因此需要用小数点取代最后一个逗号。我们可以在 2011 年、2012 年中直接键入数值：用销售成本减去折旧与摊销费用（见表 5-2）。

表 5-2 亨氏公司销售成本

合并利润表（以 100 万美元计，每股数值除外）	实际值		
截止日期	2010A	2011A	2012A
销售收入	10,495	10,706.6	11,649.1
年收入增长率		2%	8.8%
销售成本	6397.8	6455.4	7306.8
销售成本占销售收入的比例			

注意，在第 9 行，有一个百分比数据，销售成本占销售收入的比例。之后我们将讨论：如何计算费用占收入的比例，以及这些指标是否可以有效地预测未来绩效。为了做好讨论准备，让我们现在计算这个指标，2010 年销售成本占销售收入的比例是：

计算 2010 年销售成本占销售收入的比例（单元格 D9）

Excel 公式输入	描述
输入 "="	进入 "公式" 模式
选择单元格 D8	2010 年销售成本
输入 "/"	除以
选择单元格 D6	2010 年销售收入
按下 <Enter> 键	结束
公式运算结果	"=D8/D6"

2010 年的比例是 61%，我们可以将这个公式向右复制直至 2012 年。

毛利润

毛利润是销售收入减去销售成本。

计算 2010 年的毛利润（单元格 D10）

Excel 公式输入	描述
输入 "="	进入 "公式" 模式
选择单元格 D6	2010 年销售收入
输入 "-"	减去
选择单元格 D8	2010 年销售成本
按下 <Enter> 键	结束
公式计算结果	"=D6-D8"

我们按本章之前讲解的方法计算毛利润率。

计算 2010 年的毛利润率（单元格 D11）

Excel 公式输入	描述
输入 "="	进入 "公式" 模式
选择单元格 D10	2010 年毛利润
输入 "/"	除以
选择单元格 D6	2010 年销售收入
按下 <Enter> 键	结束
公式计算结果	"=D10/D6"

我们可以同时将单元格 D10、D11 的公式向右复制直至 2012 年，并继续来看营业费用（见表 5-3）。

表 5-3 亨氏公司历史毛利润

合并利润表（以 100 万美元计，每股数值除外）	实际值		
截止日期	2010A	2011A	2012A
销售收入	10,495	10,706.6	11,649.1
年收入增长率		2%	8.8%
销售成本	6,397.8	6,455.4	7,306.8
销售成本占收入的比例	61%	60.3%	62.7%
毛利润	4,097.1	4,251.2	4,342.3
毛利润率	39%	39.7%	37.3%

销售、管理及行政费用

亨氏公司直接在毛利润下面列出了销售、管理及行政费用（SG&A）（见图 5-1），因此在 13 行，我们应该分别键入 2010 年、2011 年、2012 年为 2,235.078、2,304.350、2,548.362。记住这些直接键入的数值单位是百万美元，不是千美元。根据我们计算销售成本占销售收入的比例，同样计算这些费用占收入的比例。

计算 2010 年 SG&A 占收入的比例（单元格 D14）

Excel 公式输入	描述
输入 "="	进入"公式"模式
选择单元格 D13	2010 年 SG&A
输入 "/"	除以
选择单元格 D6	2010 年销售收入
按下 <Enter> 键	结束
公式计算结果	"=D13/D6"

我们可以将单元格 D14 的公式向右复制到 2012 年。

基金管理费

你可能注意到模型的 15 行"基金管理费"，通常这是私募基金作为管理人收取的费用（例如 CEO 薪水的 1 倍或者 1.5 倍），也是私募基金的盈利模式。如果在亨氏公司的案例中存在这个费用，那么也是在买方实际拥有公司后才会发生，因此这个数值在历史报表中是 0。我们可以在单元格 D15、E15、F15 中键入"0"。

成本节约

成本节约，也称为"成本协同效益"，是指收购之后经营状况改善带来的成本降低。当计算预测表时我们将详细讨论成本节约。因为它们不会影响历史指标，所以我们可以在单元格 D16、E16、F16 中键入"0"。

现在，我们可以通过第 18 行，将 13、15、16 行的营业费用加起来，或者单元格 D18 写为"=D13+D15+D16"。

计算 2010 年全部营业费用（单元格 D18）

Excel 公式输入	描述
输入"="	进入"公式"模式
选择单元格 D13	2010 年 SG&A
输入"+"	加上
选择单元格 D15	2010 年基金管理费用
输入"+"	加上
选择单元格 D16	2010 年成本节约
按下 <Enter> 键	结束
公式计算结果	"=D13+D15+D16"

我们可以将单元格 D18 的公式向右复制直到 2012 年。

其他业务收入

我们注意到亨氏公司没有单独列示"其他业务收入"项目。我们将在 20 行键入"0"。

EBITDA

现在我们计算 EBITDA，即毛利润减去营业费用。

计算 2010 年 EBITDA（单元格 D21）

Excel 公式输入	描述
输入"="	进入"公式"模式
选择单元格 D10	2010 年毛利润
输入"-"	减去
选择单元格 D18	2010 年全部营业费用
输入"-"	减去
选择单元格 D20	2010 年其他业务收入
按下 <Enter> 键	结束
公式计算结果	"=D10-D18-D20"

我们可以按本章之前讲解的方法计算 EBITDA 利润率。

计算 2010 年 EBITDA 利润率（单元格 D22）

Excel 公式输入	描述
输入"="	进入"公式"模式
选择单元格 D21	2010 年 EBITDA
输入"/"	除以
选择单元格 D6	2010 年销售收入
按下 <Enter> 键	结束
公式计算结果	"=D21/D6"

我们可以同时将单元格 D21、D22 的公式向右复制到 2012 年（见表 5-4）。

表 5-4 亨氏公司历史 EBITDA

合并利润表（以 100 万美元计，每股数值除外）	实际值		
截止日期	2010A	2011A	2012A
销售收入	10,495	10,706.6	11,649.1
年销售收入增长率		*2%*	*8.8%*
销售成本	6,397.8	6,455.4	7,306.8
销售成本占收入的比例	*61%*	*60.3%*	*62.7%*
毛利润	4,097.1	4,251.2	4,342.3
毛利润率	*39%*	*39.7%*	*37.3%*
营业费用			
销售、管理及行政费用	2,235.1	2,304.4	2,548.4
SG&A 占收入的比例	*21.3%*	*21.5%*	*21.9%*
基金管理费用	0	0	0
成本减少	0	0	0
成本减少占 SG&A 的比例			
营业费用合计	2,235.1	2,304.4	2,548.4
其他业务收入			
未合并子公司的收益	0	0	0
EBITDA	1,862.1	1,946.9	1,794
EBITDA 利润率	*17.7%*	*18.2%*	*15.4%*

EBITDA 之外

一旦计算出了 EBITDA，我们就可以继续辨别亨氏公司利润表中的剩余项目。

折旧与摊销

我们已经辨别出2010年、2011年、2012年的折旧分别为254,528、255,227、295,718（见图5-3），可以在23行直接输入这些数值的百万单位，也可以在24行中直接输入对应百万单位的摊销值：48,308、43,433、47,075。

在24行后还有一行为交易调整行，即可识别无形资产的摊销。我们将在第八章的资产负债表调整部分讨论无形资产和债务时再讨论这个科目。这些交易调整不会影响历史的财务报表，因此，我们可以将2010~2012年这个科目键入"0"。

现在，我们可以在26行把23、24、25行的折旧与摊销费用加起来，或者单元格D26写为"=D23+D24+D25"。我们可以将这些公式向右复制。

计算2010年全部折旧与摊销（单元格D26）

Excel 公式输入	描述
输入"="	进入"公式"模式
选择单元格 D23	2010 年折旧
输入"+"	加上
选择单元格 D24	2010 年摊销
输入"+"	减去
选择单元格 D25	2010 年的可识别无形资产摊销
按下 <Enter> 键	结束
公式计算结果	"=D23+D24+D25"

EBIT

EBIT 是 EBITDA 减去折旧与摊销。现在计算 EBIT。

计算2010年EBIT（单元格D27）

Excel 公式输入	描述
输入"="	进入"公式"模式
选择单元格 D21	2010 年 EBITDA
输入"-"	减去
选择单元格 D26	2010 年全部折旧与摊销
按下 <Enter> 键	结束
公式计算结果	"=D21-D26"

表 5-5　亨氏历史的 EBIT

合并利润表（以100万美元计，每股数值除外）	实际值		
截止日期	2010A	2011A	2012A
EBITDA	1,862.1	1,946.9	1,794
EBITDA 利润率	*17.7%*	*18.2%*	*15.4%*
折旧	254.5	255.2	295.7
摊销	48.3	43.4	47.1
可识别无形资产的摊销	0	0	0
折旧与摊销合计	302.8	298.7	342.8
EBIT	1,559.2	1,648.2	1,451.2
EBIT 利润率	*14.9%*	*15.4%*	*12.5%*

我们也可以计算 EBIT 利润率。

计算 2010 年 EBIT 率（单元格 D28）

Excel 公式输入	描述
输入 "="	进入"公式"模式
选择单元格 D27	2011 年 EBIT
输入 "/"	除以
选择单元格 D6	2010 年销售收入
按下 <Enter> 键	结束
公式计算结果	"=D27/D6"

我们可以将 D27 和 D28 的公式向右复制到 2012 年（见表 5-5）。

利息

亨氏公司有两种利息：利息费用和利息收入。注意，虽然利息收入和利息费用都列为正数，但是利息收入增加 EBIT，利息费用降低 EBIT。关于如何确保利润表科目间的勾稽关系无误，这是一个很好的例子。利润表中的科目是增加还是减少合计数，这一点并非总是很清楚。我们将会在利润表的最后确保所计算的净利润与亨氏公司披露的净利润相匹配，确保所有科目间勾稽关系准确无误。

我们可以在 30 行、31 行分别输入利息费用、利息收入。净利息费用是利息费用减去利息收入。因此，在 32 行，我们将用 30 行数值减去 31 行，或者 32 行写为 "=D30-D31"。我们将复制单元格 D32 的公式向右填充直到 2012 年（见表 5-6）。

表 5-6　亨氏公司历史的净利息费用

合并利润表（以 100 万美元计，每股数值除外）	实际值		
截止日期	2010A	2011A	2012A
EBIT	1,559.2	1,648.2	1,451.2
EBIT 利润率	*14.9%*	*15.4%*	*12.5%*
利息			
利息费用	295.7	275.4	294.1
利息收入	45.1	22.6	34.6
净利息费用	250.6	252.8	259.5

计算 2010 年净利息费用（单元格 D32）

Excel 公式输入	描述
输入 "="	进入 "公式" 模式
选择单元格 D30	2011 年利息费用
输入 "-"	减去
选择单元格 D31	2010 年利息收入
按下 <Enter> 键	结束
公式计算结果	"=D30-D31"

其他费用净值

亨氏公司以名为"其他费用净值"的科目来命名其他费用科目（见图 5-1）。接下来的研究将揭示年报第 14 页的附注。

净利息费用增加了 700 万美元，达到 2.59 亿美元，因为利息费用增加了 1,900 万美元，其中一部分被利息收入增加的 1,200 万美元抵销了。利息收入的增加主要因为短期投资的收益，利息费用的增加主要是因为公司投资组合债务和去年收购引起的利率变化。**其他费用净值减少了 1,300 万美元，为 800 万美元，主要因为汇兑收益，去年为汇兑损失。**

（亨氏公司年报第 14 页）

以下是对其他费用净值的另一个注释，在亨氏公司年报的第 68 页。

截至 2012 年 4 月 29 日，公司已经进行了大约 3 年的套期保值交易。接下来的 12 个月，假设市场利率在合同期限内保持不变，公司预计有 170 万美元递延收益净值，原因为将累计其他综合损失重新归类为收益科目。与现金流量套期保值相关的无效对冲，对于截止日期 2012 年 4 月 29 日、2011 年 4 月 27 日、2010 年 4 月 28 日的影响并不明显，在报表当前收益下的其他费用净值中对此做了披露。因预计之后不再进行对冲交易，对截止日期2012年4月29日、2011年4月27日、2010年4月28日的其他综合损失重新归类为收益科目。

（亨氏公司年报第68页）

这是两处与"其他费用净值"相关的标注，为了分析的目的，我们需要确定这一项目是否应该包含在经营性利润表中，或者放在非经常性项目中。这两个标注表明这一科目与汇兑损失以及现金流对冲相关。由于这些科目听起来不像和亨氏公司销售食品核心业务直接相关，所以我们建议将这一科目放在经营活动后面。

让我们在39行将"其他费用净额"直接改为"特殊项目"，单位为百万美元。注意我们之后需要做一些纳税调整，一旦这一项目完成，我们就开始计算EBT。

税前利润（EBT）

记住用EBIT减去利息是EBT。

计算2010年EBT（单元格D33）

Excel 公式输入	描述
输入"="	进入"公式"模式
选择单元格D27	2010年EBIT
输入"-"	减去
选择单元格D32	2010年净利息费用
按下 <Enter> 键	结束
公式计算结果	"=D27-D32"

EBT利润率等于EBT除以销售收入。

计算2010年EBT利润率（单元格D34）

Excel 公式输入	描述
输入"="	进入"公式"模式
选择单元格D33	2010年EBT
输入"/"	除以
选择单元格D6	2010年销售收入
按下 <Enter> 键	结束
公式计算结果	"=D33/D6"

我们可以将D33和D34的公式向右复制直到2012年（见表5-7）。

表 5-7 亨氏公司所得税

合并利润表（以100万美元计，每股数值除外）截止日期	实际值		
	2010 年实际值	2011 年实际值	2012 年实际值
EBT	1,308.7	1,395.4	1,191.7
EBT 利润率	*12.5%*	*13%*	*10.2%*
所得税	363.6	373.9	245.2
所得税税率	*27.8%*	*26.8%*	*20.6%*

所得税

2012 年年报中亨氏公司支付了 243,535 千美元的所得税，但是因为我们从净利润中移除了费用（其他费用净值），需要调整所得税的数额。如果我们将一个科目从净利润上面移到净利润下面，那么与之相关的所得税也应该调整。我们做出的所得税调整应该保证与实际披露的所得税相匹配。以往的所得税税率能帮助我们恰当地衡量未来支付的所得税。我们建议计算以往有效的已支付的所得税税率，然后用这个税率重新计算调整的所得税。因此，如果公司在 2012 年支付了 243,525 千美元的所得税，基于 1,183,443 千美元的 EBT（项目为"持续经营下的税前利润"），那么公司隐含的税率为 20.6%（243,535/1,183,443）。因此，我们建议在税率一行直接输入 20.6% 的税率并进行补充说明。比如在单元格 F36 中，我们应该写入"=243,535/1,183,443"。我们本可以调整这些数字来满足单位的改变，而计算没有改变百分比。在 2011 年、2010 年都是这样计算的（见表 5-7）。

如果非经常性项目没有包括在"净利润"上面，可以简单地用 EBT 乘以新的税率得出隐含的所得税。

计算 2010 年所得税费用（单元格 D35）

Excel 公式输入	描述
输入 "="	进入"公式"模式
选择单元格 D33	2010 年 EBT
输入 "*"	乘以
选择单元格 D36	2010 年所得税税率
按下 <Enter> 键	结束
公式计算结果	"=D33*D36"

我们可以复制公式，并向右填充，直到 2012 年。

净利润（调整过的）

记住，EBT减去所得税等于净利润。

计算2010年净利润（单元格D37）

Excel 公式输入	描述
输入 "="	进入"公式"模式
选择单元格D33	2010年EBT
输入 "-"	减去
选择单元格D35	2010年所得税
按下 <Enter> 键	结束
公式计算结果	"=D33-D35"

我们可以复制公式，并向右填充，直到2012年。

非经常性项目

除了归入这个科目的"其他费用净值"，亨氏公司还有另外一个非经常性项目"税后非持续性经营损失"（见图5-1），仅发生在2010年。同样，我们需要确定这个项目究竟如何影响净利润。在这个案例中，尽管列在括号里，但是却降低了净利润。一些分析师们更愿意利用反向逻辑将负号改为正号或相反操作。这里没有绝对正确的方式，只要利润表最下面的净利润与年报的净利润相匹配即可。

通常，我们将减少净利润的费用列为正数，因此，为了符合我们的逻辑，将"49,597"作为正数输入。确保在单元格D40以百万美元为单位直接输入数值（即49.597）。可以在2011年、2012年输入"0"值。

现在，我们需要对39行"其他费用净值"进行调整。从税前利润(EBT)上面移到下面的费用应该是所得税调整之后的（可能会有一些例外）。因此，比如在2010年，1,820万美元的所得税调整，通过乘以（1-税率）来实现。

计算2010年其他费用净值（单元格D39）

Excel 公式输入	描述
输入 "="	进入"公式"模式
输入 "18.2"	最初的税前费用
输入 "*"	乘以
输入 "(1-"	（1-税率）公式键入开始
选择单元格D36	2010年所得税税率
输入 ")"	（1-税率）公式键入结束
按下 <Enter> 键	结束
公式计算结果	"=18.2*（1-D36）"

这确保了我们可以适当地将税收节约额与非经常性项目税收项的费用相联系。为了匹配亨氏公司最初披露的税收总额，我们需要保持同一时期相同的有效税率。因此，最好的方式是能链接到特定的单元格。2010年这个数值是13.1，我们需要在2011年、2012年也这样做。注意——不能简单复制公式向右填充，因为税前"其他费用净值"（2010年为18.2）每一年都不同。

注意，不需要对"非持续性经营损失"进行调整，因为它已经是所得税调整后的。一是它已经直接标注为"所得税调整后"，二是它位于所得税项目之下。

可以一直保持非经常性项目为0，在43行计算非经常性项目总计数，并复制公式，向右填充直到2012年（见表5-8）。

表5-8 亨氏公司历史的非经常性项目

合并利润表（以100万美元计，每股数值除外）	实际值		
截止日期	2010A	2011A	2012A
非经常性项目			
其他费用净值	13.1	15.5	6.5
税后非持续性经营损失	49.6	0	0
会计变更的影响	0	0	0
税后特殊项目	0	0	0
非经常性项目合计	62.7	15.5	6.5

> **建模小贴士**
>
> 有一个快速的方式可以立刻将几行数字加总。同时按住"Alt"与"="，自动表明为合计公式。你可以按<Enter>键获得公式，或者按需要进行调整并保存。附注3有一系列的快捷键，可以让操作更加有效。

净利润（非经常性项目之后）

现在，我们可以计算净利润（非经常性项目之后），即净利润减去非经常性项目。这里的净利润应该和亨氏公司年报中的净利润相匹配。注意，这个净利润和之前的净利润（已调整）存在差异。净利润（已调整）不包括非经常性项目，是常规化且更具有典型意义的净利润。虽然我们做了调整，但仍然需要保证还原后可以与亨氏公司利润表底部的净利润匹配。

计算 2010 年净利润（非经常性项目之后）（单元格 D44）

Excel 公式输入	描述
输入 "="	进入 "公式" 模式
选择单元格 D37	2010 年净利润（调整过）
输入 "-"	减去
选择单元格 D43	2010 年非经常性项目
按下 <Enter> 键	结束
公式计算结果	"=D37-D43"

我们可以复制公式，向右填充直到 2012 年（见表 5-9）。

利润分配

亨氏公司的科目 "归属于非控制性权益的净利润" 即为非控制性权益。可直接将该科目数据输入表格 45 行，单位为百万美元（见表 5-9）。

净利润（披露的）

可以用净利润（非经常性项目之后）减去非控制性权益，从而得到净利润（披露的）。

计算 2010 年净利润（披露的）（单元格 D46）

Excel 公式输入	描述
输入 "="	进入 "公式" 模式
选择单元格 D44	2010 年净利润（非经常性项目之后）
输入 "-"	减去
选择单元格 D45	2010 年归属于非控制性权益的净利润
按下 <Enter> 键	结束
公式计算结果	"=D44-D45"

复制单元格 D46 的公式，向右填充，直到 2012 年。这些合计数应该与 "归属于亨氏公司的净利润" 相联系（见图 5-1 和表 5-9）。

股份数和每股收益（EPS）

在计算每股收益（EPS）之前，可以直接在第 51、52 行键入亨氏公司披露的基本股份数及稀释股份数。你可以在"归属于亨氏公司的净利润"下面几行发现稀释股份数（见图5-1），即"稀释后的加权平均普通股股数"，基本股份数在稀释股份数下面几行，即"基本的加权平均普通股股数"。确定这些数值的单位是百万（见表5-9）。

然后，可用净利润（披露的）分别除以基本普通股份数与稀释后普通股份数，从而得到基本EPS与稀释EPS。在这里计算EPS的目的在于，确保分析中使用的指标与公司披露的数据相符。然而，出于分析目的，我们采用常见做法，在计算EPS时使用调整后的净利润。

计算2010年基本的EPS（单元格D48）

Excel 公式输入	描述
输入"="	进入"公式"模式
选择单元格 D46	2010年净利润（披露的）
输入"/"	除以
选择单元格 D51	2010年股份数
按下 <Enter> 键	结束
公式计算结果	"=D46/D51"

计算稀释EPS时，重复同样的过程，即用稀释股份数来替代基本股份数即可。

计算2010年稀释的EPS（单元格D49）

Excel 公式输入	描述
输入"="	进入"公式"模式
选择单元格 D46	2010年净利润（披露的）
输入"/"	除以
选择单元格 D52	2010年稀释的股份数
按下 <Enter> 键	结束
公式计算结果	"=D46/D52"

我们可以复制单元格D48、D49的公式，向右填充直到2012年（见表5-9）。注意：如果你将结果与亨氏公司报表中的数字比较，就会发现亨氏公司在所有例子中对EPS进行了四舍五入。我没有四舍五入，但是我保留了三位小数，因此可以看到它与亨氏公司报表数字的接近程度。

表 5-9 亨氏公司历史的利润表

合并利润表（以百万美元计，每股数值除外）截止日期	实际值		
	2010A	2011A	2012A
销售收入	10,495	10,706.6	11,649.1
年收入增长率		2%	8.8%
销售成本	6,397.8	6,455.4	7,306.8
销售成本占收入的比例	*61%*	*60.3%*	*62.7%*
毛利润	4,097.1	4,251.2	4,342.3
毛利润率	*39%*	*39.7%*	*37.3%*
营业费用			
销售、管理及行政费用	2,235.1	2,304.4	2,548.4
SG&A 占收入的比例	*21.3%*	*21.5%*	*21.9%*
基金管理费用	0	0	0
成本减少	0	0	0
成本减少占 SG&A 的比例			
营业费用合计	2,235.1	2,304.4	2,548.4
其他业务收入			
未合并子公司的收益	0	0	0
EBITDA	1,862.1	1,946.9	1,794
EBITDA 利润率	*17.7%*	*18.2%*	*15.4%*
折旧	254.5	255.2	295.7
摊销	48.3	43.4	47.1
可识别无形资产的摊销	0	0	0
折旧与摊销合计	302.8	298.7	342.8
EBIT	1,559.2	1,648.2	1,451.2
EBIT 利润率	*14.9%*	*15.4%*	*12.5%*
利息			
利息费用	295.7	275.4	294.1
利息收入	45.1	22.6	34.6
净利息费用	250.6	252.8	259.5
EBT	1,308.7	1,395.4	1,191.7
EBT 利润率	*12.5%*	*13%*	*10.2%*
所得税	363.6	373.9	245.2
所得税税率	*27.8%*	*26.8%*	*20.6%*
净利润（已调整）	945.1	1,021.5	946.4
非经常性项目			
其他费用净值	13.1	15.5	6.5
税后非持续性经营损失	49.6	0	0
会计变更的影响	0	0	0
税后特殊项目	0	0	0
非经常性项目合计	62.7	15.5	6.5
净利润（非经常性项目之后）	882.3	1,005.9	939.9
归属于非控制性权益的净利润	17.5	16.4	16.7
净利润（披露的）	864.9	989.5	923.2
每股收益（EPS）			
基本的	2.737	3.091	2.879
稀释的	2.719	3.063	2.855
平均流通普通股			
基本的	315.9	320.1	320.7
稀释的	318.1	323	323.3

过去 12 个月

在对亨氏公司进行预测之前，重要的是考虑财务指标的适时性。亨氏公司的财务报表年度截止日是 4 月份。由于交易公告日为 2 月 14 日，因此从上一年的 4 月到交易公告日之间的时间很长。出于分析的目的，尽可能使披露财报日期接近公告日期，这一点很重要。虽然交易公告日到交易关闭日之间可能有很长时间，理论上，可以用几个月之前的数据来进行预测。虽然有些复杂，而且我们没有更多的数据用来进行分析，但我们仍然希望以企业发布公告时的日期为基准日。因此现在，我们需要假设交易发生在公告日。虽然知道交易还没有结束，但我们清楚，判断伯克希尔·哈撒韦和 3G 资本公司的潜在投资回报是分析的目的。华尔街的惯例是：首先在公告日建立模型，然后随着交易推进，根据更新的详细数据定期更新模型。

在计算指标之前，了解过去 12 个月（LTM⊖）的计算很重要。LTM 是在综合年度报告（10-Ks）和季度报告（10-Qs）基础上计算最近财报数据的方法。在亨氏公司网站"投资者关系"部分，我们注意到，公司在年报之后披露了三个额外的季度报告。因此不仅仅有 2011 年 4 月 28 日、2012 年 4 月 29 日的财务年度数据，还有从 2012 年 4 月 30 日～2012 年 7 月 29 日第一季度的财务数据、2012 年 7 月 30 日～2012 年 10 月 28 日第二季度的数据、2012 年 10 月 29 日～2013 年 1 月 27 日第三季度的财务数据。

因此，严格意义上说，我们可以得到截止日为 2013 年 1 月 27 日最近 12 个月的财报数据。这不是特定公告日的财务信息，但是已经非常接近了。

2012 年度	2013 年第一季度	2013 年第二季度	2013 年第三季度
2011/4/28~ 2012/4/29	2012/4/30~ 2012/7/29	2012/7/30~ 2012/10/28	2012/10/29~ 2013/1/27

虽然第一季度、第二季度都是在 2012 年终止，但是属于 2013 年财政年度。因为它们是亨氏公司 2013 年财政年度的第一和第二季度，并在 2013 年 4 月截止。

为了用这些信息得到截止日为 2013 年 1 月 27 日共 12 个月的财报数据，首先需要在 2012 年度数据的基础上加上第一、二、三季度的报表数据。当我们说"增加"时，我们是说（拿销售收入举例）：将 2012 年年报中的销售收入加上 2013 年第一、二、

⊖ LTM，Last Twelve Month 的首字母缩写。——译者注

三季度数据,将得到 21 个月的财报(2011 年 4 月 28 日~2013 年 1 月 27 日),因此,现在需要从中减去 9 个月或者 3 个季度的数据(2011 年 4 月 28 日~2012 年 1 月 25 日),以得到截至 2013 年 1 月 27 日共 12 个月的数据。

2012 年度			2013 年 第一季度	2013 年 第二季度	2013 年 第三季度
2011/4/28~2012/4/29			2012/4/30~ 2012/7/29	2012/7/30~ 2012/10/28	2012/10/29~ 2013/1/27
2012 年 第一季度	2012 年 第二季度	2012 年 第三季度			
2011/4/28~ 2011/7/27	2011/7/28~ 2011/10/26	2011/10/27~ 2012/1/25			

因此,换句话说,如果我们用 2012 年年报数据,加上 2013 年第一、第二、第三季度的数据,减去 2012 年第一、第二、第三季度的数据,将得到从 2012 年 1 月 26 日到 2013 年 1 月 27 日的财务数据:

LTM=2012 年度 +2013 年第一季度 +2013 年第二季度 +2013 年第三季度 −

2012 年第一季度 −2012 年第二季度 −2012 年第三季度

现在,我们可以为亨氏公司构建过去 12 个月的财报数据。首先,注意亨氏公司第三季度报告 [见 Wiley 网站上的亨氏公司第三季度文件(文件名称 "Heinz_Quarterly_Report_Q3.pdf"),或者搜索 www.sec.gov 访问美国证券交易委员会网站] 包含至今为止第一、第二、第三季度报表数据的合计数。如果你继续向下浏览到亨氏公司第三季度报告的第 3 页,会发现 9 个月的财报截止日期分别为 2013 年 1 月 27 日、2012 年 1 月 25 日(见图 5-5)。

事实上,按季度设计模型是有好处的,但是出于分析目的,我们可以使用这些 9 个月的合并报表来计算 LTM。

因此,首先我们像年度报表一样构建 9 个月的利润表,然后,将用下面的公式计算亨氏公司的 LTM:

亨氏公司 LTM=2012 年度 +2013 年 9 个月 −2012 年 9 个月

你可以在模型中注意到,G、H 栏是为分别记录 2012 年、2013 年 9 个月利润表设置的。不需要再重复解释逐行建立数据的过程,因为这确实与我们构建年报时用的方法一样。我建议用图 5-5 以及表 5-10 的方法作为指导。记住所有数据的单位是

亨氏公司及其附属公司合并利润表

	9 个月的截止日期	
	2013 年 1 月 27 日 （2013 财年）	2012 年 1 月 25 日 （2012 财年）
	未审计的（以千美元计，每股数值除外）	
销售收入	8,538,315	8,495,904
销售成本	5,416,840	5,511,796
毛利润	3,121,475	2,984,108
销售、管理及行政费用	1,841,487	1,814,210
营业收入	1,279,988	1,169,898
利息收入	22,295	25,626
利息费用	213,069	218,104
其他费用净值	(18,098)	(3,289)
所得税前的持续销售收入	1,071,116	974,131
预提所得税	169,957	191,904
持续经营收入	901,159	782,227
税后非持续性经营损失	−72079	−19,893
净利润	829,080	762,334
减去：归属于非控制性权益的净利润	12,063	14,517
归属于亨氏公司的净利润	817,017	747,817
普通股每股收益（损失）		
稀释的		
归属于亨氏公司持续经营产生的每股收益	2.75	2.37
归属于亨氏公司终业业务产生的每股收益	(0.22)	(0.06)
归属于亨氏公司的普通股股东的每股收益	2.53	2.31
稀释后的加权平均普通股股数	323,048	323,538
基本的		
归属于亨氏公司持续经营的每股收益	2.77	2.39
归属于亨氏公司终业业务产生的每股收益	(0.22)	(0.06)
归属于亨氏公司的普通股股东的净利润	2.55	2.32
基本的加权平均普通股股数	320,523	320,850
每股现金股利	1.545	1.44
归属于亨氏公司普通股股东的		
税后持续经营的利润	889,096	767,710
税后非持续性经营损失	(72,079)	(19,893)
净利润	817,017	747,817

（由于四舍五入，每股数值可能存在差异）

图 5-5 亨氏公司 9 个月的利润表

百万。同样，我们在 F 栏中计算的公式都可以复制。注意以下五个调整：

（1）销售收入增长不能放在 9 个月的报表中，应该将其移除。

（2）注意，你需要确定 10-Q 中的折旧与摊销并将其从销售成本中移除，与我们在年度数据中处理的方式相同。在第三季度报告第 8 页现金流量表中可以找到"折旧"（见图 5-6）。因此，如果 2013 年你在单元格 H23、H24 中分别输入"221.519"和"34.890"，你也需要从销售成本这一行中减去这些值。

	9 个月的截止日期	
	2013 年 1 月 27 日 （2013 财年）	2012 年 1 月 25 日 （2012 财年）
	未审计的（以千美元计）	
经营活动产生的现金流		
净利润	829,080	762,334
经营活动产生的现金调整净利润		
折旧	221,519	217,620
摊销	34,890	33,965

图 5-6　亨氏公司第三季度折旧

（3）可以再次将"净利润"上面的"其他费用净值"移到"非经常性项目"的下面，因此我们需要像处理年报中数据一样做相同的税额调整。建议你重新阅读这一部分，并将其当作自测看你是否完全理解了这些调整。因此，我们用已披露的预提所得税除以税前持续经营的利润，来得出隐含的税率。例如，2013 年我们在单元格 H36 中键入"169.957/1,071.116"。这样计算出隐含的税率。接着可以用这个税率乘以计算的 EBT，来计算新的税额。对此，我们可以将年度所得税公式（单元格 F35）复制到 G、H 列。

（4）"其他费用净值"的数据将输入 39 行，同年度报表处理一样，记住乘以（1–税率）进行调整。

（5）注意，季度报中的非经常性项目"税后非持续性经营损失"，因为已经进行了所得税调整（且项目在所得税下面）。不需要像"其他费用净值"用（1– 税率）再进行调整。可以直接将披露的数字输入非经常性项目，不需要做任何调整。

报表剩下的部分应该像年报输入一样进行输入。注意最后的 EPS 结果有些差异，我认为这归因于数据四舍五入的影响（见表 5-10）。

我们可以进行恰当地调整，在 I 列计算 LTM，本章前面已经讨论过 LTM 的计算：

亨氏公司 LTM=2012 年度 +2013 年 9 个月 –2012 年 9 个月

表 5-10 亨氏公司 9 个月的财报

合并利润表（以百万美元计，每股数值除外）	过去 12 个月（LTM）		
截止日期	2012 年 9 个月	2013 年 9 个月	LTM
销售收入	8,495.9	8,538.3	
年收入增长率			
销售成本	5,260.2	5,160.4	
销售成本占收入的比例	*61.9%*	*60.4%*	
毛利润	3,235.7	3,377.9	
毛利润率	*38.1%*	*39.6%*	
营业费用			
销售、管理及行政费用	1,814.2	1,841.5	
SG&A 占收入的比例	*21.4%*	*21.6%*	
基金管理费用	0	0	
成本减少	0	0	
成本减少占 SG&A 的比例			
营业费用合计	1,814.2	1,841.5	
其他业务收入			
未合并子公司的收益	0	0	
EBITDA	1,421.5	1,536.4	
EBITDA 利润率	*16.7%*	*18%*	
折旧	217.6	221.5	
摊销	34	34.9	
可识别无形资产的摊销	0	0	
折旧与摊销合计	251.6	256.4	
EBIT	1,169.9	1,280	
EBIT 利润率	*13.8%*	*15%*	
利息			
利息费用	218.1	213.1	
利息收入	25.6	22.3	
净利息费用	192.5	190.8	
EBT	977.4	1,089.2	
EBT 利润率	*11.5%*	*12.8%*	
所得税	192.6	172.8	
所得税税率	*19.7%*	*15.9%*	
净利润（已调整）	784.9	916.4	
非经常性项目			
其他费用净值	2.6	15.2	
税后非持续性经营损失	19.9	72.1	
会计变更的影响	0	0	
税后特殊项目	0	0	
非经常性项目合计	22.5	87.3	
净利润（非经常性项目之后）	762.3	829.1	
归属于非控制性权益的净利润	14.5	12.1	
净利润（披露的）	747.8	817	
每股收益（EPS）			
基本的	2.331	2.549	
稀释的	2.311	2.529	
平均流通普通股			
基本的	320.9	320.5	
稀释的	323.5	323	

因此，我们将公式应用在 LTM 列（I 列），以销售收入为例。

计算 2010 年 LTM 的销售收入（单元格 I6）

Excel 公式输入	描述
输入 "="	进入 "公式" 模式
选择单元格 F6	2012 年收入
输入 "-"	减去
选择单元格 G6	2012 年 9 个月收入
输入 "+"	加上
选择单元格 H6	2013 年 9 个月收入
按下 <Enter> 键	结束
公式计算结果	"=F6–G6+H6"

销售收入的计算结果应为 "11,691.5"。注意这是公式，因此应该用黑色字体。现在，我们想要复制公式到亨氏公司 LTM 列的每一个科目，然而，关注下面的调整（见表 5-11）。你可能想要参考 Wiley 网站上名为 "解决方案"（solution）的文件，了解更多有关构建公式的说明：

- 确保像计算历史报表一样，从上到下计算 "总计" 项目。换句话说，毛利润的计算通常用销售收入减去销售成本。你可以从 H 列复制这些公式，向右填充。
- 可以将增长百分比留白。
- 确保像计算历史报表一样计算收入百分比与比率。例如，计算销售成本占销售收入的百分比可以通过在 LTM 列用销售成本/销售收入得到。你可以从 H 列复制这些公式，向右填充。
- 计算 "所得税费用" 应该像计算销售收入、销售成本以及其他费用一样，使用 LTM 的公式（可以直接复制下来）。通过除以 EBT 可以计算隐含的税率。

计算 2010 年 LTM 税率（单元格 I36）

Excel 公式输入	描述
输入 "="	进入 "公式" 模式
选择单元格 I35	LTM 所得税
输入 "/"	除以
选择单元格 I33	LTM EBT
按下 <Enter> 键	结束
公式计算结果	"=I35/I33"

- 可以像计算历史报表一样计算每股收益 (EPS)，你可以从 H 列复制这些公式，向右填充。
- 流通的股份数是已发行的股份数，即在特定日期已发行普通股份的合计数。换句话说，这不是披露一段时间且 LTM 可以调整的科目。因此，我们采用过去披露过的股份数，或者单元格 I51 为 "=H51"，I52 为 "=H52"（见表 5-11）。

表 5-11 亨氏公司 LTM 利润表

合并利润表（以 100 万美元计，每股数值除外）		过去 12 个月（LTM）	
截止日	2012 年 9 个月	2013 年 9 个月	LTM
销售收入	8,495.9	8,538.3	11,691.5
年收入增长率			
销售成本	5,260.2	5,160.4	7,207
销售成本占收入的比例	*61.9%*	*60.4%*	*61.6%*
毛利润	3,235.7	3,377.9	4,484.5
毛利润率	*38.1%*	*39.6%*	*38.4%*
营业费用			
销售、管理及行政费用	1,814.2	1,841.5	2,575.6
SG&A 占收入的比例	*21.4%*	*21.6%*	*22%*
基金管理费用	0	0	0
成本减少	0	0	0
成本减少占 SG&A 的比例			
营业费用合计	1,814.2	1,841.5	2,575.6
其他业务收入			
未合并子公司的收益	0	0	0
EBITDA	1,421.5	1,536.4	1,908.9
EBITDA 利润率	*16.7%*	*18%*	*16.3%*
折旧	217.6	221.5	299.6
摊销	34	34.9	48
可识别无形资产摊销	0	0	0
折旧与摊销合计	251.6	256.4	347.6
EBIT	1,169.9	1,280	1,561.3
EBIT 利润率	*13.8%*	*15%*	*13.4%*
利息			
利息费用	218.1	213.1	289.1
利息收入	25.6	22.3	31.3
净利息费用	192.5	190.8	257.8
EBT	977.4	1,089.2	1,303.5
EBT 利润率	*11.5%*	*12.8%*	*11.1%*
所得税	192.6	172.8	225.5
所得税税率	*19.7%*	*15.9%*	*17.3%*
净利润（已调整）	784.9	916.4	1,078
非经常性科目			
其他费用净值	2.6	15.2	19.1
税后非持续性经营损失	19.9	72.1	52.2
会计变更的影响	0	0	0
税后特殊项目	0	0	0
非经常性科目合计	22.5	87.3	71.3
净利润（非经常性科目之后）	762.3	829.1	1,006.7
归属于非控制性权益的净利润	14.5	12.1	14.3
净利润（披露的）	747.8	817	992.4
每股收益（EPS）			
基本的	2.331	2.549	3.096
稀释的	2.311	2.529	3.072
平均流通普通股			
基本的	320.9	320.5	320.5
稀释的	323.5	323	323

利润表预测

我们已经完成了 LTM 的调整，需要预测接下来 5 年的利润表。虽然亨氏公司权益投资者表示将长期持有，但他们也可能构建了短期的杠杆收购模型来对潜在的投资回报进行分析。也可以构建 7 年或更久的模型，但是，时间越长，不确定性越大，预测的意义就越不显著，我们的模型也一样。

关于预测，我们将基于 LTM 的财务数据来进行预测。我们的观点是在公告日收购公司，在此基础上预测后五年的数据。事实上，从交易公告日到交易关闭日通常需要 6~12 个月的时间。一些分析者认为：理论上我们首先应该建立模型，预测交易结束前的 6~12 个月，然后再建立交易结束后的财务模型。然而，在本案例中，在亨氏公司交易结束前，有许多不确定性因素，而且关键是分析股权投资者可以从潜在的并购中看到的价值，或者说，宣告交易时他们在那一天看到的价值。随着逐渐接近交易关闭日，我们可以根据披露的数据更新模型。因此，LTM 的截止日是 2013 年 1 月，下一个预测年度是 2014 年 1 月，依次类推。

预测不是一件容易的事。这需要我们花费大量的时间去理解和研究目标企业的核心商业模式，看它是如何创造收入的，成本架构是怎样的，如何在未来超越之前的业绩。理论上，一位华尔街研究员对其专攻领域有多年的经验，并持续密切关注，应该能够很好地掌握其未来的走势，并据此做出预测。也就是说，有些方法已经广泛地使用，虽然适用范围比较宽泛，但足以作为工具用以估计企业整体价值。记住，一个好的模型是功能完整且灵活的，便于进行调整和改进，并且随着我们对企业内部运作的认识的加深，估值结果会逐渐修正。

销售收入

销售收入并不是那么容易预测的。亨氏公司披露其 2012 年总收入为 11,649.1 百万美元，相较 2011 年增长了 8.8%，那么，我们该如何知道 2013 年销售收入将会怎样呢？事实上，想要百分之百地确定是不可能的。我们需要给出一些前提假设，且清楚这些假设具有一定的不确定性，可能会发生变化。

因此，该如何对 2013 年的销售收入水平做出理性预测呢？其中最重要的是研究并理解目标企业的业务模式，收集尽可能多的信息，以便做出最优的调整。例如，销售收入通常由价格和销量的乘积决定。因此，在预测收入时，应当专注于研究企业的定价和销量。了解企业通过何种举措来提升 2013 年销量，这是否会增加广告宣传费，是否会收购其他业务或客户，是否会提高价格，是否会为寻求协同效应而降低成本等。除了上述研究以外，我们推荐如下信息资源：

（1）*投资者简报*。尝试在企业网站的投资者关系页面寻找最近的投资者简报。这些简报通常会向企业股东与潜在投资者通报企业目前以及未来的业绩。简报中可能包含了高质量的预测数据。

（2）*盈利电话会议*。你可以很容易地在企业网站的投资者关系页面找到下一次盈利电话会议的相关信息。在盈利电话会议中，你可以听到管理层讲解企业最近的财务状况。此外，管理层有时也会对企业未来业绩表现做出指引。

（3）*华尔街研究*。如果你可以找到华尔街已跟踪目标企业多年的分析师撰写的股票研究报告，里面应该会包含他们对企业未来业绩的估计。

（4）*公允意见*。企业的代理报告包含公允性的意见，来自第三方的估值，例如投资银行。这种公允性的意见包括对未来的业绩预测，我们在十三章中具体说明。

（5）*数据资源*。从诸如雅虎财经、汤姆森先声 (First Call) 以及彭博等数据来源会找到关于未来盈利的华尔街分析师的一致预期。雅虎财经是免费的数据来源，如果无法获得其他有偿服务，那么它是一个不错的参考。

以上只是一些例子。建议你不要依赖一种数据来源，而是尽可能多地获取数据，并交叉检验你的研究结果，以便尽可能让估计结果更加可靠。

我们知道研究会耗费大量的时间，但为了分析目的，我们可以提出一些初始假设，并待模型完善后再进行更深入的研究。例如，可以假设收入增长率能够维持在历史水平。注意亨氏公司的销售收入从 2011 到 2012 年增长率为 8.8%，接下来 9 个月的增长如何？我们可以将 2012 年～LTM 期间的销售收入增长作为指引。

计算 LTM 销售收入增长（单元格 I7）

Excel 公式输入	描述
输入 "="	进入"公式"模式
选择单元格 I6	LTM 销售收入
输入 "/"	除以
选择单元格 F6	2012 年销售收入
输入 "-1"	减去 1
按下 <Enter> 键	结束
公式计算结果	=I6/F6-1

我们得到 0.4% 的增长，与前面年度相比增速较慢。这不合常理，需要进一步研究来找出原因。

我们可以获得其他华尔街分析者关于亨氏公司未来绩效的预期。一个免费且通俗易懂的数据来源是雅虎财经。例如，我们可以前往 finance.yahoo.com，在"财经搜索"（Finance Search）栏中输入"HNZ"（亨氏公司上市代码）。那里有大量的信息可用来设定初始假设。尽管这些不是最好的数据来源，但是免费的，因此从这里收集数据也是个不错的选择。在左栏中，可以选择"分析师预期"（Analyst Estimates）。注意，一旦收购交易结束，公司将变成私有性质，上市公司的数据将不存在。如果情况已经发生，请参照图 5-7。

这个数据代表了跟踪亨氏公司的华尔街分析师们的一致预期。从上面数第二张表，即名为"预测收入"的表，反映了分析师们对亨氏公司未来销售收入的一致预期。在右栏中，我们可以看到下一年的销售收入的平均预期是 117.3 亿美元。注意，我们的 LTM 数据不是来自分析师们提及的特定时间范围，但是分析师们的预计同样表明亨氏公司将不会保持以前年度的高增长。如果你注意收入预测表格的底部，就有一个平均预期销售收入增长假设数。本年度假设增长率为 0.7%，比去年的 8.8% 低很多。

我们同样关注最近的季度报表，看它是否讨论了年初至今的数据。在亨氏公司网站的"投资者关系"部分，有一个"新闻中心"的选择菜单，如果向下滚动，我们将看到一些新闻发布，包括 2013 年 2 月 21 日的这个：

亨氏公司披露第三季度持续经营的每股收益，不包括特殊科目是 0.99（披露数 0.95）。

（网址：http://news.heinz.com/press-release/finance/heinz-reports-third-quarter-eps-continuing-operations-excluding-special-items-）

这也可以在本书的网站中找到。建议花费一些时间阅读亨氏公司的新闻稿，你将发现以下关键信息以理解公司的绩效表现：

亨氏公司第三季度新闻稿

本年以来的持续经营

截至 2013 年 1 月 27 日的 9 个月销售收入总计 85.4 亿美元，相比披露的数据增长了 0.5%，内部有机增长率为 3.7%。营业利润是 12.8 亿美元，增长了 9.4%，不包括特殊项目，营业利润是 12.9 亿美元，上涨了 0.9%。持续经营的净利润是 8.89 亿美元，增长了 15.8%，不包括特殊项目，持续经营的净利润是 9.01 亿美元，增长了 6.8%。

本年以来的所得税税率为 15.9%，去年是 19.7%，亨氏公司披露的持续经营的稀释后每股收益为 2.75 美元，增长了 16%，不包括特殊项目，这一数字是 2.79 美元，增长了 7.3%。

由于汇兑损失，今年前 9 个月的每股收益减少了 0.06 美元。

包括终止性经营，亨氏公司披露了公司总的净利润为 8.17 亿美元，今年前 9 个月的每股收益为 2.53 美元。

有趣的是，亨氏公司认为本年以来的收入增长仅为 0.5%。

现在，让我们来看 2014 年，华尔街对 2014 年收入增长率的估计是 4.4%（见图 5-7）。然而，如果我们注意预计的高点和低点，低点是 118.1 亿美元，高点是 124.9 亿美元。有趣的是，低点 118.1 亿美元比 2013 年预计数 117.3 亿美元仅高 0.7%。这看起来是分析师们并没有预计增长率会改善，而另外的分析师预计增长率会改善。相比之下，2014 年的预测区间比 2013 年幅度更大。

我们可以采用 LTM 的 0.4% 增长率，或者华尔街从 0.7% 到 6.5% 的增长率（124.9/117.3−1）。先保守一些，保持 LTM 的水平。同时建立可调整的保守和激进的情景方案，以观察收入的增长如何影响模型结果，这一点非常睿智。

我们可以将预测的 0.4% 的数据输入模型中。在单元格 J7 中输入 0.4%，由于 0.4% 是假设条件并驱动销售收入，所以记得用蓝色字体标注。该比率将决定 2014 年实际收入：

2014 年总收入 =LTM 收入 ×（1+ 假设的 2014 年收入增长率）

图 5-7　网站截图

表 5-12　亨氏公司预计销售收入

合并利润表（以百万美元计，每股数值除外）	估计值				
截止日期	2014E	2015E	2016E	2017E	2018E
销售收入	11,738.3	11,785.2	11,832.3	11,879.7	11,927.2
年收入增长率	0.4%	0.4%	0.4%	0.4%	0.4%

计算 2014 年销售收入（单元格 J6）

Excel 公式输入	描述
输入 "="	进入 "公式" 模式
选择单元格 I6	LTM 销售收入
输入 "*"	乘以
输入 "(1+"	(1+x%) 公式键入开始
选择单元格 J7	2014 年预计收入增长
输入 ")"	(1+x%) 公式键入结束
按下 <Enter> 键	结束
公式计算结果	"=I6*（1+J7）"

由此，可以得到 2014 年总收入为 11,738.3 百万美元。

为了使模型简单，假设增长率不变，一旦模型完成就可以做出调整。可以复制单元格 J6 和 J7 的公式，向右填充，直到 2018 年（见表 5-12）。

销售成本

接下来看一下成本项。需要重申的是，全面了解和研究每个成本项对于估计企业未来的业绩非常重要，然而，如此深入的分析与预测收入一样不容易。首先，要考虑成本是固定的还是可变的。固定成本是相对静态的，并且可能以一个固定的百分比逐年增长。例如租金，就可以看作是固定成本，每年以 5%~10% 的速率增长，且不依赖于收入的增长。反之，可变成本的增长通常与企业业务增长存在直接的比例关系，最常见的是由收入增长率决定的。换言之，如果收入以 10% 的速率增长，则可变成本也以 10% 的速率增长；如果收入以 4% 的速率下降，则可变成本也以 4% 的速率下降。

销售成本通常被视为可变动成本。如果企业收入下降，那么最有可能减少产品的销量，因此成本也应随之减少；相反地，如果企业收入上升，则最有可能增加产品销量，因此销售成本也会随收入增长比例上升。然而，也会有意外情况。例如，收入的上升可能源于价格的上升，而非销量的上升。在这种情况下，成本可能不会上升（销量并无变化）。进一步分析，企业提高产品价格或许是由于上游原材料的供应商提价，由此导致该企业收入和成本按比例上升。在这里，对于企业商业模式和成本结构的深入理解将会派上用场。

历史趋势有助于明确如何做出最初的预测，而随着对企业业务的深入了解，我们将会调整之前的预测。如果我们分析过去三年的销售成本占销售收入的比例关系，会注意到每年销售成本占收入的比例维持在 60% ~ 63% 的水平。如此一致的趋势预示着销售成本是变动成本，并且与收入保持同步。如果该比例在过去三年没有保持一致，则需要通过进一步研究来探究该比例变动的原因。企业可能因业务发生重大变动或者采取其他措施增加或减少与收入相关的成本。在这种情况下，可以通过听取最新盈利电话会议或查阅盈利报告，从而了解企业管理层对于销售成本是升还是降的预期。

至此，我们已经调整了报表。只要 LTM 比率仍然在历史范围里，我更愿意用 LTM 比率。所以，我们假设 2014~2018 年销售成本占销售收入的比例为 61.6%。可以在单元格 J9 中输入 61.6%，作为假设条件，2014 年预测销售成本的公式为：

2014 销售成本 =2014 销售成本占收入的比例 × 2014 年收入

计算 2014 年销售成本（单元格 J8）

Excel 公式输入	描述
输入"="	进入"公式"模式
选择单元格 J9	2014 年销售成本占收入的百分比
输入"*"	乘以
选择单元格 J6	2014 年销售收入
按下 <Enter> 键	结束
公式计算结果	"=J9*J6"

表 5-13 亨氏公司预计毛利润

合并利润表（以百万美元计，每股数值除外）	估计值				
截止日期	2014E	2015E	2016E	2017E	2018E
销售收入	11,738.3	11,785.2	11,832.3	11,879.7	11,927.2
年销售收入增长率	*0.4%*	*0.4%*	*0.4%*	*0.4%*	*0.4%*
销售成本	7,230.8	7,259.7	7,288.7	7,317.9	7,347.2
销售成本占收入的比例	*61.6%*	*61.6%*	*61.6%*	*61.6%*	*61.6%*
毛利润	4,507.5	4,525.5	4,543.6	4,561.8	4,580
毛利润率	*38.4%*	*38.4%*	*38.4%*	*38.4%*	*38.4%*

由此得出，2014 年销售成本为 7,230.8 百万美元。可以复制 J8 和 J9 的公式，并向右填充直至 2018 年。此外，还可以计算未来的毛利润和毛利润率。由于我们在 LTM 列中已输入相关公式，因此只需要复制单元格 I10、I11，并向右填充直至 2018 年（见表 5-13）。

营业费用

在这里，可以重复上述对于利润表的每个成本科目所做的工作：充分研究，分析历史趋势以及考虑成本是固定的还是可变的，以便从前述的五种方法中选出预测成本的方法。

让我们分析一下公司的营业费用（销售、管理及行政费用）。如果我们看过去三年营业费用占销售收入的比例，可以发现 2010 年、2011 年、2012 年及 LTM 营业费用占收入的百分比分别为 21.3%、21.5%、21.9% 和 22%。此外，我们将选择 LTM 的比率作为 2014~2018 年的假设比率。

注意，建议直接在单元格 J14 中输入"22%"。有些人喜欢将单元格 J14 与单元格 I14 关联在一起（比如：J14=I14），如果这样做，可能由于四舍五入导致数字有些不同。因此为了说清楚，我建议简单地用"22%"。

2014 年 SG&A=2014 年 SG&A 占收入的百分比 × 2014 年总收入

计算 2014 年 SG&A（单元格 J13）

Excel 公式输入	描述
输入 "="	进入"公式"模式
选择单元格 J14	2014 年 SG&A 占收入的百分比
输入 "*"	乘以
选择单元格 J6	2014 年销售收入
按下 <Enter> 键	结束
公式计算结果	"=J14*J6"

由此 2014 年营业费用为 2,582.4 百万美元，可以复制单元格 J13、J14 的公式，向右填充。

基金管理费用

之前提到过，基金管理费用是指持有企业时投资基金收取的年费（例如 CEO 薪水的 1 倍或者 1.5 倍）。没有任何迹象表明 3G 资本公司或者伯克希尔·哈撒韦公司收取管理费用的类型。如果它们这样做，最有可能是名义上的数字，并和超过 20 亿美元的 EBITDA 相关。出于教学目的，提及潜在的收费很重要，但这个数字在一些小型的收购中可能更重要。我们现在将这个数值输入为"0"。

成本节约

成本节约，也叫"成本协同效益"，是指由于收购之后经营状况改善带来的成本节约。直到现在，没有迹象表明成本节约的计划额度。成本节约很难预测甚至很难实现。在一些小型企业，它们会逐行地详细地评估。例如：如果合并之后，CEO 的薪水会减半，你就很自然地将其放入模型调整中。但是对于大型企业来说，其成本节约可能跨越不同的经营范围，假设成本节约占营业费用或者 SG&A（0.5% 或 3%）的百分比可能更有效果。这不仅取决于你认为可以节约多少成本，也取决于实际能实现多少。

我们可以非常保守，将假设成本节约设置为"0"。但是，包含相对谨慎的假设也说明考虑了成本节约的可能。尽管我们没有成本节约的数据来源，也可以根据经验假设成本节约为 SG&A 的 1%。因此，可以在单元格 J17 中输入 1%。可以通过乘以 SG&A 得到衡量成本节约的标准。然而，因为成本减少额降低了成本，我们将这些值表示为负数。

计算 2014 年成本节约（单元格 J16）

Excel 公式输入	描述
输入"="	进入"公式"模式
输入"-"	将数值反转成负值
选择单元格 J17	2014 年成本节约占 SG&A 的比例
输入"*"	乘以
选择单元格 J13	2014 年 SG&A
按下 <Enter> 键	结束
公式计算结果	"=-J17*J13"

计算得出预计的成本节约为 2,580 万美元。同样，如果未来获得关于成本节约的任何消息，我们就可以进行调整。我们可以复制单元格 J16、J17 的公式，向右填充。

也可以复制营业费用合计数单元格 I18 公式，向右填充，直到 2018 年。

其他业务收入

之前提到亨氏公司没有将其他业务收入分开单独列示，关于这个其他业务收入上没有更多的信息，因此直到 2018 年我们都可以输入"0"值。

可以复制单元格 J21、J22 中 EBITDA 与 EBITDA 利润率的公式，向右填充，直到 2018 年。现在，我们已经完成了亨氏公司 EBITDA 项目的模型。

折旧与摊销

在构建完整的财务模型时，建议暂时将预期折旧与摊销空着。我们将会构建折旧明细表，其中将包含与此处相关联的预期折旧与摊销。第八章"资产负债表调整"中会讨论无形资产摊销。然而，我们可以复制单元格 I26、I27、I28 的折旧与摊销、EBIT、EBIT 利润率公式，向右填充，直到 2018 年。

利息收入

当构建完整的财务模型时,建议暂时将预期的利息费用和利息收入空着。我们将会构建债务计划表以更好地预测利息费用和利息收入。然而,我们可以复制单元格 I32、I33、I34 的利息费用、EBT、EBT 利润率公式,向右填充,直到 2018 年。

表 5-14 预测的亨氏公司 EBITDA

合并利润表(以 100 万美元计,每股数值除外)	估计值				
截止日期	2014E	2015E	2016E	2017E	2018E
销售收入	11,738.3	11,785.2	11,832.3	11,879.7	11,927.2
年收入增长率	*0.4%*	*0.4%*	*0.4%*	*0.4%*	*0.4%*
销售成本	7,230.8	7,259.7	7,288.7	7,317.9	7,347.2
销售成本占收入的比例	*61.6%*	*61.6%*	*61.6%*	*61.6%*	*61.6%*
毛利润	4,507.5	4,525.5	4,543.6	4,561.8	4,580
毛利润率	*38.4%*	*38.4%*	*38.4%*	*38.4%*	*38.4%*
营业费用					
销售、管理及行政费用	2,582.4	2,592.7	2,603.1	2,613.5	2,624
SG&A 占收入的比重	*22%*	*22%*	*22%*	*22%*	*22%*
基金管理费用	0	0	0	0	0
成本减少	(25.8)	(25.9)	(26)	(26.1)	(26.2)
成本减少占 SG&A 的比重	*1%*	*1%*	*1%*	*1%*	*1%*
营业费用合计	2,556.6	2,566.8	2,577.1	2,587.4	2,597.7
其他业务收入					
未合并子公司的收益	0	0	0	0	0
EBITDA	1,950.9	1,958.7	1,966.5	1,974.4	1,982.3
EBITDA 利润率	*16.6%*	*16.6%*	*16.6%*	*16.6%*	*16.6%*

所得税

可以观察所得税的历史数据来进行预测。我们计算的隐含 LTM 所得税税率为 17.3%,2012 年,亨氏公司税率为 20.6%。LTM 的税率确实看起来较低。2010 年、2011 年所得税税率分别为 27.8%、26.8%,观察这些数据,发现 2012 年的税率确实很低。更复杂的是,一旦亨氏公司收购完成,将会从上市公司变成私有公司,这可能影响公司纳税的方式。

进一步的研究解释了亨氏公司年报中的注解:

2012 财政年度的有效税率是 20.6%。不包括为提高生产效率的支出，有效税率为 21.7%，去年是 26.8%。有效税率的减少主要因为：境外资产在税收基础上重新估值使得效益增加；由于在国外税收权限下法令限制失效，不确定税收情况下的负债发生逆转；国外税收诉讼得到有效解决；由于英国法定税率降低，对国外子公司收入征税降低。今年资产减值变动的费用抵销了其中一部分的效益。

（亨氏公司年报第 14 页）

以上注解表明，一些收入享受了低税率，然而我们并不确定这些税收优惠是否会存在新的环境中。年报 47 页的另一个表格进一步解释了原因（见图 5-8）。

持续经营情况下，美国联邦法定税率和合并公司有效税率的差异如下：

	2012 年	2011 年	2010 年
美国联邦法定税率	35%	35%	35%
对国外子公司收入征税	+8.7	−5.6	−4.3
减值的变动	2.6	−0.2	0.2
返回的收入	2.1	3	1.2
免税利息	(5.6)	(4.2)	(4.6)
境外资产税收基础上重新估值的影响	(3.3)	(1.6)	(0.5)
审计决算和不确定征税情况的变动	(2.1)	—	(1.3)
其他	0.6	0.4	2.1
有效所得税税率	20.6%	26.8%	27.8%

图 5-8　亨氏公司年度所得税表

图 5-8 解释了亨氏公司如何从标准 35% 的税率下降到 20.6% 的税率。如果我们移除"境外资产税收基础上重新估值的影响"中减少的 3.3% 和非经常性项目"审计决算和不确定征税情况的变动"中的 2.1%，将会得到 26% 的税率。

我们得到的最高税率是 2010 年的 27.8%，这与税率 26% 相似。我们可以采用美国联邦法定税率 35%，但这可能有些保守。一些前面已经提及的抵减可能会在新的实体中延续。我们采用 27.8% 的税率，因为这是在模型中计算的最大税率。这是我们基于历史分析的最保守的数字，虽然还没有联邦法定税率 35% 保守。在分析的最后，我们可以将税率变更为 35%，来看税率是如何影响分析结果的。我们在单元格 J36 中输入 "27.8%"。

计算 2014 年所得税费用（单元格 J35）

Excel 公式输入	描述
输入"="	进入"公式"模式
选择单元格 J36	2014 年所得税百分比
输入"*"	乘以
选择单元格 J33	2014 年 EBT
按下 <Enter> 键	结束
公式计算结果	"=J36*J33"

由此得到所得税费用为 542.3 百万美元，复制单元格 J35、J36 的公式，并向右填充，直至 2018 年。

在单元格 I37 中净利润（已调整）的公式可以复制到 2018 年。

非经常性项目

这些项目是非经常性的或者意外发生的。如果它们是非经常性的，未来可能就不会存在；如果它们是意外发生的，可能仍然需要预测它们。然而，需要注意，它们不是经营的核心业务。

其他费用包括重复发生的汇兑损益。预测"其他"项目可能有些困难，尤其在不清楚这些项目究竟由什么组成时。这经常发生在现金流量表中。在第六章中会讨论更加结构化的方法预测"其他"项目。我们推荐采用保守的方法，假设历史发生的最大费用是下一年的预测费用。正好，这个最大费用 19.1 百万美元也是我们在 LTM 中计算的。我们在 2014~2018 年的估计值中输入"19.1"。

终止经营的损失仅发生在 2012 年和 2013 年季度报告的 9 个月中，并没有出现在 2012 年年报中。这意味着年报和季度报的披露存在差异。我们已经尝试继续研究，但是没有发现其他的披露。2011 年报告中没有发生，但是 2010 年曾出现。我们假设这不是一个经常发生的费用，输入"0"值。这需要进一步调查，但是它对于总的净利润没有大的影响，因此现在将其作为"0"。

我们可以继续将 41 和 42 行数值看作 0。

单元格 I43、I44 为非经常性项目和净利润（非经常性项目之后）合计数，可以向右复制，直到 2018 年。

非控制性权益、股份数和每股收益

在杠杆收购的分析中,假设企业将私有化,全部的所有权都会被买断。有一种可能,非控制性权益股东将在新企业中存续,但权益的性质很有可能重新进行协商,也可能改变。我们已经进行了一些初步研究,似乎少数一些股东将继续在新的实体中存续,但这个不确定因素对净利润的影响非常小。因此,我们暂时不考虑未来对非控制性权益的预测。伯克希尔·哈撒韦公司和3G资本公司的投资回报不会受到这些个别项目影响。我们可以简单地留白,或者输入"0"值(见表5-15)。

同样,注意附注1,列出了建立杠杆收购财务模型的细节步骤。参考附注1确保你遵循正确的模型构建步骤。

表5-15 亨氏公司预测利润表

合并利润表(以100万美元计,每股数值除外)	估计值				
截止日期	2014E	2015E	2016E	2017E	2018E
销售收入	11,738.3	11,785.2	11,832.3	11,879.7	11,927.2
年收入增长率	*0.4%*	*0.4%*	*0.4%*	*0.4%*	*0.4%*
销售成本	7,230.8	7,259.7	7,288.7	7,317.9	7,347.2
销售成本占收入的比重	*61.6%*	*61.6%*	*61.6%*	*61.6%*	*61.6%*
毛利润	4,507.5	4,525.5	4,543.6	4,561.8	4,580
毛利润率	*38.4%*	*38.4%*	*38.4%*	*38.4%*	*38.4%*
营业费用					
销售、管理及行政费用	2,582.4	2,592.7	2,603.1	2,613.5	2,624
SG&A 占收入的比重	*22%*	*22%*	*22%*	*22%*	*22%*
基金管理费用	0	0	0	0	0
成本减少	(25.8)	(25.9)	(26)	(26.1)	(26.2)
成本减少占SG&A的比重	*1%*	*1%*	*1%*	*1%*	*1%*
营业费用合计	2,556.6	2,566.8	2,577.1	2,587.4	2,597.7
其他业务收入					
未合并子公司的收益	0	0	0	0	0
EBITDA	1,950.9	1,958.7	1,966.5	1,974.4	1,982.3
EBITDA 利润率	*16.6%*	*16.6%*	*16.6%*	*16.6%*	*16.6%*
折旧					
摊销					
可识别无形资产的摊销					
折旧与摊销合计	0	0	0	0	0
EBIT	1,950.9	1,958.7	1,966.5	1,974.4	1,982.3

（续）

合并利润表（以100万美元计，每股数值除外）	估计值				
截止日期	2014E	2015E	2016E	2017E	2018E
EBIT 利润率	*16.6%*	*16.6%*	*16.6%*	*16.6%*	*16.6%*
利息					
利息费用					
利息收入					
净利息费用	0	0	0	0	0
EBT	1,950.9	1,958.7	1,966.5	1,974.4	1,982.3
EBT 利润率	*16.6%*	*16.6%*	*16.6%*	*16.6%*	*16.6%*
所得税	542.3	544.5	546.7	548.9	551.1
所得税税率	*27.8%*	*27.8%*	*27.8%*	*27.8%*	*27.8%*
净利润（已调整）	1,408.5	1,414.2	1,419.8	1,425.5	1,431.2
非经常性项目					
其他费用净值	19.1	19.1	19.1	19.1	19.1
税后非持续性经营损失	0	0	0	0	0
会计变更的影响	0	0	0	0	0
税后特殊项目	0	0	0	0	0
非经常性项目合计	19.1	19.1	19.1	19.1	19.1
净利润（非经常性项目之后）	1,389.4	1,395.1	1,400.7	1,406.4	1,412.1
归属于非控制性权益的净利润	0	0	0	0	0
净利润（披露的）					
每股收益（EPS）					
基本的					
稀释的					
平均流通普通股					
基本的					
稀释的					

第六章
现金流量表

现金流量表用来衡量企业在一段时间内产生或支出现金的金额。尽管利润表中包含着销售收入，但销售收入并不一定代表实际的现金增加。例如，当进行销售时，客户可以用现金或信用来支付。如果一家企业的销售额达到1,000万美元，而且所有客户都以现金支付，那么该企业实际上已经产生了1,000万美元的现金。但是，如果一家企业的信用销售额为1,000万美元，那么尽管还没有收到现金，但收入已记录在利润表上。现金流量表的目的是确定企业实际产生多少现金，现金流量表分为三个部分：

（1）经营活动产生的现金流；

（2）投资活动产生的现金流；

（3）筹资活动产生的现金流。

将来自经营活动、投资活动和筹资活动产生（或支付）的所有现金加总，将会得到给定时期支出或收到的现金总额。

经营活动产生的现金流

经营活动产生的现金流表示由净利润或利润产生的现金总额。我们先前解释了如何以现金或信用的方式获得销售收入。由于销售收入是现金的来源，如果收入的一部分是信用，我们需要根据销售收入实际收到现金多少来调整净利润。同样，利润表上记录的费用可以是现金支出（已支付）或非现金支出（尚未支付）。以营业费用（例如办公用品）发票为例子。一旦收到发票（必须支付的账单），我们需要将其记录在利润表上，即使还没有实际支付该账单，这笔费用也会纳入利润表中，会使净利润下降。但是，至于可使用现金，因为我们还没有支付，所以不应该包含这笔账单。因此，对于经营活动产生的现金流，我们应该将该费用加回净利润，有效地将非现金费用加回。

例子：

单位：美元

利润表	
销售收入（现金形式）	10,000,000
销售、管理及行政费用(我们尚未支付的发票)	2,000,000
净利润	8,000,000
现金流量表	
净利润	8,000,000
加回销售、管理及行政费用	2,000,000
经营活动产生的现金流	10,000,000

这应该符合常理。通过销售获得了1,000万美元的现金；收到了200万美元的发票，但没有支付。发票上的开支在利润表上列出，因为它还没有影响我们的现金，所以我们不想将其包含在现金流分析中。因此，我们将该支出加回净利润。经营活动产生的现金流表明，我们还有1,000万美元的现金。

现在，让我们谈一下这1,000万美元的销售收入，只有800万美元是现金销售，另外200万美元是信用销售。利润表看起来几乎完全一样，但现金流量表是不同的。如果在1,000万美元的销售收入中只收到了800万美元的现金，那么就需要减掉我们并未从净利润中获得的200万美元的销售收入。即：

单位：美元

利润表	
销售收入（仅收到800万美元现金）	10,000,000
销售、管理及行政费用（我们尚未支付）	2,000,000
净利润	8,000,000
现金流量表	
净利润	8,000,000
减去我们未收到现金的销售收入	(2,000,000)
加上我们尚未支付的销售、管理及行政费用	2,000,000
经营活动产生的现金流量	8,000,000

这种分析看起来并不重要，但重要的是理解方法，因为我们要将其应用于更复杂的利润表。一般来说，经营活动产生的现金流是由净利润减去所有非现金项目而产生的。

或者，其最基本的形式，经营现金流是：

净利润 + 我们尚未支付的支出 – 我们尚未收到的销售收入

但它更为复杂。为了完全理解这一点，让我们来看看利润表的所有组成部分，并确定哪些科目被认为是现金，哪些科目被认为是非现金。

销售收入

正如我们前面所解释的，如果销售收入以信用销售方式取得，则需要从净利润中去除。信用销售获得的销售收入部分称为应收账款。

销售成本

销售成本（COGS）是与销售商品相关的存货成本。例如，如果制作椅子的成本是50美元，以100美元销售，那么对于出售的每把椅子，我们会将与该产品相关的制造成本记为50美元,这是产品的销售成本。与此同时,我们需要将出售的每把椅子的存货余额减少50美元。存货减少导致现金流量表中正的经营现金流。我们将在下一节中举例说明这一点。

营业费用

如前面所提到的200万美元发票,如果该发票所代表的费用并没有被支付,那么费用将被加回到净利润。未支付的营业费用部分称为应计费用。

折旧

折旧是从未实际支付的费用。如前所述,它是由于资产老化所产生的。因此,与任何非现金费用一样,在计算经营现金流时,我们将其加回到净利润。

利息

利息费用几乎总是以现金方式支付的。除了某些复杂的债务工具之外,如果企业不能支付利息,则一般会认为其债务违约。所以,基于这种考虑,我们几乎总是将利息视为现金。因此,我们不会将其加回现金流量表的净利润之中。

所得税

在某些情况下,所得税可以推迟,这将会在稍后讨论。应付但尚未支付的所得税部分称为递延所得税。

表6-1总结了最常见的利润表科目和可递延的相关账户。

表6-1 最常见的利润表科目

净利润科目	是否可以递延	对经营现金流的影响
销售收入	是	改变应收账款
销售成本	是	改变存货 改变应付账款
营业费用	是	改变应计费用 改变待摊费用
折旧	是	折旧
利息	否	没有(除了某些例外)
所得税	是	递延所得税

根据以前所展示的，我们从净利润中调整与销售收入和支出相关的尚未支付或收到现金的科目，以衡量现金的产生或支出，我们可以将这个表格概括为经营活动产生的现金流：

经营活动产生的现金流 = 净利润 + 应收账款的变动 + 存货的变动 + 应付账款的变动 + 应计费用的变动 + 待摊费用的变动 + 折旧 + 递延所得税

之后将会讲到，应收账款的变动 + 存货的变动 + 应付账款的变动 + 应计费用的变动 + 待摊费用的变动称为营运资本的变动，所以我们可以重新改写公式：

经营活动产生的现金流 = 净利润 + 折旧 + 递延所得税 + 营运资本的变动

请注意，每个科目实际的变动可能是正数也可能是负数。这将在第十章营运资本中解释。

为了保持完整，经营活动产生的现金流中应包括基于利润表中所有的非现金科目的调整。因此，你可能会在公式最后看到"+ 其他非现金项目"，以包括这些调整。

经营活动产生的现金流 = 净利润 + 折旧 + 递延所得税 + 其他非现金项目 + 营运资本的变动

最重要的是从概念上理解经营活动产生的现金流是如何从利润表中产生的。随着我们进行更复杂的案例研究和分析，以及为了尽职调查的目的，你将了解到理解现金流从利润表的某些科目中产生的重要性，而不是记住一些标准公式。这在杠杆收购中非常重要，尤其是分析那些可能没有完整财务状况的小型私营公司时尤其重要。从利润表中获得经营性营运资本计划表和现金流量的能力非常有用。这些是进行分析的基本。

投资活动产生的现金流

除了经营活动产生的现金流，还有另外两个领域可以产生或支出现金：投资活动和筹资活动。投资活动产生的现金流是指购买或出售资产、企业、其他投资或者证券所产生或支出的现金。更具体地说，其主要类别是：

- 资本性支出（对物业、厂房和设备的投资）。
- 购买或出售资产。

- 购买、销售、分拆或剥离企业或者部分企业实体。
- 投资或出售市场化和非市场化证券。

筹资活动产生的现金流

筹资活动产生的现金流是指从权益或债务产生或者支出的现金。具体是指：
- 发行或回购股本或者优先证券；
- 发行或偿还债务；
- 股利分配（非控股权益和股利）。

经营活动产生的现金流、投资活动产生的现金流和筹资活动产生的现金流的总和衡量了给定时期内产生或已经支出的现金的总额。

财务报表现金流的例子

让我们举例来完成一个完整的销售过程。有一家销售椅子的新公司，在当地开了一家零售店。每把椅子将以100美元的价格出售。制作一把椅子大约需要50美元的原材料。所以，我们首先要做的是购买足够多的原材料来制造10把椅子（500美元）。其简单的流程是：

单位：美元

现金流量表	
净利润	0
存货变动（购买椅子）	（500）
总的现金变动	（500）

单位：美元

资产负债表	
现金	（500）
存货	500

没有产生收入。因为我们花了钱来支付存货，所以现金是负数。资产负债表上存货资产增加。我们稍后将讨论整个资产负债表。

现在，资产负债表中的现金余额是–500美元。我们显然没有现金可以支付这些原材料，但是供应商答应可以推迟支付，直到我们能够拿出现金。因此，亏欠供应商的钱被称为**应付账款**。

新的现金流为：

现金流量表		单位：美元
净利润		0
存货变动（购买椅子）		（500）
应付账款的变动		500
总的现金变动		0

资产负债表		单位：美元
现金		0
存货		500
应付账款		500

在交易结束时，现金余额为零，存货资产为500美元，由于欠供应商的钱，所以我们有500美元的应付账款。

现在，如果一把椅子卖100美元，在利润表中会发生两件事情：

（1）销售收入记为100美元。

（2）销售成本（COGS）是50美元。

让我们了解每一笔交易中现金流是如何在利润表、现金流量表和资产负债表之间流转的。每次最好只关注一笔交易，在进行下一笔交易之前，保证现金流完整地在三张报表之间流转。

如果销售收入是100美元，这将影响所得税，也就是说，40%的税率下所得税为40美元，并且净利润为60美元：

利润表	单位：美元
销售收入	100
所得税（@40%）	（40）
净利润	60

接下来我们观察现金流量表。现金流量表从净利润开始，有60美元的变化。此时，现金流量表的其他内容都不受影响，因此现金总变动额为60美元。在资产负债表上，现金的变化将影响现金余额，这是一种资产。而净利润的变化，我们以后会了解到，影响留存收益。

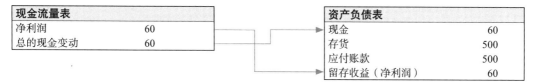

现在让我们来看看产品销售成本（COGS），它的成本是50美元。让我们基于COGS来检查财务报表调整，以获得完整的销售流程。在利润表中产生了50美元的费用。由于费用是可抵税的，所得税将减少20美元，导致净利润减少30美元：

单位：美元

利润表	
销售成本（COGS）	（50）
所得税（@40%）	20
净利润	（30）

接下来观察现金流量表，从净利润开始。销售成本（COGS）与存货相关。我们需要减少资产负债表上的存货资产，以反映已售出的 50 美元原材料，这将导致现金调整变为正。因此，我们将"存货变动"这一行加上 50 美元：

单位：美元

现金流量表	
净利润	（30）
存货变动	50
总的现金变动	20

单位：美元

资产负债表调整	
现金	20
存货	（50）
留存收益	（30）

对于资产负债表，之前的现金变动将增加现金资产余额。存货将减少 50 美元，反映了销售的原材料。净利润的改变为 –30 美元，留存收益将减少。

我们现在可以将这里的资产负债表调整与总资产负债表相结合。

单位：美元

资产负债表调整	
现金	20
存货	（50）
留存收益（净利润）	（30）

单位：美元

资产负债表	
现金	80
存货	450
应付账款	500
留存收益（净利润）	30

稍后将会学习到所谓资产负债表平衡的意思。这里的资产负债表平衡，因为其资产总和（80 + 450 = 530）减去负债（500）等于股东权益（30）。

如果你没有什么会计经验，其中一些调整可能看起来有些难懂。暂时不要担心，在接下来的几章，特别是第七章时，你将会更清楚地了解资产负债表。

先前的销售是现金销售。现在，我们卖了另一把椅子，但这次销售是信用销售。

单位：美元

利润表	
销售收入	100
所得税（@40%）	（40）
净利润	60

请注意，无论是以现金还是以信用方式进行销售，利润表都是相同的，现金流量表会有所不同。如果客户以信用方式支付，我们需要对现金流量表进行调整，因为还没有收到这笔现金。实际上，我们需要在销售收入中扣除尚未收到的现金部分，并且

在现金流量表和资产负债表中创建一个应收账款账户，以代表客户欠我们的款项。

现金流量表	单位：美元
净利润	60
应收账款变动	（100）
总的现金变动	（40）

资产负债表调整	单位：美元
现金	（40）
应收账款	100
留存收益（净利润）	60

请注意，现金总变动为 -40 美元，这反映了销售所得税。因为我们已经记录了销售，即使没有收到销售的这笔现金，仍然需要支付税收。

我们需要将这些调整加到最初的资产负债表中，如下：

资产负债表调整	单位：美元
现金	（40）
应收账款	100
留存收益（净利润）	60

资产负债表	单位：美元
现金	40
存货	450
应收账款	100
应付账款	500
留存收益（净利润）	90

因此，现金余额从之前的 80 美元减少到 40 美元，并且增加了一个应收账款账户，留存收益也从 30 美元增加到 90 美元。

现在开始调节销售成本（COGS）和存货。

利润表	单位：美元
销售成本	（50）
所得税（@40%）	20
净利润	（30）

现金流量表	单位：美元
净利润	（30）
存货变动	50
总的现金变动	20

资产负债表调整	单位：美元
现金	20
存货	（50）
留存收益（净利润）	（30）

更新资产负债表：

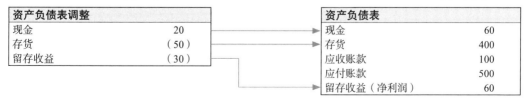

请注意，无论以现金还是信用方式购买，销售成本（COGS）的变动都是相同的。资产负债表仍然平衡，资产总额（60 + 400 + 100 = 560）减去负债（500）等于股东权益（60）。

现在，我们出售剩余的八把椅子，其中的四把以信用方式出售，利润表为：

单位：美元

利润表	
销售收入	800
所得税（@40%）	（320）
净利润	480

因为有四把椅子是以信用方式出售的，所以我们需要将现金流量表中的净利润减少400美元，并且调整资产负债表。

单位：美元

现金流量表	
净利润	480
应收账款变动	（400）
总的现金变动	80

单位：美元

资产负债表调整	
现金	80
应收账款	400
留存收益（净利润）	480

将这些调整加到总的资产负债表中，得到：

单位：美元

资产负债表调整	
现金	80
应收账款	400
留存收益（净利润）	480

单位：美元

资产负债表	
现金	140
存货	400
应收账款	500
应付账款	500
留存收益（净利润）	540

现在可以对与销售相关的销售成本和存货进行调整。请记住，无论以现金还是信用方式进行销售，都需要调整销售成本（COGS）并且减少存货。

单位：美元

净利润	
销售成本	（400）
所得税（@40%）	160
净利润	（240）

我们需要从存货中减掉400美元，这将导致现金流量表中正的现金调整。对于资产负债表，也需要相应地调整存货和现金。

现金流量表			资产负债表调整	
净利润	（240）		现金	160
存货变动	400		存货	（400）
总的现金变动	160		留存收益（净利润）	（240）

将这些调整加到总的资产负债表调整中，有：

资产负债表调整			资产负债表	
现金	160		现金	300
存货	（400）		存货	0
留存收益（净利润）	（240）		应收账款	500
			应付账款	500
			留存收益（净利润）	300

现在我们已经出售了所有的存货。请注意，我们有 500 美元的到期应付款，但现在只有 300 美元的现金。如果收到了来自客户的应收账款，就不会有这种情况。所以，我们假设最终收到了所有的应收账款，因此可以支付应付账款。

我们收到了 500 美元的应收账款：

现金流量表			资产负债表调整	
净利润	0		现金	500
应收账款	500		应收账款	（500）
总的现金变动	500		留存收益（净利润）	0

应收账款到期并收回现金。因此，将这些调整加到总的资产负债表中，我们可以得到：

资产负债表调整			资产负债表	
现金	500		现金	800
应收账款	（500）		存货	0
留存收益（净利润）	0		应收账款	0
			应付账款	500
			留存收益（净利润）	300

注意，我们没有对利润表做任何更改，因为在这里没有产生任何创造收入的活动。只是将资产转换为现金。现在有 800 美元现金，足以支付负债。

我们偿还 500 美元的负债：

现金流量表		单位：美元
净利润		0
应付账款		（500）
总的现金变动		（500）

资产负债表调整		单位：美元
现金		（500）
应付账款		（500）
留存收益（净利润）		0

将这些资产负债表调整项合并到总资产负债表中，我们可以得到：

资产负债表调整		单位：美元
现金		（500）
应付账款		（500）
留存收益（净利润）		0

资产负债表		单位：美元
现金		300
存货		0
应收账款		0
应付账款		0
留存收益（净利润）		300

我们已经收到了所有的资产，并清偿了所有的负债。请注意，每把椅子100美元，其中有50美元的成本，卖10把椅子可以实现（1,000-500）500美元税前的利润。在40%的税率下，应纳税额是200美元，所以销售的净利润是300美元（500-200），正是我们在资产负债表中的现金和净利润的金额。

如果你没有完全理解这个例子，也不要沮丧。当你继续阅读，并对其中所涉及的基本概念有进一步的理解时，这些例子将变得更容易理解。建议当你继续向下阅读时，不时多回顾几遍这个例子。

亨氏公司的现金流量表

与利润表一样，让我们在进行预测之前先列出亨氏公司现金流的历史数据。不仅需要3年的历史数据，而且需要过去12个月（LTM）的数据。先列出历史数据，然后返回，并输入近9个月的财务数据，就像我们在利润表中所做的那样。模型中的现金流量表从第53行开始。

在利润表中，我们重新分组了几个项目，并增加了一些其他项目，以获得华尔街分析师用于分析的可比性指标，例如息税折旧摊销前利润（EBITDA）。对于现金流量表，建议逐行列出每个科目。可能有几行科目，由于更复杂的原因我们将在之后对其进行调整，但在此时，最好遵守这个一般的规则。接下来，我们将花时间解释各个科目。亨氏公司的现金流量表可以在亨氏公司年度报告第38页找到（见图6-1）。

亨氏公司及其附属公司合并现金流量表

财务年度截止日期　　单位：千美元

	2012年4月29日 （52 1/2 周）	2011年4月27日 （52 周）	2010年4月28日 （52 周）
经营活动			
净利润	939,908	1,005,948	882,343
经营活动产生的现金调整净利润			
折旧	295,718	255,227	254,528
摊销	47,075	43,433	48,308
递延所得税（收益）/准备金	(94,816)	153,725	220,528
资产剥离损失	—	—	44,860
养老金缴纳	(23,469)	(22,411)	(539,939)
2012财年资产减值	58,736		
其他项目净值	75,375	98,172	90,938
流动资产和流动负债变动，不包括收购和资产剥离的影响			
应收账款（包括证券化）	171,832	(91,057)	121,387
存货	60,919	(80,841)	48,537
预付费用及其他流动资产	(11,584)	(1,682)	2,113
应付账款	(72,352)	233,339	(2,805)
应计负债	(20,008)	(60,862)	96,533
所得税	65,783	50,652	(5,134)
经营活动产生的现金	1,493,117	1,583,643	1,262,197
投资活动			
资本性支出	(418,734)	(335,646)	(277,642)
资产处置收益	9,817	13,158	96,493
收购-现金净支出	(3,250)	(618,302)	(11,428)
资产剥离收益	3,828	1,939	18,637
出售短期投资	56,780	—	
限制性现金变动	(39,052)	(5,000)	192,736
其他项目净值	(11,394)	(5,781)	(5,353)
投资活动产生的现金	(402,005)	(949,632)	13,443
筹资活动			
偿还长期负债	(1,440,962)	(45,766)	(630,394)
发行长期负债	1,912,467	229,851	447,056
偿还票据及短期借款	(42,543)	(193,200)	(427,232)
股利	(619,104)	(579,618)	(533,552)
回购库存股	(201,904)	(70,003)	
股票期权行权收入	82,714	154,774	67,369
收购子公司非控制性权益	(54,824)	(6,338)	(62,064)
其他项目净值	1,321	27,791	(9,099)
筹资活动产生的现金	(362,835)	(482,509)	(1,147,916)
汇率变化对现金及现金等价物的影响	(122,147)	89,556	(17,616)
现金及现金等价物增加	606,130	241,058	110,108
期初现金	724,311	483,253	373,145
期末现金	1,330,441	724,311	483,253

见合并财务报表的附注

图6-1　亨氏公司现金流量表

经营活动产生的现金流

正如之前提到的，经营活动产生的现金流是：

经营活动产生的现金流＝净利润＋折旧＋递延所得税＋其他非现金科目＋营运资本变动

我们可以确定图 6-1 中首行显示的科目为净利润。现金流量表中使用的净利润通常是在股利支付或非控制性权益分配之前的净利润。其原因是筹资活动产生的现金流中包含用于去除这些分配的科目。在进行分配前需要先从净利润开始，以免重复减掉这些科目。我们在 58 行输入净利润。也可以将净利润的数字和利润表联系起来，但需要确保它们是完全相同的数字。所以，对于 2010 年的净利润，我们将输入"882.343"（小数点，而不是逗号，因为我们需要百万的单位）到单元格 D58，并继续输入 2011 年的净利润和 2012 年的净利润（见表 6-2）。

接下来是"折旧"和"摊销"的非现金调整。例如，在 2010 年，我们输入"254.528"到单元格 D59 中，并将"48.308"输入单元格 D60 中。2011 年和 2012 年也同样处理（见表 6-2）。

模型中的下一行"可识别无形资产摊销"这一科目，在亨氏公司的历史财务数据中并不存在。这一行的科目是为杠杆收购（LBO）交易增加的，当我们将交易调整增加到模型后再来预测。我们可以将历史年份输入"0"值。

接下来，亨氏公司列出了"递延所得税（收益）/准备金"，和经营现金流公式中的折旧、递延所得税和其他非现金项目相符。我们可以对这些值进行输入（见图 6-1）。

资产剥离损失是由于剥离业务所产生的亏损。养老金缴纳是支持退休金计划的一部分。我们可以简单地在现金流量表中输入这两行数据（见图 6-1）。

"2012 财年资产减值"是 2012 年关闭工厂相关的特别项目。有关年度报告第 57 页的说明可以解释这一点：

截至 2012 年度，本公司确认了 5,870 万美元的非现金资产减值，这和八个工厂关闭有关。这些工厂关闭与公司 2012 财年生产效率计划直接相关（见注 3）。这些费用将本公司的资产账面价值减至公司估计的公允价值，剩余部分影响很小。

（亨氏公司年度报告，第 57 页）

"其他科目净值"没有明确定义，但肯定需要包括在内。很多时候你会遇到这些不能被明确定义的"其他"科目，稍后将讨论如何更好地预测这些科目；当我们预测每一个科目时将对其进行定义，因为它们已在年度报告中列出，我们在模型中输入这些值。

最后，"流动资产和流动负债变动，不包括收购和资产剥离的影响"标题下有六个科目，这些是我们稍后讨论的营运资本科目。再次，对于历史报表部分，我们可以直接列出亨氏公司所列出的科目，但是我们会将该部分标注变更为"营运资本变动"（见表 6-2）。

现在我们可以加总营运资本的净变动。所以，在单元格 D74 中，我们可以将六行营运资本科目加总，即将单元格 D68~单元格 D73 加总。

总营运资本的净变动（单元格 D74）

Excel 公式输入	描述
输入"="	进入"公式"模式
输入"SUM("	开始"求和"公式
选择单元格 D68	选择一系列单元格的第一个
输入"："	表明我们想要包含一系列单元格中第一个到最后一个
选择单元格 D73	选择一系列单元格中的最后一个
输入"）"	结束"求和"公式
按下 <Enter> 键	结束
公式计算结果	"=SUM(D68 : D73)"

然后，我们可以将经营活动产生的现金流加总，这是经营活动产生的现金流部分所有科目的加总，即单元格 D58 至单元格 D73 的加总。我们可以使用 SUM 公式，就像计算营运资本净变动时一样。

经营活动产生的现金（单元格 D75）

Excel 公式输入	描述
输入"="	进入"公式"模式
输入"SUM（"	开始"求和"公式
选择单元格 D58	选择一系列单元格中的第一个
输入"："	表明我们想要包含一系列单元格中从第一个到最后一个
选择单元格 D73	选择一系列单元格中的最后一个
输入"）"	结束"求和"公式
按下 <Enter> 键	结束
公式计算结果	=SUM(D58:D 73)

总额应该和亨氏公司年度报告中的数值相等。我们可以将单元格 D74 到单元格 D75 复制到右侧（见表 6-2）。

表6-2 亨氏公司历史经营现金流量

合并现金流量表(以百万美元计,每股数值除外)

期末	实际值		
	2010A	2011A	2012A
经营活动产生的现金流			
净利润	882.3	1,005.9	939.9
折旧	254.5	255.2	295.7
摊销	48.3	43.4	47.1
可识别无形资产摊销	0	0	0
递延所得税(收益)/准备金	220.5	153.7	(94.8)
资产剥离损失	44.9	0	0
养老金缴纳	(539.9)	(22.4)	(23.5)
2012财年资产减值	0	0	58.7
其他项目净值	90.9	98.2	75.4
营运资本变动			
应收账款变动	121.4	(91.1)	171.8
存货变动	48.5	(80.8)	60.9
预付费用及其他流动资产变动	2.1	(1.7)	(11.6)
应付账款变动	(2.8)	233.3	(72.4)
应计负债变动	96.5	(60.9)	(20)
应计所得税变动	(5.1)	50.7	65.8
营运资本净变动	260.6	49.5	194.6
经营活动产生的现金总额	1,262.2	1,583.6	1,493.1

投资活动产生的现金流

投资活动产生的现金流科目也可以一一列出。"资本性支出(CAPEX)"是对固定资产的投资。这可以从投资活动产生的现金流部分的第一行中找到。"资产处置收益"是从处置资产中收到的款项。"收购-现金净支出"是亨氏公司对外收购的业务。亨氏公司年度报告中的第45页注5提供了更多的投资明细。"资产剥离收益"是从出售或剥离资产中收到的款项。"出售短期投资"是从出售公司投资中收到的款项。

"限制性现金变动"是指在限制性现金账户中增加或移除的资金。限制性现金是企业在单独账户中持有的现金，持有该账户的目的是为了将资金用于企业的非日常经营活动。亨氏公司投资掉期交易，证券公司必须在单独账户中保留一定的现金余额作抵押。由于掉期交易的价值会随着市场的波动而波动，所以才需要维持一定的现金水平。如果由于某种原因需要增加限制性现金余额，则必须将相应金额存入该账户，这将导致现金流出。

"其他项目净值"并没有明确定义，但这一科目肯定需要包括在内。很多时候你会遇到这些"其他"科目，而这些科目并没有被明确标识出来。稍后我们将讨论如何更好地预测这些科目。

可以按照亨氏公司在年度报告上的说明逐行列出每个科目（见表6-3）。然后，可以在"投资活动产生的现金总额"汇总行中将单元格D77~D83中的科目加总。

投资活动产生的现金流（单元格D84）

Excel 公式输入	描述
输入"="	进入"公式"模式
输入"SUM（"	添加"求和"公式
选择单元格 D77	选择一系列单元格的第一个
输入"："	表明想包含一系列单元格中第一个到最后一个
选择单元格 D83	选择一系列单元格中的最后一个
输入"）"	结束"求和"公式
按下 <Enter> 键	结束
公式计算结果	=SUM(D77:D83)

我们可以在将此公式向右复制到2012年。

筹资活动产生的现金流

筹资活动产生的现金流分为三大类：发行或回购股权、发行或偿还负债以及进行分配。因为我们想在收购后用模型来表示新的资本结构，所以要包括一些行来反映所有的债权和股权，这些债权和股权和收购有关。请注意，第86~90行的每个科目反映了根据资金来源筹集的资本。这些科目在收购前的值为"0"。收购后，我们可以处理这些科目的任何额外增加或减少。所以现在，我们将2010年、2011年和2012年的第86~90行输入"0"值。

表 6-3 亨氏公司历史的投资活动现金流

合并现金流量表（以百万美元计，每股数值除外）			
		实际值	
期末	2010A	2011A	2012A
投资活动产生的现金流			
资本性支出	(277.6)	(335.6)	(418.7)
资产处置收益	96.5	13.2	9.8
收购 - 现金净支出	(11.4)	(618.3)	(3.3)
资产剥离收益	18.6	1.9	3.8
出售短期投资	0	0	56.8
限制性现金变动	192.7	(5)	(39.1)
其他科目净值	(5.4)	(5.8)	(11.4)
投资活动产生的现金总额	13.4	(949.6)	(402)

现在对于本节的其余部分，我们想要像亨氏公司所做的那样，将每一个科目列出来——有一个例外。在通常情况下企业将负债偿还和负债发行单独列出。如果我们把债务的发行和支付结合在一起，那将会更简单。这将使得模型公式关联更加顺利，因为我们会将债务计划与本节挂钩。头两行"偿还长期债务"和"发行长期债务"均与长期债务有关。偿还长期债务是指用来偿还长期债务的资金，发行长期债务是增加新的长期债务所获得的资金。基于这个原因，可将这两行的科目合并在一起，合并为第 91 行。其次，我们将看到这两个科目组合在一起，使得债务计划和本部分关联更容易。所以在 2010 年，单元格 D91 中，我们输入"=-630.394+447.056"，2011 年和 2012 年同样处理（见表 6-4）。

下一个科目"商业票据和短期债务净支付"是指短期负债。这一行之后，"股利"反映的是支付给股东的股利。"回购库存股"是指由企业收购回的股票。"股票期权行权收入"是从股票期权行使中增加的资金。"收购非控制性股东权益"是亨氏公司收购了子公司的少数股权。这里有一个很重要的区别，购买其他公司的股票是一项投资活动，将其他公司持有的本公司股票购买回来是一项筹资活动。"其他科目净值"同样也像大多数"其他"科目没有明确定义，但肯定需要包括在内。这需要进行更多的研究，来看看这些科目是否会有额外的信息。不幸的是，在这种情况下并没有。我们列出所有这些科目，正如亨氏公司在年度报告中所做的那样。当我们对它们进行预测时，我们将讨论这些科目中更重要、更详细的内容。现在，我们暂时把所有东西都放在一边（见表 6-4）。

我们可以在"筹资活动产生的现金总额"这一行中加总第86~97行的科目（见表6-4）。

表6-4 亨氏公司历史的筹资活动现金流量

合并现金流量表（以百万美元计，每股数值除外）			
	实际值		
期末	2010A	2011A	2012A
筹资活动产生的现金流			
循环信用贷款（偿还）	0	0	0
中长期定期贷款（偿还）	0	0	0
票据贷款（偿还）	0	0	0
普通股	0	0	0
优先股	0	0	0
发行长期债务	(183.3)	184.1	471.5
商业票据和短期债务净支付	(427.2)	(193.2)	(42.5)
股利	(533.6)	(579.6)	(619.1)
回购库存股	0	(70)	(201.9)
股票期权行权收入	67.4	154.8	82.7
收购子公司非控制性权益	(62.1)	(6.3)	(54.8)
其他科目净值	(9.1)	27.8	1.3
筹资活动产生的现金总额	(1,147.9)	(482.5)	(362.8)

筹资活动现金流量（单元格D98）

Excel公式输入	描述
输入"="	进入"公式"模式
输入"SUM（"	添加"求和"公式
选择单元格D86	选择一系列单元格中的第一个
输入"："	表明想包含一系列单元格从第一个到最后一个
选择单元格D97	选择一系列单元格的最后一个
输入"）"	结束"求和"公式
按下 <Enter> 键	结束
公式计算结果	=SUM（D86：D97）

我们可以将这个公式向右复制。

注意，亨氏公司的现金流量表中有一行为"汇率变化对现金及现金等价物的影响"，这是由于本公司国际子公司对外币进行的调整所造成的。这确实会在跨国公司中出现。所以，我们需要在现金流量表中筹资活动下面增加这一部分，正如亨氏公司所做的那样。一旦在第99行完成汇率变化对现金及现金等价物的影响的输入，就可以通过加总经营活动产生的现金流、投资活动产生的现金流、筹资活动产生的现金流以及汇率变化对现金及现金等价物的影响这几个科目,来计算现金的总变动。

现金及现金等价物总变动(单元格 D100)

Excel 公式输入	描述
输入"="	进入"公式"模式
选择单元格 D75	选择经营活动产生的现金总额
输入"+"	求和
选择单元格 D84	选择投资活动产生的现金总额
输入"+"	求和
选择单元格 D98	选择筹资活动产生的现金总额
输入"+"	求和
选择单元格 D99	选择汇率变化对现金及现金等价物的影响
按下 <Enter> 键	结束
公式计算结果	=D75+D84+D98+D99

我们可以将该公式向右复制到 2012 年。

现在可以得到三年历史报表中现金流量表所有科目的数据(见表 6-5)。

表 6-5 亨氏公司历史现金流量

合并现金流量表(以百万美元计,每股数值除外)			
		实际值	
期末	2010A	2011A	2012A
经营活动产生的现金流			
净利润	882.3	1,005.9	939.9
折旧	254.5	255.2	295.7
摊销	48.3	43.4	47.1
可识别无形资产摊销	0	0	0
递延所得税(收益)/准备金	220.5	153.7	(94.8)
资产剥离损失	44.9	0	0
养老金缴纳	(539.9)	(22.4)	(23.5)
2012 财年资产减值	0	0	58.7
其他科目净值	90.9	98.2	75.4
营运资本变动			
应收账款变动	121.4	(91.1)	171.8
存货变动	48.5	(80.8)	60.9
预付费用及其他流动资产变动	2.1	(1.7)	(11.6)
应付账款变动	(2.8)	233.3	(72.4)
应计负债变动	96.5	(60.9)	(20)
应计所得税变动	(5.1)	50.7	65.8
营运资本净变动	260.6	49.5	194.6
经营活动产生的现金总额	1,262.2	1,583.6	1,493.1
投资活动产生的现金流			
资本性支出(CAPEX)	(277.6)	(335.6)	(418.7)

（续）

合并现金流量表（以百万美元计，每股数值除外）

期末	实际值		
	2010A	2011A	2012A
资产处置收益	96.5	13.2	9.8
收购-现金净支出	（11.4）	（618.3）	（3.3）
资产剥离收益	18.6	1.9	3.8
出售短期投资	0	0	56.8
限制性现金变动	192.7	（5）	（39.1）
其他科目净值	（5.4）	（5.8）	（11.4）
投资活动产生的现金总额	13.4	（949.6）	（402）
筹资活动产生的现金流			
循环信用贷款（偿还）	0	0	0
中长期定期贷款（偿还）	0	0	0
票据贷款（偿还）	0	0	0
普通股	0	0	0
优先股	0	0	0
发行长期债务	（183.3）	（184.1）	471.5
商业票据和短期债务的净支付			
股利	（427.2）	（579.6）	（619.1）
回购库存股	0	（70）	（201.9）
股票期权行权收入	67.4	154.8	82.7
收购子公司非控制性权益	（62.1）	（6.3）	（54.8）
其他科目净值	（9.1）	27.8	1.3
筹资活动产生的现金总额	（1,147.9）	（482.5）	（362.8）
汇率变化对现金及现金等价物的影响	（17.6）	89.6	（122.1）
现金及现金等价物总变动	110.1	241.1	606.1

亨氏公司过去 12 个月的现金流

在对亨氏公司进行预测之前，我们还需要对亨氏公司过去 12 个月的现金流进行相同的调整，正如我们在利润表中所做的那样。使用在亨氏公司 3Q 季度报告第 8 页上找到的 9 个月的现金流量表（见图 6-2）。

我们首先要按照在年度财务报告中所做的一样来准备现金流量表。然后，我们将使用与计算过去 12 个月利润表相同的公式，来计算亨氏公司过去 12 个月的现金流量：

亨氏公司过去 12 个月 =2012 年度 –2012 年 9 个月 +2013 年 9 个月

如果你留意模型，就会发现在 G 列和 H 列已经分别设置了 2012 年和 2013 年 9 个月的现金流量表。你不需要逐行建立模型，因为它几乎与我们用于历史年度财务的方法完全一样。建议使用图 6-2 和表 6-6 中的解决方案作为指导。这是很好的做法，可以看出你掌握了多少本节所学内容。你可能需要再次重读本章的前面部分以进行更多的练习。

亨氏及其附属公司合并现金流量表（以百万美元计每股数值除外）

	9个月	
	2013年1月27日	2012年1月25日
经营活动产生的现金流		
净利润		
经营活动产生的现金调节净利润	829,080	762,334
折旧	221,519	217,620
摊销	34,890	33,965
递延所得税（收益）/准备金	(59,718)	(71,533)
资产剥离损失	19,765	—
待售资产减值	36,000	—
养老金缴纳	(53,251)	(15,490)
其他科目净值	22,654	87,859
营运资本变动		
应收账款变动	(148,132)	46,128
存货变动	(158,456)	(126,627)
预付费用及其他流动资产变动	5,699	(13,705)
应付账款变动	(42,852)	(182,333)
应计负债变动	(5,406)	(76,976)
应计所得税变动	(24,871)	82,272
经营活动产生的现金总额	676,921	743,514
投资活动产生的现金流		
资本性支出（CAPEX）	(259,187)	(274,498)
资产处置收益	17,335	6,926
资产剥离收益	16,783	664
收购-现金净支出	—	(3,250)
出售短期投资	—	47,976
限制性现金变动	3,994	(39,052)
其他科目净值	(10,276)	(9,396)
投资活动产生的现金总额	(231,351)	(270,630)
筹资活动产生的现金流		
长期贷款偿还	(216,972)	(831,553)
发行长期负债	202,332	1,310,903
票据贷款（偿还）	31,068	(56,943)
股利	(499,678)	(464,901)
股票期权行权收入	96,111	74,518
回购库存股	(139,069)	(201,904)
收购子公司非控制性权益	(80,132)	(54,824)
盈利能力支付计划	(44,547)	—
其他科目净值	1,602	5,479
筹资活动产生的现金总额	(649,285)	(219,225)
汇率变化对现金及现金等价物的影响	(26,037)	(129,059)
现金及现金等价物净增加值	(229,752)	124,600
现金及现金等价物期初余额	1,330,441	724,311
现金及现金等价物期末余额	1,100,689	848,911

图6-2 亨氏公司9个月现金流量

请注意七个调整：

（1）记住，增加的可识别无形资产摊销需要在交易后进行调整。先输入"0"值。

（2）年度报告中并不存在"待售资产减值"的科目。需要添加一行并输入这一数值。我们在现金流量表中的第64行上方添加一行。按住Shift并点击空格键，突出显示这一行。松开按键，同时按住"Ctrl"+"Shift"+"="（如果你有一个"+"键，你可能只需按下"Ctrl"+"+"，因为"Shift"+"="与"+"相同）。这将增加一行，我们现在可以称之为"待出售资产减值"，并将2010年、2011年、2012年和9个月的历史值输入"0"值，然后将"36"输入单元格H64中。见表6-6。

（3）季度现金流中没有项目提到"2012财年资产减值"，因此我们将其输入"0"值。

（4）继续将筹资活动产生的现金流中第87~91行新的融资科目输入为"0"值。

（5）正如我们在年度数据中所做的那样，记得将"偿还长期债务"项目与"发行长期债务"两行合并。

（6）筹资活动产生的现金流中有一个标注为"盈利能力支付计划"的科目在年度报告中并不存在，因此我们需要添加一行并输入该值。正如在经营活动产生的现金流部分所做的那样，在现金流量表第98行上面插入一行。我们可以标注新一行"盈利能力支付计划"，并将2010年、2011年、2012年以及9个月的历史值输入"0"值，然后将"–44.547"（负的）输入单元格H98中（见表6-6）。

（7）所有"总计"公式都可以从F列复制到右侧。

表6-6 亨氏公司9个月历史现金流量财务报表

合并现金流量表（以百万美元计，每股数值除外）			
		过去12个月（LTM）	
期末	2012年9个月	2013年9个月	LTM
经营活动产生的现金流			
净利润	762.3	829.1	
折旧	217.6	221.5	
摊销	34	34.9	
可识别无形资产摊销	0	0	
递延所得税（收益）/准备金	（71.5）	（59.7）	
资产剥离损失	0	19.8	
待售资产减值	0	36	
养老金缴纳	（15.5）	（53.3）	

			(续)
合并现金流量表（以百万美元计，每股数值除外）			
	过去12个月（LTM）		
期末	2012年9个月	2013年9个月	LTM
2012财年资产减值	0	0	
其他科目净值	87.9	22.7	
营运资本变动			
应收账款变动	46.1	（148.1）	
存货变动	（126.6）	（158.5）	
预付费用及其他流动资产变动	（13.7）	5.7	
应付账款变动	（182.3）	（42.9）	
应计负债变动	（77）	（5.4）	
应计所得税变动	82.3	（24.9）	
营运资本净变动	（271.2）	（374）	
经营活动产生的现金总额	743.5	676.9	
投资活动产生的现金流			
资本性支出（CAPEX）	（274.5）	（259.2）	
资产处置-现金净支出收益	6.9	17.3	
收购-现金净支出	0.7	16.8	
资产剥离收益	（3.3）	0	
出售短期投资	48	0	
限制性现金变动	（39.1）	4	
其他科目净值	（9.4）	（10.3）	
投资活动产生的现金总额	（270.6）	（231.4）	
筹资活动产生的现金流			
循环信用贷款（偿还）	0	0	
中长期定期贷款（偿还）	0	0	
票据贷款（偿还）	0	0	
普通股	0	0	
优先股	0	0	
发行长期债务	479.4	（14.6）	
商业票据和短期债务净支付	（56.9）	31.1	
股利	（464.9）	（499.7）	
回购库存股	74.5	96.1	
股票期权行权收入	（201.9）	（139.1）	
收购子公司非控制性权益	（54.8）	（80.1）	
盈利能力支付计划	0	（44.5）	
其他科目净值	5.5	1.6	
筹资活动产生的现金总额	（219.2）	（649.3）	
汇率变化对现金及现金等价物的影响	（129.1）	（26）	
现金及现金等价物总变动	124.6	（229.8）	

现在可以对第 I 列中的 LTM 数据进行适当的调整。在第六章中讨论过如何通过调整获得过去 12 个月的数据：

亨氏公司过去 12 个月的数据 =2012 年度数据 –2012 年 9 个月的数据 +

2013 年 9 个月的数据

我们可以将此公式应用于过去 12 个月数据那一列（第 I 列）。以净利润为例：

计算过去 12 个月的净利润（单元格 I58）

Excel 公式输入	描述
输入 "="	进入 "公式" 模式
选择单元格 F58	2012 年净利润
输入 "-"	减
选择单元格 G58	2012 年 9 个月的净利润
输入 "+"	加
选择单元格 H58	2013 年 9 个月的净利润
按下 <Enter> 键	结束
公式计算结果	"=F58-G58+H58"

可以得到过去 12 个月的净利润为 1,006.7 百万美元。这是公式计算的结果，所以单元格应该是黑色字体。我们现在想对亨氏公司 LTM 列中的每个科目复制此公式。但是，请务必继续按照历史记录计算 "总计" 行。换句话说，营运资本总额应该通过将行 69~74 加总计算得到。可以将这些公式从 H 列向右复制（见表 6-7）。

在现金流量表的底部补充的一行名为 "债务偿还之前的现金流" 的科目，这一科目用于债务计划表。所以我们现在将它留空，并在债务计划表部分讨论该科目。

表 6-7　亨氏公司 9 个月历史现金流量财务报表

合并现金流量表（以百万美元计，每股数值除外）			
		过去 12 个月（LTM）	
期末	2012 年 9 个月	2013 年 9 个月	LTM
经营活动产生的现金流			
净利润	762.3	829.1	1,006.7
折旧	217.6	221.5	299.6
摊销	34	34.9	48
可识别无形资产摊销	0	0	0
递延所得税（收益）/准备金	（71.5）	（59.7）	（83）
资产剥离损失	0	19.8	19.8
待售资产减值	0	36	36

（续）

合并现金流量表（以百万美元计，每股数值除外）

期末	2012年9个月	2013年9个月	过去12个月（LTM） LTM
养老金缴纳	(15.5)	(53.3)	(61.2)
2012财年资产减值	0	0	58.7
其他科目净值	87.9	22.7	10.2
营运资本变动			
应收账款变动	46.1	(148.1)	(22.4)
存货变动	(126.6)	(158.5)	29.1
预付费用及其他流动资产变动	(13.7)	5.7	7.8
应付账款变动	(182.3)	(42.9)	67.1
应计负债变动	(77)	(5.4)	51.6
应计所得税变动	82.3	(24.9)	(41.4)
营运资本净变动	(271.2)	(374)	91.8
经营活动产生的现金总额	743.5	676.9	1,426.5
投资活动产生的现金流			
资本性支出（CAPEX）	(274.5)	(259.2)	(403.4)
资产处置收益	6.9	17.3	20.2
收购-现金净支出	0.7	16.8	12.9
资产剥离收益	(3.3)	0	7.1
出售短期投资	48	0	8.8
限制性现金变动	(39.1)	4	4
其他科目净值	(9.4)	(10.3)	(12.3)
投资活动产生的现金总额	(270.6)	(231.4)	(362.7)
筹资活动产生的现金流			
循环信用贷款（偿还）	0	0	0
中长期定期贷款（偿还）	0	0	0
票据贷款（偿还）	0	0	0
普通股	0	0	0
优先股	0	0	0
发行长期负债	479.4	(14.6)	(22.5)
商业票据和短期债务净支付	(56.9)	31.1	45.5
股利	(464.9)	(499.7)	(653.9)
回购库存股	74.5	96.1	(180.3)
股票期权行权收入	(201.9)	(139.1)	145.5
收购子公司非控制性权益	(54.8)	(80.1)	(80.1)
盈利能力支付计划	0	(44.5)	(44.5)
其他科目净值	5.5	1.6	(2.6)
筹资活动产生的现金总额	(219.2)	(649.3)	(792.9)
汇率变化对现金及现金等价物的影响	(129.1)	(26)	(19.1)
现金及现金等价物总变动	124.6	(229.8)	251.8

现金流量表预测

在进行预测时，许多现金流量表科目来自辅助表，例如折旧计划、营运资本计划和债务计划。所以，如果没有建立这些计划明细表，现金流量表的预测就不可能完成。此外，由于这是杠杆收购，另外辅助报表主要基于资产负债表信息，因此在构建这些辅助报表之前，我们首先需要创建调整后的资产负债表，建立交易后的资产负债表。通过调整后的资产负债表，我们可以创建辅助报表，然后完成现金流量表。

所以我们首先可以尽可能多地预测现金流量表科目（将不能预测的空着），然后进行资产负债表调整，这将使我们能够创建折旧和营运资本明细计划。然后，可以将相应的行科目关联到现金流量表。债务计划应始终在最后完成。有关构建完整模型的顺序，请参见附录1。

经营活动产生的现金流

经营活动产生的现金流从净利润开始，这是我们在利润表中已经得到的。所以，为了方便预测，应该将利润表中的净利润引入现金流量表。确保从利润表中引用正确的净利润非常重要。一般来说，你应该始终选择分配前的净利润（股利，非控制性权益）。我们可以查看历史的净利润，看看利润表中的净利润是否与现金流量表中的净利润一致。在这种情况下，正如2012年的939.9千美元是"归属于非控制性权益的净利润"之前的净利润。在我们的模型中，指的是利润表中的第44行。

我们可以将该行和现金流量表相关联，首先从现金流量表的单元格J58中选择"="，可以在利润表中选择正确的净利润（J44），然后按<Enter>键。之后，我们可以将现金流量表J58公式向右复制直到2018年。

下面几行大部分来自其他辅助表，这意味着可以先跳过它们，将其留空。"折旧""摊销"和"递延所得税（收益）/准备金"均来自折旧计划表。

我们增加了"可识别无形资产摊销"科目，以进行交易事项调整。在讨论资产负债表调整时，我们将解释如何处理这些问题，现在也把这一行留空。

69~74行的营运资本科目将来自营运资本计划表。因此，我们现在可以跳过这些项目，并在完成营运资本计划表之后再关联过来。

非经常性项目

经营活动产生的现金流中的几个科目似乎只发生过一次。例如，"资产剥离损失"是在2010年发生的，并在最近的9个月内再次出现，但似乎并不常见。让我们将其设定为"0"，因为它似乎是一次性科目。当然，进一步的研究可以更好地确定未来是否重复发生。这个数值似乎并不显眼，所以我们认为其未来值可以为"0"。"待售资产减值"似乎也是非经常发生的。不幸的是，我们找不到关于这个科目的更多信息，但它只发生了一次，所以最好的做法是把它考虑为一次发生的科目。保守地假设以前的现金流入不会重复，所以也输入"0"值。"2012财年资产减值"似乎也是一次性科目。通过进一步研究，我们发现亨氏公司年度报告第57页的以下说明：

截至2012年度，本公司确认了5,870万美元的非现金资产减值，这是由于关闭了八个工厂。这些工厂关闭与公司2012财年生产效率计划直接相关（见注3）。这些减值将本公司的资产账面价值减记到估计的公允价值，剩余部分影响较小。

这是很特殊的情况，再次发生的可能性很小，所以我们也输入"0"值。然而，"养老金缴纳"和"其他科目净值"似乎是会重复出现的，所以需要考虑如何对这些项目进行更详细的预测。

预测的七个步骤

一些"其他"的科目（即不是标准的但是重复出现的科目）可能难以定义，并且更难以预测。在这种情况下，我们建议使用七种可能的方法来预测这些项目：

（1）保守（过去三年的最低点）。
（2）积极进取（过去三年最高）。
（3）平均（过去三年的平均水平）。
（4）去年（最近的表现）。
（5）重复循环。
（6）同比增长。
（7）以利润表或资产负债表某个科目的百分比计算。

1. 保守

在现金流量表中，我们假设现金流出比假设现金流入更为保守。所以，使用过去三年的最低数额可能不是最准确的方法，但这是一种保守的做法。你可以在 Excel 中使用"最小值"公式。例如"= min（x，y，z）"将给出 x、y 和 z 的最低值。如果过去三年是正数（现金流入），我们有时会考虑"绝对保守"的方法，即低于过去三年的最低水平，将其假设为零。

2. 积极进取

这可能不是最推荐的方法，但是一种可行的方法，所以我们应该注意到这一方法。假设更多的现金流入是更乐观或激进的方式，我们将使用过去三年中的最大值。你可以在 Excel 中使用"最大值"公式;"= max（x，y，z）"将给出 x、y 和 z 的最大值。

3. 平均

这是一个受欢迎的方法，但需要强调的是，过去三年的平均水平往往不能很好地预测下一年的表现，特别是过去三年中有一年是不寻常的。我们特别提到这一点，因为我们看到许多分析师认为平均法是一种比较安全的分析方法。我们建议在考虑平均方法之前仔细考虑所有的各种方法。你可以在 Excel 中使用"average"公式，"= average（x，y，z）"将给出 x、y 和 z 的平均值。

4. 去年

这是基于以下假设：企业去年的经营状况最能反映其未来表现。如果不了解企业或具体的科目，我们很难确定是否合适使用这样的方法。然而，这种方法和"保守"方法的组合是非常有用的。换句话说，如果去年的表现也是过去三年来最保守的，那么我们就有两个方法支持同一个数据。通常来说，所使用数据支持的方法越多越好。

5. 重复循环

在通常情况下，过去三年的数据往往会产生很大的波动，经常会从正值转为负值，或者从极小的值转变为比较大的数值。虽然很难确定这一原因，但是有些企业可能规划每两年或三年就发生显著的现金流支出。例如，企业可以每三年进行较多的资本投资，而在其他年份的投资较少。在这种情况下，你可能希望继续这种趋势。最简单的方法是将 2013 年的估计值假定等于第一个历史年（2010 年）。这样，当公式正确复制时，2014 年将等于 2011 年的值，2015 年将等于 2012 年的值，等等。

6. 同比增长

在这里，我们可以使用假定的年同比增长率来预测未来的科目。增长率可以取决于

"其他"科目是什么。例如，如果是租金，我们可以假设租金每年将增加5%。你也可以看看历史趋势，就像我们在销售收入中所做的那样，并将这些趋势应用于预测。

7. 以利润表或资产负债表某个科目的百分比计算

"其他"科目有时可能依赖于利润表或资产负债表的某个科目。例如，如果"其他"科目由员工薪资组成，你可能需要根据销售、管理及行政费用的百分比来预测这一科目。通过查看历史数据占SG & A的百分比来确定这是否为一个合适的方法。如果过去三年的百分比相当一致，那么这可能是一个很好的估计。

建模小贴士

　　在Excel中添加注释来描述所使用的方法始终是很重要的。一位好的分析师会为模型的细节和假设添加清晰明确的解释。

在很多情况下，对这些"其他"科目，我们并不能准确地判断使用的估计方法。但好在这些"其他"科目通常对模型整体的影响都微不足道。为了证明这一点，请先选择七种方法之一，突出显示"其他"科目。然后，在模型整体构建完成后，尝试使用七种方法之一来改变你的假设，看看它是否显著地改变了我们的分析结果。如果确实影响显著，那就值得做进一步深入研究。

我们以某个其他科目为例来说明如何进行预测。看看如何分析第67行的"其他科目净值"科目。还需要预测"养老金缴纳"科目，但"其他科目净值"可以更好地说明如何处理"其他"类科目。我们稍后会返回"养老金缴纳"这一科目。

始终应该首先进行研究，以查看该科目是否有更多细节。不幸的是，在这种情况下，没有任何其他可供参考的细节。所以我们来看看所有的可能性。在这个模型中，我们分析2010年、2011年、2012年以及LTM数据。比较几个12个月的指标：

（1）*保守*。保守的方法，使用所有年份的最低值，即从LTM列中得到10.2。我们喜欢保守的方法，所以这可能是要选择的方式，但是我们首先应该考虑所有的选择。

（2）*积极进取*。不建议采取激进的做法。所以我们跳过这一方法。

（3）*平均*。平均方法也是一种有效的方法，但是从2011~2012年是下降的趋势，LTM年度大幅下降。如果这个下降反映了一种趋势，那么平均值的结果也会过高。但是，我们暂时不必完全舍弃这一方法。

（4）*去年*。过去一年的数值（我们将考虑的是 LTM）10.2 也恰好是最保守的价值。有两种方法支持的数值会是很好的参考。

（5）*重复循环*。重复循环将是一种可以考虑的方法，但是在这里看不到循环。我们看到的是下降趋势。

（6）*同比增长*。这里是急剧下降，并不是稳步下降。所以我们也不能采用稳步下降的方式来进行预测。

（7）*以利润表或资产负债表项目的百分比预测*。首先，如果不清楚"其他"是指什么，那么很难知道可以用哪一个科目的数值作为依据。可以假定它必须是利润表科目，因为这一行在现金流量表的经营活动部分；然而，我们仍然不知道利润表的哪一个科目更合适。其次，我们看不到利润表中这些科目有类似的下降趋势，所以即使找到可以计算出一个百分比的关键科目，也不能得出和历史数值相关联的比率。所以在这里，我们应该跳过这一方法。

所以，我们留下了"平均""保守"和"去年"这几种做法。鉴于"保守"方法与"去年"方法的结果相同，我们喜欢两种相互支持的方法，并且更偏好保守的模式，所以我们采用保守的方法。我们还强调，一旦模型完成，就可以再分别使用"平均"或"重复循环"的方法，看看它是否对分析有显著的影响。这也是完整的分析过程。

所以我们可以将单元格 I67 和单元格 J67 相关联，或者说单元格 J67 写为"= I67"。可以将其向右复制一直到 2018 年。

现在来看看"养老金缴纳"科目。我们首先注意到亨氏公司年度报告中的一段，内容如下：

本公司确认和福利计划有关的养老金费用，分别为 2012 年、2011 年和 2010 年财政年度的 2,500 万美元、2,700 万美元和 2,500 万美元，这也分别对应了 2.35 亿美元、2.29 亿美元和 2.11 亿美元资产计划的收益。相比 2011 财年的 2,200 万美元和 2010 财年的 5.4 亿美元，公司在 2012 年贡献了 2,300 万美元的养老金费用，该公司预计在 2013 财年为其养老金计划提供约 8,000 万美元。

（亨氏公司年度报告，第 26 页）

该公司在 2013 年将有 8,000 万美元的养老金缴纳，这个数值明显高于 2011 年和 2012 年的 2,200 万美元和 2,300 万美元，但没有 2010 年的 5.4 亿美元那么多。那么，对未来进行预测的基础是什么？我们真的不知道，但如果该公司已经提供了未来缴款的说明，我们就应该使用它，尽管这并不常见；在公司已经有了准确预测的情况下，就可以取代前面所提到的七种方法。现在让我们使用 8,000 万美元的数据，将 "-80"（负）输入单元格 J65，并且将其复制到右边。

我们还可以将营运资本的变动和经营活动总现金合计公式，即单元格 I75 和 I76，向右复制到 2018 年。这是目前在经营活动的现金流中可以完成的部分（见表 6-8）。

> **建模小贴士**
>
> 我们建议首先完成模型的整体构建，再进行更深入的研究。我经常看到分析师在接到构建模型的任务后，花了大量的时间用来研究企业的收入和成本假设。当领导要求看看模型时，发现你还在做假设的搜索，模型构建还竟然没有开始，领导会大失所望，也许你的年终奖就没有了⊖。所以，我们的建议是首先构建好完整的模型，即使是基于最粗略的假设，然后再返回来调整和改进假设。

表 6-8 亨氏公司经营活动产生的现金流预测

合并现金流量表（以百万美元计，每股数值除外）					
	估计值				
期末	2014E	2015E	2016E	2017E	2018E
经营活动产生的现金流					
净利润	1,389.4	1,395.1	1,400.7	1,406.4	1,412.1
折旧					
摊销					
可识别无形资产摊销					
递延所得税（收益）/准备金					
资产剥离损失	0	0	0	0	0
待售资产减值	0	0	0	0	0
养老金缴款	(80)	(80)	(80)	(80)	(80)
2012 财年资产减值	0	0	0	0	0
其他科目净值	10.2	10.2	10.2	10.2	10.2
营运资本变动					
应收账款变动					
存货变动					
预付费用及其他流动资产变动					
应付账款变动					
应计负债变动					
应计所得税变动					
营运资本净变动	0	0	0	0	0
经营活动产生的现金总额	1,319.6	1,325.3	1,330.9	1,336.6	1,342.3

⊖ 原文中并没有这一句，这是译者加的。——译者注

投资活动产生的现金流

资本性支出（CAPEX）是管理层经常提供指导的几个科目之一。通过在亨氏公司年度报告中对"资本性支出"进行搜索，我们找到了以下注释：

> 用于投资活动的现金总额为 4.02 亿美元，而去年为 9.5 亿美元。资本性支出总额为 4.19 亿美元（占销售额的 3.6%），而去年同期为 3.36 亿美元（占销售额的 3.1%），符合计划水平。更高的资本性支出反映了对 Keystone 项目、新兴市场的能力计划和生产计划的投资增加。公司预计 2013 财年的资本性支出占销售额的比例约为 4%。
>
> （亨氏公司年度报告，第 18 页）

该公司没有提供更确切的数据，但建议这一数值可以基于销售额的 4%。所以，我们以销售额的百分比来预测资本性支出。应该在资本性支出行即 78 行下方添加一行，并将其标注为"资本性支出在销售收入中占比（%）"。然后我们可以将"4%"输入单元格 J79 中。将 4% 向右复制，直到 2018 年，并以此预测资本性支出。

注意：确保 4% 的输入用蓝色字体标注，并且格式正确。当输入 4% 时，请确保你已经将单元格的格式设置为百分比。如果单元格格式未设置并输入 4%，则 Excel 会将该百分比转换为十进制 0.04，如果单元格设置的四舍五入为小数点后一位数，则该值将显示为 0.0。选中单元格 J79，快捷键"Ctrl"+"1"是打开"单元格格式"的快捷方式。在这里你可以选择"百分比"作为选项。

2014 年资本性支出（单元格 J78）

Excel 公式输入	描述
输入 "="	进入"公式"模式
输入 "-"	资本性支出应该是负的——现金流出
选择单元格 J79	2014 年资本性支出在销售收入中占比
输入 "*"	乘
选择利润表中的单元格 J6	2014 年销售收入
按下 <Enter> 键	结束
公式计算结果	= –J79*J6

得到 2014 年的资本性支出为 –469.5 美元。现在可以将单元格 J78 向右复制到 2018 年（见表 6-9）。

表 6-9 亨氏公司资本性支出预测

合并现金流量表（以百万美元计，每股数值除外）					
	估计值				
期末	2014E	2015E	2016E	2017E	2018E
投资活动产生的现金流					
资本性支出（CAPEX）	(469.5)	(471.4)	(473.3)	(475.2)	(477.1)
资本性支出在销售收入中占比（%）	4%	4%	4%	4%	4%

资产处置收益

该项目与公司出售或者处置其部分固定资产有关。目前还不清楚该公司正在处理什么，但很有可能正在计划更换旧设备。请注意，这也可能与公司已经关闭或计划关闭的部分业务的设备出售有关。这显然是一个未知数，很难在没有进一步信息的情况下进行预测。我们仍然建议采用保守的方法。但是，鉴于处置资产属于非经常项目，即使采用过去三年的最低值仍然是不够保守的。最保守的方法可能意味着不会再发生资产处置。如果我们想采取最保守的方法，可以假设该项目未来为零。此外，由于亨氏公司将被收购，目前还不清楚将来如何管理这些项目。鉴于这种不确定性，我们建议采用绝对保守的做法。把这个项目输入"0"值。

收购-现金净支出

此项目与购买企业实体有关。在处置大部分的其他投资活动时，我们可以同之前处置固定资产时一样，做出相同的假设。这些项目不仅非常不确定，而且在杠杆收购的情况下，现金很有可能将用于偿还债务，在未来不会再发生。虽然新闻中提到，亨氏公司的收购策略是作为将来其他收购的平台，但在这个阶段，继续假设其他的收购显得太激进了。作为优先考虑，要了解投资回报，我们假设现金将用于偿还债务。也将这个项目输入"0"值，这也是绝对保守的方法。

资产剥离收益

这个项目与企业实体的出售或剥离有关。在此，我们可以采用非常保守的方法，并认为不会进一步剥离资产。将这个项目输入"0"值也是绝对保守的方法。这并不意味着再也不会有资产剥离，而是我们认为在这个时间点继续假设从资产剥离中获得现金收益有很高的风险。

出售短期投资

这个项目看起来不重要,因为它只在 2012 年出现。所以,我们可以假设它是"0"。

限制性现金变动

亨氏公司投资于利率互换市场,这个金融工具要求公司必须在一个单独的账户中维持一定的余额作为抵押。随着市场的波动,互换市场的价值也随之波动,账户中所维持的现金比率也要随之波动。这个项目是经常性的,但鉴于与市场波动的关系,变得很难预测。这个项目余额波动有正值也有负值,所以假设其为"0"并不是最保守的假设方法。让我们再回到七种方法:

(1)保守。保守的方法,即所有年份的最低值,将得到 -39.1。我们喜欢保守的模型,所以这可能是我们要选择的方式,但是首先应该考虑所有的选择。

(2)积极进取。不建议采取积极的做法,因为这会导致过高的现金流 192.7。所以我们忽略这一方法。

(3)平均。平均方法是一种有效的方法,但是 2010 年的价格异常高,192.7 将会扭曲平均水平。

(4)去年。过去一年的价值(我们考虑的是 LTM)4 是可以的。这不是最保守的,也不是最激进的,但靠近 0 的小数可以是一个很好的平衡。

(5)重复循环。重复循环是一种可以考虑的方法,但是在这里我们看不到循环。

(6)同比增长。鉴于与市场有关的波动,我们认为没有趋势来支持这一方法。

(7)以利润表或资产负债表项目的百分比预测。由于这一项目主要基于市场波动影响,不是基于经营业绩。我们也应该忽略这个方法。

所以,看起来像是"保守"或"去年"方法的效果更好。这是一个艰难的决定。我喜欢保守模式,但是 -39.1 可能太保守了。不过现在我们就来使用这一数值。与其他现金流量项目相比,该科目相当微不足道,因此任何一种方法都不会对整体分析产生重大影响。虽然不是必需的,但我还是希望加入"最小值"公式,以便每个查看模型公式结构的人,都可以更好地理解为什么我们决定使用这一假设。

2014 年限制性现金变动（单元格 J84）

Excel 公式输入	描述
输入 "="	进入 "公式" 模式
输入 "min（"	开始最小公式
选择单元格 I84	过去 12 个月限制性现金变动
输入 ","	添加一个逗号以输入下一个值
选择单元格 F84	2012 年限制性现金变动
输入 ","	添加一个逗号以输入下一个值
选择单元格 E84	2011 年限制性现金变动
输入 ","	添加一个逗号以输入下一个值
选择单元格 D84	2011 年限制性现金变动
输入 "）"	结束最小值公式
按下 <Enter> 键	结束
公式计算结果	=MIN(I84,F84,E84,D84)

我们得到最小值为 –39.1。对于 2015 年，请注意不要将相同的公式复制到右侧。这样做会移动所有单元格引用并更改输出结果。假设我们想保持 2014 年的预期数字不变，只想让 2015 年的预测与 2014 年的预测相同。所以，我们要将单元格 K84 写为 "= J84"，或在单元格 K84 中键入 "="，按左箭头选中单元格 J84 然后按 <Enter> 键。单元格 K84 中的公式可以向右复制直到 2018 年（见表 6-10）。

表 6-10 亨氏公司限制性现金流预测

	2010A	2011A	2012A	2012 年 9 个月	2013 年 9 个月	LTM	2014E	2015E	2016E	2017E	2018E
限制性现金变动	192.7	（5）	（39.1）	（39.1）	4	4	（39.1）	（39.1）	（39.1）	（39.1）	（39.1）
公式	192.7	（5）	（39.1）	（39.1）	4	=F84-G84+H84	=MIN（I84, F84, E84, D84）	=J84	=K84	=L84	=M84

其他科目净值

像大多数 "其他" 科目一样，很难确定什么是 "其他科目净值"。针对以前的七种方法，我们决定使用 "去年" 这一方法，因为它也恰好是 "保守" 的方法。我们可以像以前一样使用 "最小值" 公式来说明使用保守方法，或者可以简单地将 J85 写为 "= I85" 来说明使用去年数值的方法。按照后者的方式，将单元格 J85 向右复制直到 2018 年。

现在需要重新调整 "投资活动产生的现金总额" 计算公式，因为我们添加了 "资本性支出在销售收入中占比（%）"，而我们不希望这一数值包含在合计之中。

投资活动产生的现金总额（单元格 D86）

Excel 公式输入	描述
输入 "="	进入"公式"模式
选择单元格 D78	选择第一行
输入 "+SUM（"	增加"求和"公式
选择单元格 D80	选择一系列单元格中的第一个
输入 "："	表明我们想包含一系列单元格从第一个到最后一个
选择单元格 D85	选择一系列单元格最后一个
输入 "）"	结束"求和"公式
按下 \<Enter\> 键	结束
公式计算结果	=D78+SUM(D80：D85)

可以向右复制这一公式直到 2018 年（见表 6-11）。

筹资活动产生的现金流

记住要考虑三个方面的筹资活动：

（1）发行或回购股本。

（2）发行或偿还债务。

（3）股利分配。

所有涉及新债务的科目，现在将留空。这些预计科目最终来自债务计划表，稍后将进行讨论。包括循环信用贷款（偿还）、定期贷款（偿还）和票据贷款（偿还）。

表 6-11　亨氏公司投资活动产生的现金流

合并现金流量表（以百万美元计，每股数值除外）					
			估计值		
期末	2014E	2015E	2016E	2017E	2018E
投资活动产生的现金流					
资本性支出（CAPEX）	(469.5)	(471.4)	(473.3)	(475.2)	(477.1)
资本性支出在销售收入中占比（%）	4%	4%	4%	4%	4%
资产处置收益	0	0	0	0	0
收购 - 现金净支出	0	0	0	0	0
资产剥离收益	0	0	0	0	0
出售短期投资	0	0	0	0	0
限制性现金变动	(39.1)	(39.1)	(39.1)	(39.1)	(39.1)
其他科目净值	(12.3)	(12.3)	(12.3)	(12.3)	(12.3)
投资活动产生的现金总额	(520.9)	(522.7)	(524.6)	(526.5)	(528.4)

所有与新的股权有关的项目，都可以输入"0"值。包括普通股和优先股（第91和92行）。一旦开始将预计的现金流量与资产负债表相关联，你就会对这些有更好的理解，但是在2014年增加普通股的价值意味着投资者投入的资本将超出原始投资。我们假设投资者不会再另外追加投资。

所有和以前负债相关的科目都会归零。我们假设会偿还原有的负债。记住，在现金的使用中有这么一个假设：我们筹集的资金将用来偿还以前的债务。所以这些科目余额将归零。包括长期负债（付款）以及商业票据和短期负债（第93和94行），都将输入"0"值。当我们在交易后解释资产负债表调整时，将会强调这一点。

所有和以前权益相关的科目也都归零。企业的这些权益已经被收购，所以这些科目也不再存在了，包括股利、回购库存股、股票期权行权收入和收购非控制性股东权益（第95~98行）。这些都输入"0"值。当我们在交易后解释资产负债表调整时，将会强调这一点（见表6-12）。

盈利能力支付计划

盈利能力支付计划是2013年第三季度发生的与Foodstar有关的结算。我们在第三季度报告中找到了一个简要情况的说明：

本公司于2011年度在中国收购了Foodstar，该公司是中国大豆酱和发酵豆腐的制造商。该项收购的考虑因素包括，根据2014年度的净销售额以及2013年度和2014年度的EBITDA的目标。盈利能力的公允价值使用贴现现金流量模型进行估计，基于并非市场的主观假设，属于3级评估。确定盈利能力公允价值的核心假设包括贴现率以及预测的2013年度和2014年度的销售收入与EBITDA。在2013年的第三季度，公司重新谈判了盈利协议的条款，以便使公司在中国未来业务的发展更具有灵活性，因为中国是最大和最重要的新兴市场。这次重新谈判确定了6,000万美元的盈利能力支付计划，根据报告，其中1,550万美元披露为经营活动现金，4,450万美元披露为筹资活动现金，这是合并现金流量表截至2013年1月27日9个月的数值。另外，本公司截至2013年1月2日~7日的第三季度已经发生了1,210万美元的支出，该部分支出记录在SG&A中。本次交易发生之日，本公司资产负债表中报告了盈利能力支付计划的账面价值和结算金额。

（亨氏公司3Q报告，第20页）

可见，这个盈利能力属于非经常性项目，今后应该将其输入为"0"值。

该说明提到，这笔支出影响了其他财务指标，包括利润表的 SG & A 部分。如果你希望完全准确，可能需要从 2013 年 SG & A 中移除 1,210 万美元的费用，并作为偶然性事件。现在将暂时不再处理 SG & A 科目，我们不希望前后反复调整使得本书变得复杂。而且这个特别的调整相对金额较小，不会影响整体分析。然而，重要的是要理解，这些调整也属于利润表科目的常规化调整，例如 EBIT 和 EBITDA。

其他科目净值

这是另一个难以定义的"其他"项目。参照以前的七种方法，尽管都可以用，但我们决定采用保守的方法。如果这个数字显著为负，我们就会考虑另一种不同的方法。请注意，与企业总现金流量相比，这些数值特别小，所以不必花太多时间来考虑替代方法，因为对整体分析的影响较小。为了说明保守方法，我们采用了"最小值公式"：

2014 年其他项目净值（单元格 J100）

Excel 公式输入	描述
输入"="	进入"公式"模式
输入"MIN("	开始最小值公式
选择单元格 I100	之前 12 个月的其他项目净值
输入","	增加逗号以输入下一个值
选择单元格 F100	2012 年的其他项目净值
输入","	增加逗号以输入下一个值
选择单元格 E100	2011 年的其他项目净值
输入","	增加逗号以输入下一个值
选择单元格 D100	2010 年的其他项目净值
输入")"	结束最小值公式
按下 <Enter> 键	结束
公式计算结果	=MIN（I100，F100，E100，D100）

得到 2010 年的结果是 –9.1。记住，当使用"最小值"公式时，请注意不要将相同的公式复制到右边的 2015 年，这样做会移动所有单元格的引用并更改公式结果。假设我们想保持 2014 年的预期数字不变，只想让 2015 年与 2014 年的预测相当。因此，在单元格 K100 中键入"="，按左箭头键选中单元格 J100 然后按 Enter。这是单元格 K100 中的公式，我们可以将它向右复制直到 2018 年。

现在我们可以将合计的公式从 I101 向右复制直到 2018 年（见表 6-12）。

表 6-12　亨氏公司筹资活动预测现金流量

合并现金流量表（以百万美元计，每股数值除外）					
			估计值		
期末	2014E	2015E	2016E	2017E	2018E
筹资活动产生的现金流					
循环信用贷款（偿还）					
中长期定期贷款（偿还）					
票据贷款（偿还）					
普通股	0	0	0	0	0
优先股	0	0	0	0	0
发行长期负债	0	0	0	0	0
商业票据和短期债务净支付	0	0	0	0	0
股利	0	0	0	0	0
回购库存股	0	0	0	0	0
股票期权行权收入	0	0	0	0	0
收购非控制性股东权益	0	0	0	0	0
盈利能力支付计划	0	0	0	0	0
其他项目净值	(9.1)	(9.1)	(9.1)	(9.1)	(9.1)
筹资活动产生的现金总额	(9.1)	(9.1)	(9.1)	(9.1)	(9.1)

汇率变化对现金的影响

这一科目是不稳定的。鉴于其波动性，我们使用保守的方法，尽管其他方法在这里也可能适用。也许我们过于保守，但在我看来，如果结果比预期乐观，那么保守是更好的。我们再次使用"最小值"公式：

2014 年汇率对现金的影响（单元格 J102）

Excel 公式输入	描述
输入"="	进入公式模式
输入"MIN("	开始最小值公式
选择单元格 I102	LTM 汇率对现金的影响
输入","	逗号，为选择下一个值做准备
选择单元格 F102	2012 年度汇率对现金的影响
输入","	逗号，为选择下一个值做准备
选择单元格 E102	2011 年度汇率对现金影响
输入","	逗号，为选择下一个值做准备
选择单元格 D102	2010 年度汇率对现金的影响
输入")"	结束公式
按下 <Enter> 键	结束
公式计算结果	=MIN（I102，F102，E102，D102）

公式返回的是2012年的-122.1。请记住，让2015年的预测与2014年的预测相等，需要在单元格K102中键入"="，按左键选择单元格J102，然后按Enter。这是我们的公式，可以将单元格J100的公式向右复制，直到2018年（见表6-13）。

现金流量预测到此就全部完成了，现在可以将现金及现金等价物总额从I103向右复制直到2018年。

现金流量表的底部有一行名为"债务偿还之前的现金流"。如在输入历史数据时所讨论的，该项目用于债务计划表。所以我们现在将该项目留空，在债务计划表部分再进行讨论。

现在是讨论和创建调整后的资产负债表的时候了。通过调整后的资产负债表，我们可以建立折旧计划表，用于最终完成现金流量表的预测。请参阅附录1以确保你遵循模型构建方法。

表6-13 亨氏公司现金流量表预测

合并现金流量表（以百万美元计，每股数值除外）					
	估计值				
期末	2014E	2015E	2016E	2017E	2018E
经营活动产生的现金流					
净利润	1,389.4	1,395.1	1,400.7	1,406.4	1,412.1
折旧					
摊销					
可识别无形资产摊销					
递延所得税（收益）/准备金					
资产剥离损失	0	0	0	0	0
待售资产减值	0	0	0	0	0
养老金缴纳	(80)	(80)	(80)	(80)	(80)
2012财年资产减值	0	0	0	0	0
其他科目净值	10.2	10.2	10.2	10.2	10.2
营运资本变动					
应收账款变动					
存货变动					
预付费用及其他流动资产变动					
应付账款变动					
应计负债变动					
应计所得税变动					
经营性营运资本变动净值	0	0	0	0	0
经营活动产生的现金总额	1,319.6	1,325.3	1,330.9	1,336.6	1,342.3

（续）

合并现金流量表（以百万美元计，每股数值除外）

	估计值				
期末	2014E	2015E	2016E	2017E	2018E
投资活动产生的现金流					
资本性支出（CAPEX）	（469.5）	（471.4）	（473.3）	（475.2）	（477.1）
资本性支出在销售收入中占比（%）	4%	4%	4%	4%	4%
资产处置收益	0	0	0	0	0
收购 - 现金净支出	0	0	0	0	0
资产剥离收益	0	0	0	0	0
出售短期投资	0	0	0	0	0
限制性现金变动	（39.1）	（39.1）	（39.1）	（39.1）	（39.1）
其他科目净值	（12.3）	（12.3）	（12.3）	（12.3）	（12.3）
投资活动产生的现金总额	（520.9）	（522.7）	（524.6）	（526.5）	（528.4）
筹资活动产生的现金流					
循环信用贷款（偿还）					
中长期定期贷款（偿还）					
票据贷款（偿还）					
普通股	0	0	0	0	0
优先股	0	0	0	0	0
发行长期负债	0	0	0	0	0
商业票据和短期债务净支付	0	0	0	0	0
股利	0	0	0	0	0
回购库存股	0	0	0	0	0
股票期权行权收入	0	0	0	0	0
收购子公司非控制性权益	0	0	0	0	0
盈利能力支付计划	0	0	0	0	0
其他科目净值	（9.1）	（9.1）	（9.1）	（9.1）	（9.1）
筹资活动产生的现金总额	（9.1）	（9.1）	（9.1）	（9.1）	（9.1）
汇率变化对现金及现金等价物的影响	（122.1）	（122.1）	（122.1）	（122.1）	（122.1）
现金及现金等价物总变动	667.5	671.3	675	678.8	682.6
补充数据：					
债务偿还之前的现金流					

第七章

资产负债表

资产负债表用来衡量企业在特定时间点的财务状况。资产负债表的内容分为三大类：资产、负债和所有者权益；企业资产总值必须始终等于负债和所有者权益之和。

资产 = 负债 + 所有者权益

资产

资产是指企业持有并能够产生一些经济利益的资源。资产包括现金、存货、应收账款和土地。资产可以分为两类：流动资产和非流动资产。

流动资产

流动资产是指经济效益预计在一年内实现的资产。常见的流动资产如下。

现金及现金等价物

现金是指持有的货币。现金等价物是指能够随时转换为现金的资产，如货币市场工具、短期国债、国库券、有价证券和商业票据。现金等价物通常被认为是现金，因为它在必要时可以很容易地转换为现金。

应收账款

应收账款（AR）为信用销售。销售收入已确认，但客户并没有为销售支付现金。这一科目记录销售的金额，直到客户付款为止。例如，如果应收账款增加了 100 美元，那么我们肯定已经发生了销售，所以销售收入增加了 100 美元。

单位：美元

利润表	
销售收入	100
所得税（@40%）	(40)
净利润	60

这导致现金流量表中净利润增加了 60 美元。100 美元应收账款的增加导致营运资本现金流出 100 美元。净利润增加了 60 美元，现金总变动为 –40 美元。

单位：美元

现金流量表	
净利润	60
应收账款变动	(100)
总的现金变动	(40)

单位：美元

资产负债表	
现金	(40)
应收账款	100
留存收益（净利润）	60

资产负债表中现金减少了 40 美元,应收账款增加了 100 美元,留存收益增加了 60 美元。注意现金流量表中的应收账款变动和资产负债表中应收账款之间的关系:现金流出,资产增加,资产负债表平衡;总资产 [– 40 + 100 = 60(美元)] 减去负债(0 美元)等于留存收益(60 美元)。

当客户最终付款时,我们收到现金,并移除资产负债表上的应收账款。

单位:美元

现金流量表	
净利润	0
应收账款变动	100
总的现金变动	100

单位:美元

资产负债表	
现金	100
应收账款	(100)
留存收益(净利润)	0

存货

存货是准备出售的原材料和商品。当采购原材料时,存货增加即所购买材料的数量。一旦商品出售并确认为收入,存货的价值减少,同时记录销售成本(COGS)。比方说,我们正在销售椅子。

如果存货增加了 50 美元,那么很有可能是我们购买了存货,导致现金流出。存货的增加导致现金减少了 50 美元。注意现金流量表上的存货变动与资产负债表上的存货之间的关系:现金流出,资产增加。

单位:美元

现金流量表	
净利润	0
存货变动	(50)
总的现金变动	(50)

单位:美元

资产负债表	
现金	(50)
存货	50
留存收益(净利润)	0

如果存货减少了 50 美元,则很可能与该存货的销售有关,该存货将作为销售成本支出。请注意,额外的支出会影响税收,由于抵税,导致净利润变为 –30 美元。资产的出售将导致现金增加;当净利润增加 –30 美元时,我们得到总的现金变动为 20 美元。

单位:美元

利润表	
COGS	(50)
所得税(@40%)	20
总的现金变动	(30)

现金流量表	单位：美元
净利润	(30)
存货变动	50
总的现金变动	20

资产负债表	单位：美元
现金	20
存货	(50)
留存收益（净利润）	(30)

存货减少了50美元，净利润影响了留存收益。资产负债表余额：总资产[20 – 50 = – 30（美元）]减去负债（0美元）等于留存收益（– 30美元）。

预付费用

预付费用是指企业在结算或交易发生时提前支付了费用的资产。假如我们决定预付租金100元，现金将进入预付费用账户。注意现金流量表上预付费用变动与资产负债表预付费用之间的关系：现金减少，资产增加。

现金流量表	单位：美元
净利润	0
预付费用变动	(100)
总的现金变动	(100)

资产负债表	单位：美元
现金	(100)
预付费用	100
留存收益（净利润）	0

当支出实际发生时，随后在销售、管理及行政费用（SG & A）账户中列支；税后得到 – 60美元的净利润。

利润表	单位：美元
SG&A	(100)
所得税（@40%）	40
净利润	(60)

–60美元的净利润流入资产负债表中的留存收益。预付费用资产减少，导致预付费用科目变动。

现金流量表	单位：美元
净利润	(60)
预付费用变动	100
总的现金变动	40

资产负债表	单位：美元
现金	40
预付费用	(100)
留存收益（净利润）	(60)

资产负债表余额：总资产[40-100= -60（美元）]减去负债（0美元）等于股东权益（-60美元）。

非流动资产

非流动资产是指预计一年内不会转换为现金的资产。非流动资产的例子如下。

物业、厂房和设备（PP & E）

物业、厂房和设备是指企业为了持续经营而购买的资产，也称作固定资产，PP & E 的例子是物业、厂房和机器设备。

无形资产

无形资产是指无法实际触摸的资产。知识产权如专利、商标和版权，以及商誉和品牌认知度都是无形资产的例子。

负债

负债是指企业的任何债务或财务义务。负债有流动负债和非流动负债。

流动负债

流动负债是指偿还期限在一年内的企业债务或义务。以下是流动负债的一些例子。

应付账款

应付账款是指企业对供应商应承担的义务。例如，如果一家公司以信用的方式从其供应商处获得 500 美元的原材料，公司就有了 500 美元的应付账款。该公司应付账款增加了 500 美元，直到其支付供应商为止。

现金流量表	单位：美元
净利润	0
应付账款变动	500
总的现金变动	500

资产负债表	单位：美元
现金	500
应付账款	500
留存收益（净利润）	0

一旦向供应商付款后，应付账款将减少 500 美元，资产负债表上的现金将减少 500 美元。注意现金流量表中应付账款变动和资产负债表中的应付账款之间的关系：现金增加，负债增加。

应计负债

应计负债是指已发生但尚未支付的支出。例如，如果一家公司收到水电费 1,000 美元账单，则在资产负债表的应计负债账户上记录 1,000 美元。

利润表	单位：美元
SG&A	（1,000）
所得税（@40%）	400
净利润	（600）

税后净利润的影响是 –600 美元，引入现金流量表。注意现金流量表上应计负债变动与资产负债表中应计负债之间的关系：现金增加，负债增加。

现金流量表	单位：美元
净利润	（600）
应计负债变动	1,000
总的现金变动	400

资产负债表	单位：美元
现金	400
应计负债	1,000
留存收益（净利润）	（600）

一旦支付账款，应计负债将减少，资产负债表中的现金减少 1,000 美元。

现金流量表	单位：美元
净利润	0
应计负债变动	（1,000）
总的现金变动	（1,000）

资产负债表	单位：美元
现金	（1,000）
应计负债	（1,000）
留存收益（净利润）	0

短期负债

短期负债是指一年内到期的债务。

非流动负债

非流动负债是指为期一年以上的债务或义务。非流动负债的一些例子如下。

长期负债

长期负债是指一年以上的债务。

递延所得税

递延所得税是由基于通用会计准则（GAAP）目的记录的净利润与税收目的所记录的净利润之间的时间差异产生的。递延所得税可作为负债或资产。我们在第九章中讨论递延所得税。

亨氏公司的资产负债表

现在应该输入亨氏公司的历史资产负债表。首先要注意期间。我们在 2013 年 1 月份进行分析，并且希望在截止日期前提供资产负债表概况。记住，资产负债表反映的是一个时点的概况，是关于目前资产、负债和权益的总体状况；所以我们不必像在利润表和现金流量表中那样，需要构建过去 12 个月（LTM）的数据。亨氏公司 3 季度报告中的第 6 页和第 7 页包含最新的资产负债表信息（见图 7-1 和图 7-2）。

合并资产负债表（以百万美元计，每股数值除外）

	2013 年 1 月 27 日	2012 年 4 月 29 日
	2013 年度	2012 年度
资产		
流动资产		
现金及现金等价物	1,100,689	1,330,441
应收账款净值	896,415	815,600
其他应收款净值	202,358	177,910
存货		
产成品	1,135,509	1,082,317
原材料	312,845	247,034
存货合计	1,448,354	1,329,351
预付费用	173,045	174,795
其他流动资产	88,011	54,139
流动资产总额	3,908,872	3,882,236
固定资产	5,319,307	5,266,561
减：累计折旧	2,891,133	2,782,423
固定资产净值	2,428,174	2,484,138
商誉	3,104,527	3,185,527
商标净值	1,050,856	1,090,892
其他无形资产净值	383,043	407,802
其他非流动资产	1,053,632	932,698
非流动资产合计	5,592,058	5,616,919
资产总额	11,929,104	11,983,293

图 7-1 亨氏公司历史 3 季度资产负债表——资产

合并资产负债表（以百万美元计，每股数值除外）

	2013年1月27日 2013年度	2012年4月29日 2012年度
负债与所有者权益		
流动负债		
短期负债	14,747	46,460
一年内到期的长期负债	1,038,511	200,248
应付货款	1,129,651	1,202,398
其他应付款	158,143	146,414
应计市场费用	320,052	303,132
其他应计负债	623,962	647,769
应付税金	91,283	101,540
流动负债合计	3,376,349	2,647,961
长期负债	3,930,592	4,779,981
递延所得税	776,660	817,928
非养老金的退休福利	230,919	231,452
其他非流动负债	504,760	581,390
长期负债合计	5,442,931	6,410,751
可赎回的非控制性权益	28,706	113,759
所有者权益		
股东权益	107,834	107,835
追加资本	608,820	594,608
留存收益	7,877,440	7,567,278
减：	8,594,094	8,269,721
库存股（2013年1月27日 110,445，2012年4月29日 110,870）	4,675,844	4,666,404
累计其他综合损失	887,669	844,728
归属母公司的股东权益合计	3,030,581	2,758,589
非控制性权益	50,537	52,233
所有者权益合计	3,081,118	2,810,822
负债与所有者权益合计	11,929,104	11,983,293

图 7-2　亨氏公司历史 3 季度资产负债表——负债和权益

亨氏公司的资产负债表科目可以像公司所列的那样列出，这里不需要做太多的调整，但仍然需要逐条检查。只需要输入最新的资产负债表，不需要输入以前的数据。我们将对这一资产负债表进行调整以反映收购情况。也可以选择输入以前年份的数据，但在这种情况下，我们不需要分析资产负债表的趋势。我们将根据交易假设创建调整后的资产负债表。

我们将在合并资产负债表部分对亨氏公司的资产负债表进行输入，调整部分从第 106 行开始。一旦我们对亨氏公司的资产负债表完成了输入，将会对交易之后的资产负债表进行调整和预测。这就是交易后的资产负债表,也是我们进行未来预测的基础。请参阅附录 1 中的高级模型概述,以确保你了解构建完整模型的整个过程。

流动资产

我们可以输入"现金及现金等价物""应收账款净值""其他应收款净值"进行编辑,在"E112、E113 和 E114"的单元格中分别输入"1,100.689""896.415""202.358",并将每个数值的单位调整为百万美元(见表 7-1)。

存货已分为两个单独的项目。尽管在技术上可以参照亨氏公司对存货所进行的划分,但我们只关心存货总的余额。现金流量表在这里将作为线索。稍后会看到现金流量表是如何用于推导资产负债表的。因此,如果现金流量表没有划分出存货类型,就不必划分。所以,让我们把"1,448.354"输入单元格 E115 中。通过现金流量表科目来调整和预测资产负债表科目对建模非常重要,将在第十一章中进行讨论。

我们可以继续按照亨氏公司的"预付费用"在单元格 E116 中进行输入,单位为百万美元。不幸的是,我们对"其他流动资产"的构成并没有找到确切的信息,但无论如何都要将其列为亨氏公司所有,所以可以将"88.011"输入单元格 E117 中(见表 7-1)。

表 7-1 亨氏公司历史流动资产

合并资产负债表调整(以百万美元计,每股数额除外)	
	年度
2013 年 1 月 27 日	LTM
资产	
流动资产:	1,100.7
现金及现金等价物	896.4
应收账款净值	202.4
其他应收款净值	1,448.4
预付费用	173
其他流动资产	88
流动资产合计	3,908.9

我们可以轻松地在单元格 E118 中对历史流动资产进行求和,公式为"= SUM(E112∶E117)"。现在你应该熟悉如何创建一个 SUM 公式:"Alt"+"="等常用快捷

键也可以用在这里。

非流动资产

物业、厂房和设备均为非流动资产。你可能会经常看到固定资产科目与累计折旧科目相分离,正如亨氏公司那样。让我们专注于固定资产的净值。虽然额外的细节是好的,但我们不建议在资产负债表中列出这些项目。之后就会看到这样做会在进行预测时干扰现金流量。如果你认为有必要,可以在折旧计划表中将固定资产原值与累计折旧分开,但现在我们仅仅关注"固定资产净值"。让我们将"2,428.174"输入单元格 E119 中。

商誉

商誉通常是指由于收购而产生的无形资产。下一章中会讨论商誉的重要性。我们将商誉列为一个单独的科目,可以将"3,104.527"输入单元格 E120 中。

无形资产

虽然商标是一种无形资产,但亨氏公司将商标资产与其他无形资产分开。我们可以在亨氏公司季度报告第 12 页中找到更多细节(见图 7-3)。

由于商标和其他无形资产都被视为无形资产,所以我们可以将这些项目合在一起。现在,继续逐行对所有内容进行输入。见表 7-2。

其他非流动资产

其他非流动资产也可以单独列出。虽然不能百分之百地确定这些科目是由什么组成的,但进一步的研究发现注释中确实提到了几项其他非流动资产,包括:

截至 2013 年 1 月 27 日,公司简明合并资产负债表中其他非流动资产确认的养老金金额为 4.924 亿美元,截至 2012 年 4 月 29 日的金额为 3.999 亿美元。

(亨氏公司年度报告,第 14 页)

我们还可以从亨氏公司的季度报告第 21 页得到图 7-4,表明外汇合约和利率合约等衍生工具也包括在其他非流动资产中。

单位：千美元

	2013年1月27日			2012年4月29日		
	原值	累计摊销	净值	原值	累计摊销	净值
商标	286,554	(90,953)	195,601	282,937	(87,925)	195,012
专利	208,186	(168,234)	39,952	208,186	(163,945)	44,241
工艺方法	87,189	(37,017)	50,082	89,207	(35,811)	53,396
客户资产	211,482	(75,360)	136,122	216,755	(69,244)	147,511
其他	46,476	(26,388)	20,088	48,643	(25,442)	23,201
	839,887	(398,042)	441,845	845,728	(382,367)	463,361

图 7-3 亨氏公司的商誉和其他无形资产

单位：千美元

	2013年1月27日			2012年4月29日		
	外汇合约	利率合约	外汇利率互换合约	外汇合约	利率合约	外汇利率互换合约
资产：						
对冲工具衍生品：						
其他应收款净值	23,131	5,146	—	17,318	6,851	18,222
其他非流动负债	11,912	27,365	—	8,188	29,393	4,974
非对冲工具衍生品：	35,043	32,511	—	25,506	36,244	23,196
其他应收款净值	4,023	—	—	5,041	—	—
其他非流动负债	—	389	—	—	234	—
	4,023	389	—	5,041	234	—
资产合计	39,066	32,900	—	30,547	36,478	23,196
负债						
对冲工具衍生品：						
其他应付款	4,240	—	22,389	10,653	—	2,760
其他非流动负债	—	—	25,274	14	—	—
	4,240	—	47,663	10,667	—	2,760
非对冲工具衍生品						
其他应付款	1,516	—	—	1,952	—	—
负债合计	5,756	—	47,663	12,619	—	2,760

图 7-4 亨氏公司的衍生工具和其他无形资产

所以，可以将"1,053.632"输入单元格 E123 中。

然后，我们可以加总资产负债表的资产部分。在单元格 E124 中，应该写入"= SUM（E118：E123）"（见表 7-2）。

表 7-2 亨氏公司的历史总资产

合并资产负债表调整（以百万美元计每股数值除外）	
2013 年 1 月 27 日	年度 LTM
资产	
流动资产：	1,100.7
现金及现金等价物	896.4
应收账款净值	202.4
其他应收款净值	1,448.4
预付费用	173
其他流动资产	88
流动资产合计	3,908.9
固定资产净值	2,428.2
商誉	3,104.5
商标净值	1,050.6
其他无形资产净值	383
其他非流动资产净值	1,053.6
总资产	11,929.1

流动负债

现在可以继续列出负债的历史数据。

"短期负债"和"一年内到期的长期负债"应该按照亨氏公司季度报告中的数据来进行输入。一年内到期的长期负债是今年到期需要支付的长期负债部分。请注意第 129 行中的"循环信用贷款"。我们已经说过，增加这个科目的目的是为公司收购时增加的潜在循环信贷额度。在下一章进行资产负债表调整时，我们将进一步地详细讨论。现在，我们将把亨氏公司历史报表中的"循环信用贷款"输入"0"值。见表 7-3。

"应付货款"和"其他应付款"也可以用亨氏公司的历史数据进行输入。进一步研究显示，亨氏公司季度报告第 21 页的"其他应付款"表明衍生金融工具是其他应付款之一（见图 7-4）。

"应计市场费用"是最有可能与营销和广告相关的应计负债。我们可以按照亨氏公司所做的那样对这一科目进行输入。不幸的是，我们不知道"其他应计负债"的构成细节。但是，也直接将其数据输入模型。"应交税费"是亨氏公司递延的税收。我们将在第十章中进一步讨论这个问题。现在，来输入亨氏公司的历史数据。可以加总所有的流动负债，所以单元格 E135 将写为"= SUM（E127：E134）（见表 7-3）。

表 7-3 亨氏公司历史流动负债

合并资产负债表调整（以百万美元计，每股数值除外）	
	年度
2013 年 1 月 27 日	LTM
负债	
流动负债：	
短期负债	14.7
一年内到期的长期负债	1,038.5
循环信用贷款	0
应付货款	1,129.7
其他应付款	158.1
应计市场费用	320.1
其他应计负债	624
应交税费	91.3
流动负债合计	3,376.3

非流动负债

在前两行（136 和 137 行）中注意到，我们已经为负债增加了输入行，这些负债是与收购资金相关的定期贷款和票据。与循环信用贷款一样，现在输入"0"值。我们将在资产负债表的调整章节讨论这些行的意义，以及如何使用它们来创建备考资产负债表。

亨氏公司的长期负债是 3,930,592 千美元，应该在单元格 E138 中输入"3,930.592"百万美元。

递延所得税

我们还将列出递延所得税（见表 7-4）。将在第九章中讨论递延所得税。

非养老金的退休福利

非养老金的退休福利通常是指在雇员退休期间向其支付的养老金以外的福利。大多数退休福利包括人寿保险和医疗计划。虽然这些福利大多是由雇主支付的，但退休员工通常需要共同承担，或是通过抵减额及员工缴纳等方式承担福利成本。不幸的是，对季度报告的进一步研究中并没有揭示任何关于亨氏公司退休后福利的详细信息。但是，我们在亨氏公司年度报告的第58页中找到了以下注释：

其他退休福利计划：

公司为退休职工及合资格家属提供保健和人身保险福利。某些本公司的美国和加拿大员工可能有资格获得此类福利。目前本公司不会在报销款发生之前资助这些福利安排，并可酌情修改计划规定或终止计划。

所以，让我们将230,919千美元以百万美元为单位输入单元格E140中。

其他非流动负债

其他非流动负债也可以单独列出。尽管不完全清楚这一项目由什么构成，但进一步的研究表明，衍生工具，包括外汇利率互换，都属于其他非流动负债。这是从亨氏公司季度报告第21页开始的表格中反映出来的（见图7-4）。

所以让我们将"504.760"输入单元格E141中。

可赎回的非控制性权益

为了解释可赎回的非控制性权益，首先要解释什么是非控制性权益。

非控制性权益是指子公司权益（净资产）中不直接或间接属于母公司的部分[ASC 810-10-45-15; IAS 27R.4]。只有子公司发行的金融工具可以被归类为基于财务报告目的的、归属于子公司财务报表的权益，且在合并资产负债表中属于非控制性权益[ASC 810-10-4517]。子公司分类为负债的金融工具不是合并财务报表中的非控制性权益。但是，并非所有由子公司发行并归类为权益的金融工具都将被确认为权益合并中的非控制性权益。例如，某些优先股、认股权证、卖出期权、认购权证、买入期权可能不构成母公司合并的权益中的非控制性权益的一部分。有关确定此类工具是否被视为不合并利益的指导方面的更多信息，请参阅BCG 6.2。

（普华永道会计师事务所，"全球商业组合和非控制性会计准则"，第57页）

换句话说，这是子公司的一部分，但是不属于子公司的母公司。例如，如果A公司收购B公司75%的股权，则A公司必须将所有B公司的财务报表合并到A公司（因为A公司收购了B公司的50%以上）。但如果A公司不拥有B公司25%的股份，那么需要在 A 公司资产负债表上单独记录为非控制性权益。根据通用会计准则（GAAP）的规定，将其记入资产负债表的权益部分。此外，B 公司报告的利润表中的 25% 的净利润为非控制性权益，以分配给 B 公司 25% 股权的所有者。我们来看下面的例子。

单位：美元

利润表——公司 A	
销售收入	10,000
营业费用	(7,000)
所得税（@40%）	(1,200)
净利润	1,800

单位：美元

利润表——公司 B	
销售收入	1,500
营业费用	(250)
所得税（@40%）	(500)
净利润	750

在收购 B 公司 75% 的股权后，A 公司将 B 公司完全合并，总净利润为 2,550 美元，其中 A 公司的净利润为 1,800 美元，加上 B 公司的净利润 750 美元。并且，在利润表底部，A 公司将不拥有的 B 公司净利润的部分（25%×750 美元）单独列出。

单位：美元

利润表——公司 A+B	
销售收入	11,500
营业费用	(7,250)
所得税（@40%）	(1,700)
净利润	2,550
非控制性权益	(187.5)
非控制性权益后的净利润	2,362.5

资产负债表现在略有不同。

单位：美元

资产负债表——公司 A	
总资产	25,000
总负债	17,500
股东权益	7,500

单位：美元

资产负债表——公司 B	
总资产	3,500
总负债	2,250
股东权益	1,250

资产负债表总资产和负债总额 100% 完全合并。然而，权益的处理方式有所不同。股东权益为 A 公司的 100% 股权 +B 公司的 75% 股权。创建单独一行（非控制性权益）代表公司 B 的 25% 股权。所以资产 – 负债 = 所有者权益公式仍然成立（在这种情况下是所有者权益，而不是母公司股东权益）。

单位：美元

资产负债表——公司 A+B	
总资产	28,500
总负债	19,750
股东权益	8,437.5
非控制性权益	312.5
所有者权益	8,750

股东权益为（7,500 + 75% × 1,250）美元，非控制性权益为 25% × 1,250 美元。

亨氏公司分离出其非控制性权益的一部分，并将其标注为"可赎回的非控制性权益"。

亨氏公司季度报告的一段内容解释了具体情况。

可赎回的非控制性权益

少数股东合伙人有权随时行使卖出期权，要求本公司以基于 EBITDA 乘数确定的赎回价值（根据固定资产最小值与原始购买日期值相关联）购买他们的股权。本公司亦可随时行使该非控制性权益的买入期权，并可享有相同的赎回价格。买入期权和卖出期权不能与非控制性权益分开，非控制性权益与赎回功能的组合要求将少数合伙人的权益归类为简单综合资产负债表中可赎回的非控制性权益。

因此，亨氏公司有权按照说明以指定的价格回购这部分非控股股东的股份，或非控股股东有权要求亨氏公司以特定价格购买股份。注意，亨氏公司已将此列为长期负债部分之外。这是一个有点棘手的情况，因为根据最新会计规则，非控制性权益被归类为股权。这表明 2,870.6 万美元被视为某种夹层或债务与股本的混合。进一步定义如下：

在发生不由发行人控制的事件的情况下，根据美国通用会计准则，公司须遵守 ASC 480-10-S99-3A 的指示。因此，按照美国通用会计准则，公司会继续将这些证券分类为合并财务报表中的夹层股权，但仍认为这些证券为非控制性权益。

（普华永道会计师事务所，"全球企业合并与非控制权益会计准则"，第 58 页）

因此，非控制性权益仍然可以这样归类。尽管亨氏公司没有这样列出，但我们将这一点包括在长期负债部分的总负债部分。因此，可以直接在单元格 E142 中列出亨氏公司可赎回的非控制性权益。

总之，在列出亨氏公司资产负债表项目之后，可以在单元格 E143 中将其加总，注意包含流动负债合计，或者"= SUM（E135：E142）"（见表 7-4）。

表 7-4 亨氏公司历史负债合计

合并资产负债表调整（以百万美元计，每股数值除外）	实际
2013 年 12 月 27 日	LTM
负债	
流动负债：	
短期负债	14.7
一年内到期的长期负债	1,038.5
循环信用贷款	0
应付货款	1,129.7
其他应付款	158.1
应计市场费用	320.1
其他应计负债	624.0
应交税费	91.3
流动负债合计	3,376.3
期限贷款	0.0
票据	0.0
长期负债	3,930.6
递延所得税	776.7
非养老金的退休福利	230.9
其他非流动资产	504.8
可赎回的非控制性权益	28.7
负债合计	8,848.0

股东权益和所有者权益

资产负债表的股东权益可以分为两大部分：

（1）股本。包括普通股、优先股或存货股。

（2）收益。包括：

- 留存收益——未分配给股东的净利润部分。
- 其他综合收益或损失——未列入标准净利润的未实现收益或损失。这些未实现的损益可能是可出售证券、衍生工具、外国子公司的外币调整或养老金调整等。

普通股股本和资本公积

股本是代表股票最初价值的基准面值。该面值是名义上的，例如 0.1 美元 / 股。一旦股票在市场上发行，则该发行价格大于面值的部分为"股本溢价"。比方说，我们想在市场上募集 500 股。如果以 20 美元/股的价格发行股票，则募集资金总额为（20×500）美元，即 10,000 美元。但是，如果股票价值为 0.1 美元/股，则我们将这一发行在资产负债表中的股东权益中记录为两条：面值为 50 美元（500×0.1），面值与募集资金之间的差额 "9,950 美元" 为 "股本溢价"。这也被称为资本公积（APIC），或者亨氏公司将其称为追加资本。

基于建模的目的，组合这些项目非常简单，只要面值和资本公积指的是相同类型的科目即可。所以在我们的资产负债表中，在单元格 E146 中输入 = "107.834 + 608.820"。

注意，在接下来的两行（147 行和 148 行）中，我们增加了募集资金的股本科目，用于收购普通股（由 3G 资本公司和伯克希尔·哈撒韦公司提供）以及优先股权（由伯克希尔·哈撒韦公司提供）。就像循环信用贷款和定期贷款一样，现在也输入 "0" 值。我们将在资产负债表调整章节讨论这些项目的意义，以及如何使用它们来创建备考资产负债表。

留存收益、库存股和累计其他综合损益

留存收益、库存股和累计其他综合损益将在资产负债表上列出。注意到库存股和累计其他综合损益已在 "减：" 部分分离出来，表明这些科目正在减少股东权益。由于它们都是股东权益的一部分，我们倾向于将所有此类科目列为一组，而不是把减少股东权益的科目单独写为负值。这是更常见的方法。然而，创建 "减：" 部分，就像亨氏公司所做的那样，没有任何危害。我们将 "7,877.440" "-4,675.844" 和 "-887.699" 分别输入 "单元格 E149" "E150" 和 "E151" 中。请注意，我们将库存股和累计其他综合损益值变为负数。

非控制性权益

注意，我们将非控制性权益与其他股东权益分开列示。总权益为股东权益加上非控制性权益。因此，我们首先将单元格 E152 的股东权益加总，将单元格 E146 到单元格 E151 相加总。单元格 E152 是 "= SUM（E146：E151）"。然后，将非控制性权益输入单元格 E153。所有者权益合计是 E152 和 E153 单元的总和。所以在单元格 E154 中，将会有 "= E152 + E153"。

负债和所有者权益合计是单元格 E154 和 E143 的总和，因此，在单元格 E155 中将有"= E154 + E143"。注意第 157 行的平衡检验测试，以确定总资产等于负债和所有者权益的总和。如果等式成立，则返回"Y"值（见表 7-5）。

请参阅附录 1 以确保遵循建模的正确路径。

表 7-5 亨氏公司历史资产负债表

合并资产负债表调整（以百万美元计，每股数值除外）	
	实际
2013 年 1 月 27 日	LTM
资产	
流动资产：	
现金及现金等价物	1,100.7
应收账款净值	896.4
其他应收款净值	202.4
存货	1,448.4
预付费用	173
其他流动资产	88
流动资产合计	3,908.9
固定资产净值	2,428.2
商誉	3,104.5
商标净值	1,050.9
其他无形资产净值	383
其他非流动资产	1,053.6
资产合计	11,929.1
负债	
流动负债：	
短期负债	14.7
一年内到期的长期负债	1,038.5
循环信用贷款	0
应付货款	1,129.7
其他应付款	158.1
应计市场费用	320.1
其他应计负债	624
应交税费	91.3
流动负债合计	3,376.3
期限贷款	0
票据	0
长期负债	3,930.6
递延所得税	776.7
非养老金的退休福利	230.9

合并资产负债表调整（以百万美元计，每股数值除外）	
	实际
2013年1月27日	LTM
其他非流动资产	504.8
可赎回的非控制性权益	28.7
负债合计	8,848
所有者权益	
股东权益	716.7
普通股	0
优先股	0
留存收益	7,877.4
库存股	(4,675.8)
累计其他综合损益	(887.7)
股东权益合计	3,030.6
非控制性权益	50.5
所有者权益合计	3,081.1
负债和所有者权益合计	11,929.1
补充资料：	
平衡检验（Y/N）	Y

（续）

第八章
资产负债表调整

现在，是重新审视交易的时候了。我们刚刚在模型中输入了最新的亨氏公司资产负债表。不过，交易后资产负债表会是什么样的？为了做出正确的预测，最重要的是要正确地构建出交易后资产负债表的状况。

首先让我们回顾当买方收购后会发生什么。

买方支付

- *股东权益溢价（收购价格）*：交易谈判价格可以表示为企业账面价值（由资产负债表中的股东权益确定）的比率，买方通常会支付比其账面价值还要高的价值。首先，上市公司有公开市场价值，很有可能以账面价值溢价的方式进行交易（见第二章估值）；第二，为更好地激励卖方，买方通常在市场价值的基础上再支付溢价，这称为控制性溢价，该溢价部分也是通常所说的商誉，稍后可以对商誉进行额外调整，这里仅先介绍一下概念，我们将在本章的商誉部分讨论这些调整。
- *净负债（短期负债 + 长期负债 − 现金）和其他义务*：参考第三章中的讨论，我们初步讲述了收购流程，只有在某些条件下买方才会承接负债。因为亨氏公司是一家上市公司，买方可能有责任筹集更多的资金来偿还债务。或者，根据债务合同，原债务继续存续在资产负债表中也是可以的。如果企业是私人公司，卖方则有可能对负债负责。此外，买方也可能对该企业的其他利益持有人，包括少数股东权益和其他义务（如融资租赁）负责。这些都需要确定企业应该在哪些方面进行融资，并在转入新企业的资产负债表时予以考虑。

收购对价

- 总资产（不含现金），列举主要科目，例如：
  - 应收账款
  - 存货
  - 预付费用

- 固定资产（PP & E）。
- 负债总额（不包括净债务和其他义务），列出主要科目，例如：
  - 应计费用
  - 应付账款

因此，在收购中，买方承接目标企业所有科目，不包括处理股东权益或者净负债。这是因为我们已经支付收购价款给原股东（原股东权益已经移除），并且已经偿还净债务（假设我们收购时已偿还净债务，净债务也已经消失）。

另外，三项主要类别的科目是在收购时创建的。

（1）商誉（以及其他相关的调整将会在商誉部分中讨论）。

（2）新的负债（如果收购资金来源于负债）。

（3）新的股本（如果收购资金来源于股本）。

商誉

商誉通常是指由于收购而产生的无形资产。在美国通用会计准则中，向企业支付的高于账面价值（股东权益）的价格一般定义为商誉。但是，商誉经常会通过有形资产、无形资产和递延所得税进行调整，这将影响我们收购价格超过账面价值的商誉部分。

交易产生的商誉计算为总收购价格减去取得的有形资产和无形资产、或有负债和递延所得税的公允价值之和。

（来自"无形资产和商业组合背景下的商誉"，毕马威，2010 年，第 6 页，www.kpmg.com/PT/pt/IssuesAndInsights/Documents/langangible-assets-and-goodwill.pdf）

更具体地说，这些调整包括：

现有资产重估增值

请注意，定义中提及有形资产和无形资产的公允价值。因此，通常根据收购事项，所有资产都将重新评估，并可以根据其公允市场价值进行调整。这种调整称为资产的"重估增值"。请注意，资产增值可能会产生额外的递延所得税（有关递延所得税详见第九章）。

新的无形资产

通常在收购中，收购价格高于账面价值部分可以归类为新的无形资产。从概念上讲，收购价格高于账面价值的原因是对一些无形资产（例如商标、知识产权）的支付，这些无形资产之前未被确认和计量。将收购价格超过账面价值的部分分配到无形资产是恰当的，因为根据美国 GAAP 规则，无形资产可以摊销。当然，摊销是利润表的支出，可以用来抵税。

一般来说，是否可以摊销取决于企业通过何种方式进行收购，以及我们是否按照公认会计准则或税务目的进行报告（见第三章表 3-1 "收购的种类"）。相反，请注意，按照美国会计准则，商誉每年可以重新评估（减值），但不得进行摊销。

此外，还需要评估无形资产的实际价值，甚至确定是否存在无形资产。这确实是一项非常困难的任务，即使对于专业人士来说。见毕马威会计师事务所"无形资产和商业组合中的商誉"第 6 页关于无形资产评估方法和难度。

在通常情况下，由于无形资产的独特性，无法确定其市场价值。实际上，其公允价值主要取决于以收益法为标准的估值方法。在这种方法中，估计的资产价值是指从收购日（或估值基准日）开始的在经济寿命期内的未来现金流的现值，或是到资产再次处置日期为止的现金流折现的现值合计。作为这种方法的一部分，必须确定资产未来有效的经济寿命和折现率等因素，并且每个行业都有自己的竞争结构、原则和价值驱动因素，行业具体知识至关重要。

（来自"无形资产和企业合并背景下的商誉"KPMG，2010 年，第 6 页，www.kpmg.com/PT/pt/ IssuesAndInsights/Documents/ Inetable-assets-and-goodwill.pdf）

毕马威报告的第 11 页（见图 8-1）显示了有关统计资料，分析了按行业划分的历史交易中分配给无形资产的部分。这个图可以估计收购价格超过账面价值能分配给无形资产的价值比例。有趣的是，消费品和服务业占 57%。请记住，买方很可能会偏向于更多地分配给无形资产以减少税款。实际中，会请无形资产评估师等专业人士进行分析，确定收购价格超过账面价值那部分分配给无形资产的具体比例。

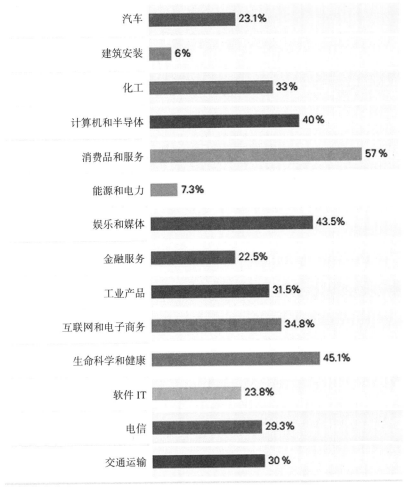

图 8-1 按行业分配到无形资产的百分比（中位数）

资料来源："企业合并背景下的无形资产和商誉"，毕马威，2010 年 11 月。

递延所得税调整

在收购时，可能会将企业先前存在的递延所得税资产和递延所得税负债全部进行调整或者清算。如果是这种情况，将影响收购价格超过账面价值分配给商誉的部分。有形资产重估增值或新的无形资产可能产生额外的递延所得税（见第九章的递延所得税部分）。

总结：

收购价格 – 账面价值 = 商誉 + 无形资产 + 现有资产重估增值 + 递延所得税调整

根据建模的目的，我们假设上述支付价格超过账面价格的 25% 将归属于无形资产。这比图 8-1 中的 57% 要保守得多。我们经常看到 25% 用于快速且相对保守的假设。我们也保守地认为不存在额外的资产重估增值或递延所得税调整，只剩下商誉一种资产。以下是一个例子：

一位独立投资人想收购一家物流公司。该公司的账面价值为 20,000 美元。投资人的收购价格为 30,000 美元。这反映出收购价格超过账面价值的 10,000 美元 [（30,000-20,000）美元的股东权益] 溢价。新资产负债表的股东权益为 30,000 美元，反映了支付价格。投资人估计，10,000 美元溢价的 25% 归属于无形资产（例如品牌名称"John's 卡车"），并将摊销 15 年。余下的是商誉。新的资产负债表如表 8-1 所示。

因此，从全局来说，交易后资产负债表调整的路线可以分为四个组成部分，以便构建备考资产负债表：

（1）支付给股东，偿还净负债以及其他义务。

（2）获得所有的资产和负债。

（3）产生新的商誉、新的无形资产、资产重估增值和递延所得税调整。

（4）产生新的债务和新的股本。

表 8-1 杠杆收购之前和之后的简单资产负债表

John's 卡车公司（千美元）	之前	之后
资产		
现金	0	0
无形资产	0	2.5
商誉	0	7.5
卡车	20	20
资产总额	20	30
负债		
债务	0	0
股东权益	20	30

建议可以考虑假设的资金使用和来源，以支持适当的交易调整。正如现金驱动资产负债表，资金的使用和资金来源驱动资产负债表调整。

这里我们注意到最常见的用途：

- 收购价格。

- 净负债（以及必要的其他义务）。

- 交易费用。

注意到最常见的来源：

- 债务（定期贷款、高收益债务和夹层债务作为常见来源）。
- 股本（普通股或优先股）。

资产负债表中收购价格的调整

这些资金来源和用途可以用以跟踪我们应该做出哪些交易调整。但是首先需要将资金的来源和使用转化为资产负债表中的科目。虽然收购价格不是直接的资产负债表科目，但我们知道收购价格是根据目标企业的股东权益价值来衡量的，并且如果收购价格高于目标公司的股权账面价值，那么该差额是由商誉、无形资产以及可能的资产重估增值或递延所得税调整组合而成。为了方便说明，我们假设收购价格超过账面价值的部分由商誉和无形资产组成；在此没有资产增值或递延所得税调整（见表8-2）。

表 8-2 资产负债表调整

资金使用	加（+）	减（-）
收购价格	资产	
目标账面资产		
商誉		
无形资产		
净负债	负债	
目标短期债务		
目标长期债务		
（目标现金）		
交易费用	股东权益	
资金来源		
负债		
股本		

因此，实际上收购价格用于支付股东权益。但为了保持资产负债表的平衡，如果收购价格高于股东权益账面价值，则这些额外资金分配为商誉资产和无形资产科目。

在表8-3中，箭头表示在资产负债表中对收购价格的具体调整。首先，删除目标账面价值的所有组成部分。这是资产负债表全部股东权益部分。原有股东权益价值移除，产生了新的商誉、新的无形资产。

表 8-3 资产负债表中收购价格的调整

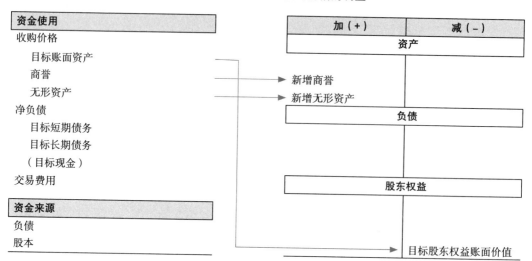

资产负债表中净负债的调整

接下来，我们可以看净负债（见表 8-4）。为简单说明这一过程，我们假设买方有义务偿还债务，需要偿还的是长期负债和短期负债。如果买方需要偿还债务，债务将从目标资产负债表中移除。注意我们使用"净负债"，就像往常一样。如果现金仍然存在于资产负债表当中，则我们假设留存现金将用于偿还债务。在括号中列出"目标现金"，以说明这将抵减债务。

表 8-4 资产负债表中净负债的调整

资金来源在资产负债表中的调整

用以满足收购成本的任何资金来源都将成为资产负债表上新的科目。在这个简单的例子中，我们筹集了一些债务来为收购提供资金，也筹集了一些股本，所以新增了一些反映这些项目的科目（见表8-5）。在亨氏公司案例中或其他更复杂的案例中，筹集负债或者股本有很多种方式。无论哪种方式，每一种方式都将成为资产负债表中新的科目。

表8-5 资产负债表来源的调整

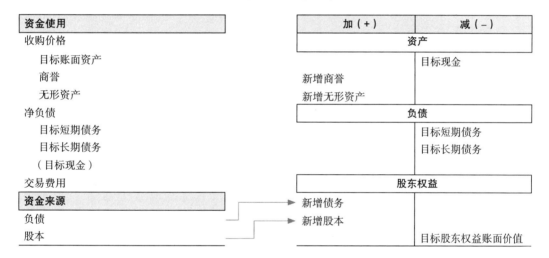

资产负债表中交易费用的调整

最后需要根据交易费用进行调整。这有点棘手，因为交易费用通常在收购日期支付。我们知道，已经筹集了债务和股本组合（来源）来提供交易费用所需的资金，这些费用包含在资金的使用中。但调整费用的平衡科目是什么？我们可以直接在资产负债表的股东权益部分进行调整，通过交易费用减少留存收益（见表8-6）。

所有变更均列于表8-7。如果你能以这种方式对资产负债表调整进行操作，也就是说，调整基于资金的来源和用途，那么备考的资产负债表将会平衡。

资金来源与资金使用情况相匹配，假设你使用的资产负债表最开始是平衡的，进入资产负债表的科目通过资金的使用进行调整，依然会使资产负债表平衡。

表 8-6 资产负债表中交易费用的调整

资金使用	加（+）	减（-）
收购价格	资产	
目标账面资产		目标现金
商誉	新增商誉	
无形资产	新增无形资产	
净负债	负债	
目标短期债务		目标短期债务
目标长期债务		目标长期债务
（目标现金）		
交易费用	股东权益	
	新增债务	
资金来源	新增股本	
负债		交易费用
股本		目标股东权益账面价值

表 8-7 总的资产负债表调整

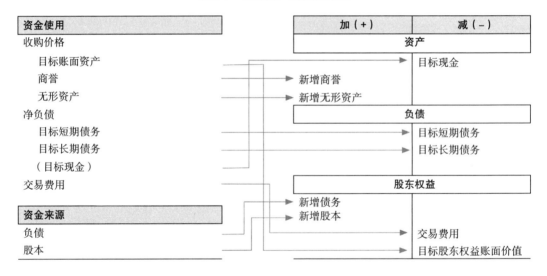

同样重要的是，需要牢记通过这种方式对这些科目进行调整，因为你可能会面临一些异常的或者更复杂的交易，这些标准的调整方式不再适用。或者交易还需要进行额外的调整时，你应当像我们所做的那样，利用工具按照资金的来源和使用画出自己的路线图。作为一个简单的例子，买方如果不用偿还债务，还能够将债务保留在资产负债表上，那么买方就不必筹集额外的资金来偿还债务，那么债务就不再是资金使用的一部分。如果是这样，那么就不用再对资产负债表进行债务调整了（见表 8-8）。

表 8-8 资产负债表调整——没有偿还负债

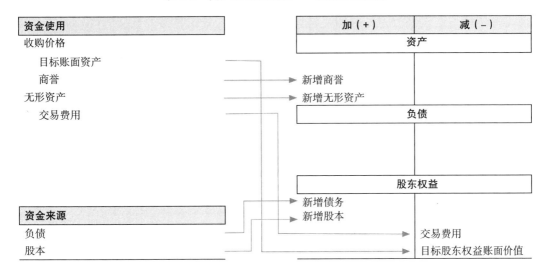

同样，如果添加了资金的其他来源或用途，你将需要考虑这些项目如何转换成资产负债表中的项目，并进行相应的调整。现在来看看如何在模型中进行这样的调整。

亨氏公司的资产负债表调整

我们所学习的调整方法可以应用于亨氏公司的资产负债表，以获得亨氏公司被收购之后资产负债表的状况。重申一下，收购于 2013 年 1 月 27 日发生，要注意，在收购过程中，将会根据谈判内容对主要科目之外的资产负债表科目进行持续调整，这点非常重要。为了使主要交易调整不会因那些一次性调整复杂化，如资产增值、减值准备和递延所得税等，我们将不包括此类调整。出于教学目的，重要的是讲解适用于大多数并购的主要调整。一旦交易结束，我们希望看到这样一个委托投票文件，包括所有相关的调整和具体原因。缺乏上述的细节调整不会对总体回报分析产生很大影响。

净负债

在实际进行资产负债表调整之前，我们需要在模型中的假设表选项上完成一些假设。如果你回想起资产负债表中资金的使用部分，已经对亨氏公司的净负债做出了简单的假设，因为我们以前没有对亨氏公司的资产负债表进行构建。现在我们已经完成了亨氏公司资产负债表的构建，可以使用这些信息作为资金使用部分的净负债。因此，在模型的假设部分中，我们要将单元格J7中的公式替换为直接链接到资产负债表，为总负债[注]减去现金。这将包括：

- 长期负债。
- 一年内到期的长期负债。
- 短期负债。
- 现金。

所以，假设表单元格J7公式将是："=Financials！E138 +Financials！E128 +Financials！E127-Financials！E112"。

得到3,883.2千美元的净负债，这与以前的假设相差并不太多。不过，请注意，这笔减少的债务将交易费用增加至1,381.1百万美元，占收购价格的5.9%。这一比例非常的高，并且有点不切实际。不过，初步委托投票文件说明资金来源总额为28,840百万美元，而资金使用必须和资金来源相同。实际上，我预测买家可能会减少筹集的债务或股本的金额。这将有效地将交易费用数字降到更合理的程度。例如，如果将定期贷款减少10亿美元，将"9,500"输入单元格F9中，我们看到交易费用降低到收购价格的1.6%，这更为合理。不过，尽管费用很高，我们仍然继续坚持初步委托投票报告的数字。这一方式更为保守，并且我们可以随时做出调整；而且这应该不会对整体回报影响太大。

商誉和无形资产

计算商誉和无形资产也很重要，这也将用于我们的资产负债表调整。从"Assumptions"选项中的"单元格J12"开始，需要引用亨氏公司的收购价格。我们可以从单元格J6中获取，所以在单元格J12中输入"= J6"。

下一行，目标账面价值，我们将从亨氏公司的资产负债表中取得。由于收购价格代表普通股、期权持有人、优先股持有人和限制性股东（本例中并不是非控股权益持有人）的价值，因此我们需要将该收购价格与股东权益进行比较，而不是比较总的所有者权益。因此，在单元格J13中，我们将与"Financials"页中单元格E152相链接。

收购价格超过账面价值，J14代表的是账面价值的总溢价，或者说是收购价格减

[注] 总负债一般指有息负债的合计。——译者注

去账面价值。所以 J14 为"= J12-J13"。

因为亨氏公司的收购是股票收购（见第三章中的"收购的种类"部分），并不是所有收购价格高于账面价值都可以摊销。此外，正如"商誉"部分所述，几乎不可能将潜在的无形资产与商誉分开。但是，我们至少可以使用保守的假设，将收购价格高于账面价值的 25% 看作无形资产。

我们还需要为无形资产设定使用寿命。对于新的无形资产，通常的做法是使用 15 年。所以，我们可以将 25% 输入单元格 J15 中，将 15 输入单元格 J17 中。如果我们对收购结构更加清晰，就可以随时调整这些假设。新无形资产的价值现在可以通过用 25% 乘以收购价格超过账面价值的预估值来计算。或者，在单元格 J16 中，将会有"= J14 * J15"。

我们现在可以计算出无形资产的新增摊销。假设有 15 年的摊销期限，J18 将简化为"=J16 / Jl7"（见表 8-9）。该费用将与利润表和现金流量表相联系。我们将在折旧和摊销一章即第九章中来一起处理，尽管在技术上可以继续进行且现在就完成链接。

表 8-9 亨氏公司的商誉和无形资产　　　　　　　　　　单位：百万美元

商誉和无形资产	
收购价格（股权价值）	23,575.7
目标账面价值	3,030.6
收购价格超过账面价值	20,545.1
账面价值的百分比 %	25%
新的无形资产	5,136.3
摊销（年）	15
摊销（美元 / 年）	342.4
调整：	
固定资产重估增值	0
递延所得税调整	0
商誉	15,408.8

在有更多的信息之前，我们将保守地假定固定资产没有增值，没有递延所得税调整，所以可以在单元格 J20 和 J21 中输入"0"值。

最后，商誉可以通过从收购价格超过账面价值的部分减去固定资产增值、无形资产和递延所得税调整来计算。或者，在单元格 J22 中，将会有"= Jl4-Jl6-J20-J21"。这些值将用于交易的调整。

资产负债表调整

现在可以返回"Financial"工作表,并开始链接调整项。从第110行开始,你可能会注意到F列和G列分别标记为"增加"和"减少"。我们将使用这些列并根据前面讨论的理论进行调整。

请注意,通常的做法,不是使用加法和减法,而是使用借方和贷方进行"T形账户"调整。换句话说,借记会增加资产,但减少负债;贷记将减少资产,但增加负债。尽管这种方法可能会更准确地表示资产负债表的改变,但是根据"T形账户"的方法进行资产负债表的变更,十分复杂且不能最终改变实际调整的方式。加减的方式则简单易懂且直观。

在进行实际调整之前,我们设置"合计"列H列。"合计"列中的每个项目将等于LTM资产负债表项目加上增加项和减去减少项,或者:

$$总计 = LTM + 增加项 - 减少项$$

所以,例如,在H112,应该有"= E112 + F112–G112"。

我们要为除了合计之外的每个项目都这样做。换句话说,流动资产总额118行应该按照流动资产所有科目求和。所以我们可以复制H112~H117中的所有公式,通过选中区域并按下"Ctrl + D"键,就可以将H112中的公式复制到H117。然后,我们可以重新计算H118中的合计公式,或者可以按下"Alt"+"="键,或者可以将相同的合计公式从单元格E118复制到H118中。如果操作正确的话,"合计"列值应与LTM列值相同(见表8-10)。

我们可以在整个"合计"列继续这样操作,将单元格H112到H117中的调整方式应用于每个科目,除了"合计"列中的合计科目。例如,复制单元格H117,并将其粘贴到第119~123行。然后,我们可以重新计算总资产,或者简单地将单元格E124中的公式复制到单元格H124中。

我们可以继续在负债和权益部分将公式从单元格H123复制到单元格H127~单元格H134,单元格H136~单元格H142,单元格H146~单元格H151和单元格H153。然后从E135、E143、E152、E154和E155中得到合计公式,并将它们复制到H列(见表8-11)。

表 8-10 建立资产负债表调整

合并资产负债表调整（以百万美元计，每股数值除外）

2013 年 1 月 27 日	实际 LTM	备考 增加项和减少项 （+）	（−）	总计
资产				
流动资产：				
现金及现金等价物	1,100.7			1,100.7
应付账款净值	896.4			896.4
其他应收款净值	202.4			202.4
存货合计	1,448.4			1,448.4
预付费用	173			173
其他流动资产	88			88
流动资产合计	3,908.9			3,908.9

此时公式的正确计算很重要，所以当我们输入调整值时，"合计"列也将发生相应的调整。

现在根据前一节的讨论开始进行调整。据了解，收购价格可以表示为股东权益＋商誉＋无形资产＋固定资产增值＋递延所得税调整，可以对资产负债表进行调整，清除目标股东权益，增加新的商誉和产生的其他科目。因此，我们首先来移除股东权益的组成部分。G 列为"减少项"，为删除股东权益组成部分，可以从 LTM 列中引用相关科目至 G 列的单元格中。换句话说，我们在单元格 G146 中写入"= E146"，这样可以把数值"761.7"链接到单元格 G146 中，使合计列中的股本科目变为"0"。通过链接的方式进行调整很重要，这样一来如果我们需要更改原始的资产负债表数字，那么所有内容会自动更新。

我们可以继续移除股东权益的其他组成部分，包括：

- 普通股投资。
- 优先股投资。
- 留存收益。
- 库存股。
- 累计其他综合损失。

表 8-11 资产负债表调整

合并资产负债表调整（以百万美元计，每股数值除外）				
	实际	备考		
		增加项和减少项		
2013 年 1 月 27 日	LTM	(+)	(−)	总计
资产				
流动资产：				
现金及现金等价物	1,100.7			1,100.7
应收账款净值	896.4			896.4
其他应收款净值	202.4			202.4
存货合计	1,448.4			1,448.4
预付费用	173			173
其他流动资产	88			88
流动资产合计	3,908.9			3,908.9
固定资产净值	2,428.2			2,428.2
商誉	3,104.5			3,104.5
商标净值	1,050.9			1,050.9
其他无形资产净值	383			383
其他非流动资产	1,053.6			1,053.6
资产合计	11,929.1			11,929.1
负债				
流动负债：				
短期负债	14.7			14.7
一年内到期的长期负债	1,038.5			1,038.5
循环信用贷款	0			0
应付账款	1,129.7			1,129.7
其他应付款	158.1			158.1
应计市场费用	320.1			320.1
其他应计负债	624			624
应交税费	91.3			91.3
流动负债合计	3,376.3			3,376.3
短期借款	0			0
票据	0			0
长期负债	3,930.6			3,930.6
递延所得税	776.7			776.7
非养老金的退休福利	230.9			230.9
其他非流动资产	504.8			504.8
可赎回的非控制性权益	28.7			28.7
负债合计	8,848			8,848
所有者权益				
股东权益				
股本	761.7			761.7
普通股	0			0
优先股	0			0
留存收益	7,877.4			7,877.4
库存股	(4,675.8)			(4,675.8)
累计其他综合损失	(887.7)			(887.7)
股东权益合计	3,030.6			3,030.6
非控制性权益	50.5			50.5
所有者权益合计	3,081.1			3,081.1
负债和所有者权益合计	11,929.1			11,929.1
补充资料：				
平衡检验？（Y/N）	Y			Y

或者通过将单元格 G146 向下复制到单元格 G151，清除股东权益部分（见表 8-12）。

表 8-12 目标股东权益调整

合并资产负债表调整（以百万美元计，每股数值除外）

2013 年 1 月 27 日	实际 LTM	备考 增加项和减少项 （+）	（－）	总计
股东权益				
股本	716.7		716.7	0
普通股	0	0	0	0
优先股	0		0	0
留存收益	7,877.4		7,877.4	0
库存股	(4,675.8)		(4,675.8)	0
累计其他综合损失	(887.7)		(887.7)	0
股东权益合计	3,030.6			0
非控制性权益	50.5			50.5
所有者权益合计	3,081.1			50.5
负债和所有权益合计	11,929.1			8,898.5
平衡检验？（Y/N）	Y			N

现在可以将商誉和无形资产添加到调整的资产部分。F 列处理资产负债表中的增加科目。商誉和无形资产将从假设页工作表链接过来。所以，单元格 F120 会显示"=Assumptions！J22"，而单元格 F122 将为"=Assumptions！J16"。我们假设收购产生的无形资产将归类为"其他无形资产"，而不是归类为较小的范围"商标"类，尽管这在分析中并不会有太大差异。虽然我们假定固定资产增值和递延所得税调整为 0，但仍然可以将其链接起来。因此，单元格 F119 会显示为"=Assumptions！J20"，G139 将为"=Assumptions！J21"。请注意，我们将固定资产作为资产增值，递延所得税调整作为负债减少，当然还可能存在递延所得税资产调整项目，可以在资产负债表的资产部分单独列示，也可以简单地将其与负债相抵。

接下来调整净债务的组成部分。我们将再次使用 G 列来减去以下项目：

项目	单元格	公式
现金	G112	"=E112"
短期负债	G127	"=E127"
一年内到期的长期负债	G128	"=E128"
长期负债	G138	"=E138"

接下来可以链接所有资金来源。我们已有的资金来源是：

- 循环信用贷款。
- 定期贷款。
- 票据。
- 普通股（结合了 3G 资本公司和伯克希尔·哈撒韦公司的普通股股本）。
- 优先股。

可以使用 F 列添加符合以下内容的调整：

项目	单元格	公式
循环信用贷款	F129	"=Assumptions！F8"（即使现在的值为"0"，我们应该进行链接以避免使用循环信用贷款）
定期贷款	F136	"=Assumptions！F9"
票据	F137	"=Assumptions！F10"
普通股	F147	"=Assumptions！F13+Assumptions！F14"
优先股	F148	"=Assumptions！F12"

最后需要进行的调整是交易费用。记住，交易费用将在股东权益部分进行调整，所以我们将对单元格 G149 留存收益进行调整。单元格 G149 已经包含调整股东权益的公式，我们需要将这个公式进行扩展，使其包含交易费用；公式将从"= E149"变为"= E149 +Assumptions！J8"。请注意，也可以在"累计其他综合损失"行中进行交易费用调整。实际上并没有太大的区别，因为同样会影响股东权益。

进行最后一次调整后，新的备考资产负债表应平衡。你应该会在单元格 H157 中看到一个"Y"。如果没有，则说明"合计"列中的公式结构可能存在问题，或者合计列中的合计公式可能会出现问题。参见表 8-13 进行比较。

在进行尽职调查时，要注意资产负债表交易调整的好处。如果从目标资产负债表中清除股东权益、净负债和其他义务，我们将留下几个重要科目（以亨氏公司资产负债表为例）：

- 应收账款净值。
- 其他应收款净值。
- 存货。

表 8-13 亨氏公司资产负债表调整

合并资产负债表调整（以百万美元计，每股数除外）				
	实际	备考		
		增加项和减少项		
2013 年 1 月 27 日	LTM	（+）	（-）	总计
资产				
流动资产：				
现金及现金等价物	1,100.7		1,100.7	0
应收账款净值	896.4			896.4
其他应收款净值	202.4			202.4
存货合计	1,448.4			1,448.4
预付费用	173			173
其他流动资产	88			88
流动资产合计	3,908.9			2,808.2
固定资产净值	2,428.2	0		2,428.2
商誉	3,104.5	15,408.8		18,513.4
商标净值	1,050.9			1,050.9
其他无形资产净值	383	5,136.3		5,519.3
其他非流动资产	1,053.6			1,053.6
资产合计	11,929.1			31,373.5
负债				
流动负债：				
短期负债	14.7		14.7	0
一年内到期的长期负债	1,038.5		1,038.5	0
循环信用贷款	0	0		0
应付账款	1,129.7			1,129.7
其他应付款	158.1			158.1
应计市场费用	320.1			320.1
其他应计负债	624			624
应交税费	91.3			91.3
流动负债合计	3,376.3			2,323.1
定期贷款	0	10,500		10,500
票据	0	2,100		2,100
长期负债	3,930.6			0
递延所得税	776.7			776.7
非养老金的退休福利	230.9			230.9
其他非流动资产	504.8			504.8
可赎回的非控制性权益	28.7			28.7
负债合计	8,848			16,464.1
所有者权益				
股东权益				
股本	716.7		716.7	0
普通股	0	8,240	0	8,240
优先股	0	8,000	0	8,000
留存收益	7,877.4		9,258.6	（1,381.1）
库存股	(4,675.8)		(4,675.8)	0
累计其他综合损失	(887.7)		(887.7)	0
股东权益合计	3,030.6			14,858.9
非控制性权益	50.5			50.5
所有者权益合计	3,081.1			14,909.4
负债和所有者权益合计	11,929.1			31,373.5
补充资料：				
平衡检验？（Y/N）	Y			Y

- 预付费用。
- 其他流动资产。
- 固定资产净值。
- 商誉。
- 商标净值
- 其他无形资产净值。
- 其他非流动资产。
- 应付账款和其他应付款。
- 应计市场费用和其他负债。
- 应交税费。
- 递延所得税。
- 非养老金的退休福利。
- 其他非流动负债。
- 非控制性权益。

这里的流动资产和流动负债其实也就是营运资本,所以我们对前面的内容进行简化得到:

- 固定资产。
- 商誉。
- 商标。
- 其他无形资产
- 其他非流动资产。
- 递延所得税。
- 非养老金的退休福利。
- 其他非流动负债。
- 营运资本。
- 非控制性权益。

这些是尽职调查的重要科目,因为这些科目实际上也是收购支付的对价。非养老金退休福利是否是买方的义务?未来负债有多少?固定资产的真正价值是多少?商誉和其他无形资产的真正价值是多少？递延所得税如何及何时到期？营运资本每天有多少变化，现在和交易完成期间会有很大的差异吗？非控制性股东的地位如何？我们可以协商收购或者非控制性股东有出售的兴趣吗？等等，这些问题将方便我们真正了解买家即将拥有的资产和负债的价值。

我们经常看到一个企业貌似适合收购，但在进行资产负债表分析之后，发现了隐含的负债使得交易将变得无利可图。在这种情况下，如果买方继续进行交易，就会进入一个非常无利可图的状况。聚焦于资产负债表和资产负债表调整项，也有助于更好地理解业务的重要部分，这些部分在尽职调查过程中可能会需要进一步审查。如果是一家私人企业，买方也许会通过这种方式发现隐藏的负债。若是这样，买方可能会利用这些发现的隐藏负债进行谈判从而降低收购价格；或是尝试与卖方谈判，将这些负债留给卖方。另外一个激烈争论的话题，是关于收购价格确定之时到收购完成期间营运资本产生的或使用的现金。如果在这个期间内产生了营运资本，现金归属于哪一方？理论来说，若公司的现金余额改变，收购价格应当有所调整。这部分现金是归属买方？还是卖方？还是五五分成？若营运资本显示需要现金投入，又应当如何处理？这些方面都需要在尽调过程中进行逐一讨论和协商。

现在我们有了备考资产负债表，可以继续完成模型并确定这笔投资的潜在回报。请参阅附录1以确保你遵循正确的建模路径。

第九章
折旧计划表

折旧是对资产老化程度的会计核算。

折旧是一种对所得税额的抵减，它允许纳税人收回某些财产的成本，是一年一度对固定资产磨损、老化和报废的备抵账户。

大多数类型的固定资产（除土地外）都是可以折旧的，例如建筑物、机器、车辆、家具以及设备。同样，某些无形资产也是可以折旧的，例如专利、版权和计算机软件。

（来自网站www.irs,gov）

换句话说，当企业拥有并使用某项资产时，其价值就可能发生减值。就像在资产负债表那一章所讨论的，如果一项资产价值下降，则资产负债表中的其他项之一必然也会相应变动，以抵销该资产的减值。会计准则规定，资产价值的下降可以费用化，因为资产的老化和损耗一部分是由于企业利用该资产来产生收入。如果资产减值费用化，那么净利润就会下降，这将减少资产负债表中所有者权益部分的留存收益。

让我们以一项折旧费用为5,000美元的资产为例。如下表所示，折旧费用减少了税后净利润。净利润被引入现金流量表，但由于折旧为非现金费用，所以要将其加回到现金中。

单位：美元

利润表	
折旧	(5,000)
所得税（@40%）	2,000
净利润	(3,000)

单位：美元

现金流量表	
净利润	(3,000)
折旧	5,000
总的现金变动	2,000

在资产负债表中，净利润可以驱动留存收益。折旧会降低待折旧资产（固定资产）的价值。

单位：美元

现金流量表	
净利润	(3,000)
折旧	5,000
总的现金变动	2,000

单位：美元

资产负债表调整	
现金	2,000
固定资产	(5,000)
留存收益（净利润）	(3,000)

对资产进行折旧的方法有若干种，每一种在某些情况下都有其优点。在这一章中，我们将学习两种最常见的折旧方法及它们的应用。这两种方法是：

（1）直线折旧法。

（2）加速折旧法。

直线折旧法

直线折旧法按资产的预期可使用年限平均地对资产计提折旧。例如，如果我们用 50,000 美元购买一辆汽车，这辆汽车的使用年限为 10 年，那么折旧将为每年 5,000 美元。于是，下一年这项资产将会有 5,000 美元的折旧，其价值将减少至 45,000 美元。在接下来的一年中，这项资产还将继续有 5,000 美元的折旧，价值将变为 40,000 美元。到第十年，资产完全折旧，价值将变为 0 美元。

我们也可以为资产指定一个残值（也称报废价值），也就是在使用年限结束时这项资产的最小价值。比如，如果 10 年后这辆车的零件可以卖 1,000 美元，那么它的残值就是 1,000 美元。在这种情况下，到第十年这辆车的价值就是 1,000 美元，而不是 0 美元。为了在折旧公式中考虑残值，我们需要用汽车价值减去这个残值，或者说 50,000 美元减去 1,000 美元，也就是 49,000 美元，再计算折旧。于是折旧费用将为每年 4,900 美元，这意味着下一年汽车价值将为 44,100 美元。到第十年，汽车的最终价值将为 1,000 美元。所以直线折旧法的定义式为：

$$直线折旧额 = （资产的公允价值 - 资产残值）/ 使用年限$$

加速折旧法

采用加速折旧法时，在资产使用年限的前期折旧费用较高，后期折旧费用较低。使用加速折旧法的最常见原因是，在加速折旧法下，更高的折旧费用将产生较低的应税净利润，从而降低所得税额。加速折旧有多种方法，其中最常见的为：

- 余额递减法。
- 年数总和法。
- 修正的加速成本回收制度（MACRS）。

余额递减法

余额递减法是指每年按照一定的比例对净资产余额计提折旧。每年的净资产余额按照该年度计提的折旧额减少。

所使用的百分比由资产使用年限的倒数乘以一个加速折旧乘数而得到：

$$1/ 使用年限 \times 加速折旧乘数$$

加速折旧乘数通常为 2 或 1.5。

在汽车的例子中，资产使用年限为 10 年。如果我们假定加速折旧乘数为 2，那么余额递减的百分比即为：

$$1/10 \times 2 = 20\%$$

我们将用 20% 乘以每年的资产净余额来计算汽车的加速折旧费用。所以，50,000 美元的 20% 为 10,000 美元。净余额为 40,000 美元（50,000-10,000）。在第二年，我们用 20% 乘以 40,000 美元，得到 8,000 美元。新的净余额为 32,000 美元（40,000-8,000）。在第三年，我们用 20% 乘以 32,000 美元得到折旧费用 6,400 美元。结果见表 9-1。

表 9-1 余额递减法的例子　　　　　　　　　　　　　　　　单位：美元

日期：12 月 31 日	估计值				
	2013E	2014E	2015E	2016E	2017E
固定资产净值	50,000	40,000	32,000	25,600	20,480
加速折旧比例（%）	20%	20%	20%	20%	20%
折旧费用	10,000	8,000	6,400	5,120	4,096

年数总和法

为了使用年数总和法，我们首先计算从 1 到资产使用年限的数字之和。比如说，使用年限为 10 年的资产，年数总和为 55，即：1+2+3+4+5+6+7+8+9+10=55。第一年折旧百分比将为 10/55，或者是 18.18%（四舍五入到百分位）。第二年的折旧百分比将为 9/55 或是 16.36%。第三年的折旧百分比将为 8/55 或是 14.44%，等等。这个百分比将和资产的初始价值一起用于计算折旧，并且不像余额递减法那样随着每年折旧费用的发生而减少。

$$第一年的折旧额 = 50,000 \times 18.18\% = 9,090（美元）$$
$$第二年的折旧额 = 50,000 \times 16.36\% = 8,180（美元）$$
$$第三年的折旧额 = 50,000 \times 14.55\% = 7,275（美元）$$
$$第四年的折旧额 = 50,000 \times 12.73\% = 6,365（美元）$$
$$第五年的折旧额 = 50,000 \times 10.91\% = 5,455（美元）$$

注意，在表 9-2 中，是以每年资产原始余额为基础来计算未来的折旧，这与余额递减法不同。在余额递减法中，是以每年资产账面余额净值（资产原值 – 折旧）为基础计算折旧的。

表 9-2 年数总和法的例子

日期：12 月 31 日	估计值				
	2013E	2014E	2015E	2016E	2017E
固定资产净值	50,000				
加速折旧比例（%）	18.18%	16.36%	14.55%	12.73%	10.91%
折旧费用	9,090	8,180	7,275	6,365	5,455

修正的加速成本回收制度（MACRS）

修正的加速成本回收制度（the Modified Accelerated Cost Recovery System，MACRS）是美国税法规定的一种折旧方法。

修正的加速成本回收制度使用的是一组基于资产使用年限的预先设定的百分比。这些百分比被运用于资产每年的初始价值（可以在网站 www.irs,gov 上查看这些百分比）。在使用这个方法时有几个惯例，每个都使用一组不同的计算百分比，包括半年折旧惯例和季度中期折旧惯例。这些惯例的区别在于资产投入使用以及开始折旧的确切时间。表 9-3 显示的半年惯例假定，资产直到年中才投入使用并开始折旧。

表 9-3 MACRS 半年惯例 （%）

年限	成本回收期间的折旧率					
	3 年	5 年	7 年	10 年	15 年	20 年
1	33.33	20	14.29	10	5	3.75
2	44.45	32	24.49	18	9.5	7.219
3	14.81	19.2	17.49	14.4	8.55	6.677
4	7.41	11.52	12.49	11.52	7.7	6.177
5		11.52	8.93	9.22	6.93	5.713
6		5.76	8.92	7.37	6.23	5.285
7			8.93	6.55	5.9	4.888
8			4.46	6.55	5.9	4.522
9				6.56	5.91	4.462
10				6.55	5.9	4.461
11				3.28	5.91	4.462
12					5.9	4.461
13					5.91	4.462
14					5.9	4.461
15					5.91	4.462
16					2.95	4.461
17						4.462
18						4.461
19						4.462
20						4.461
21						2.231

当查看"3年期"的百分比时，注意第一年的折旧百分比（33.33%）实际上比下一年的百分比（44.45%）低，这表明折旧并没有真正加速。半年惯例假设资产直到年中的时候开始投入使用并开始折旧，所以第一年的折旧百分比是经过调整的。

表9-4显示的季度中期惯例假定资产从第一季度中旬开始折旧。所以在这种情况下，初始的折旧百分比为58.33%，高于半年惯例中的对应值。因为资产在第一季度而不是年中就开始投入使用，资产将更早地开始折旧，所以到第一年年末将会有更高的折旧费用。

表9-4 MACRS一季度投入使用的中期惯例 （%）

年限	成本回收期间的折旧率					
	3年	5年	7年	10年	15年	20年
1	58.33	35	25	17.5	8.75	6.563%
2	27.78	26	21.43	16.5	9.13	7
3	12.35	15.6	15.31	13.2	8.21	6.482
4	1.54	11.01	10.93	10.56	7.39	5.996
5		11.01	8.75	8.45	6.65	5.546
6		1.38	8.74	6.76	5.99	5.13
7			8.75	6.55	5.9	4.746
8			1.09	6.55	5.91	4.459
9				6.56	5.9	4.459
10				6.55	5.91	4.459
11				0.82	5.9	4.459
12					5.91	4.46
13					5.9	4.459
14					5.91	4.46
15					5.9	4.459
16					0.74	4.46
17						4.459
18						4.46
19						4.459
20						4.46
21						0.565

此外，还有资产分别在第二、第三及第四季度开始投入使用的中期惯例折旧表。

决定使用哪一张表实际上取决于资产投入使用的时间，这一信息通常无法获取。

所以，在默认情况下，我们通常使用资产在第一季度投入使用的中期惯例表，因为在这种情况下第一年会有更高的折旧费用。同时也建议你咨询资产评估师和税务专家，以确保你使用的是正确的折旧方法。

根据表9-4，对于一项使用年限为10年的资产，用17.5%乘以资产价值来计算第一年的折旧费用。到第二年，折旧百分比将变为16.5%。表9-5为初始价值为50,000美元的资产的前五年折旧计算结果。

表9-5 改进的加速成本回收制度　　　　　　　　　　　单位：美元

日期：12月31日					
	2013E	2014E	2015E	2016E	2017E
固定资产净值	50,000				
加速折旧比例（%）	17.5%	16.5%	13.2%	10.56%	8.45%
折旧费用	8,750	8,250	6,600	5,280	4,225

注意，出于美国通用会计准则（GAAP）报告目的的利润表和出于税收目的的利润表之间存在差异，主要差别之一就是折旧方法的不同。美国通用会计准则中常见的折旧方法包括直线折旧法、余额递减法以及年限总和法。税法中会计核算用的是修正的加速成本回收制度（MACRS）。在填写GAAP报表时，使用不同的折旧方法所引起的净利润差异会导致递延所得税负债。下面，我们将更详细地讨论这个问题。

递延所得税

递延所得税资产是企业资产负债表上的一项资产，它可以被用于抵免所得税费用。一项递延所得税资产最有可能在发生净经营损失（Net Operating Loss，NOL）的情况下产生，而净经营损失是当企业的费用超过其销售收入时产生的。美国国税局（IRS）允许企业用以后年度的应纳所得税额弥补损失。净经营损失可以向前结转2~5年或者向后结转最多20年。注意，企业能够向前或向后结转一项亏损的年限取决于一些商业因素，这些因素由美国国税局根据具体情况定夺。有关具体准则的更多信息，请访问www.irs.gov。我们也强烈建议你咨询注册会计师和税务专家以判定对净经营损失的会计处理。

净经营损益向前结转的例子

单位：美元

利润表	2010年	2011年	2012年
税前利润	750	1,500	(1,000)
所得税（@40%）	（300）	（600）	0
净利润	450	900	(1,000)

这个例子中，企业在2012年遭受了净损失，所以它将亏损向前结转两年，这将允许企业用前两年已纳税额的退税来弥补2012年的亏损。所以1,000美元就成为在其他年份可以抵税的金额。

单位：美元

将经营损失结转到2010年	
初始余额	1,000
应税所得	750
退税金额（@40%）	300
净经营损失余额	250

首先将1,000美元的损失结转到应税所得为750美元的2010年，这将产生300美元的退税。我们将剩余250美元（1,000-750）的净经营损失结转到2011年。

单位：美元

将经营损失结转到2011年	
初始余额	250
应税所得	1,500
退税金额（@40%）	100
净经营损失余额	0

2011年的应税所得为1,500美元，但是，因为只有250美元的净经营损失尚未结转，我们只能将这1,500美元中的250美元进行退税。所以退税金额为100美元（250×40%），加上之前300美元的退税，得到退税总额为400美元。

如果企业在之前年份只有很少或根本没有应税所得，就可以选择将净经营损失向未来纳税年度结转，结转年限最多为20年，这取决于不同的考虑。在下面的例子中，将损失向之前的两年结转，在使用了退税额度之后，仍然存在净经营损失余额。

单位：美元

利润表	2010年	2011年	2012年
税前利润	100	200	(1,000)
所得税（@40%）	（40）	（80）	0
净利润	60	120	(1,000)

在这个例子中,企业在 2012 年也遭受了净损失。企业提出将损失向前结转两年,这将允许企业用前两年已纳税额的退税来弥补 2012 年的亏损。

单位:美元

将经营损失结转到 2010 年	
初始余额	1,000
应税所得	100
退税金额(@40%)	40
净经营损失余额	900

首先将这 1,000 美元的损失结转到应税所得为 100 美元的 2010 年,这将带来 40 美元的退税额。将剩余 900 美元(1,000–100)的净经营损失结转到 2011 年。

单位:美元

将经营损失结转到 2011 年	
初始余额	900
应税所得	200
退税金额(@40%)	80
净经营损失余额	700

2011 年的应税收入为 200 美元。将净经营损失进行结转将得到 80 美元的退税,加上 2010 年的退税金额,得到退税总额为 120 美元。但是请注意,仍然有 700 美元的净经营损失尚未结转,这可以用来抵减未来年度的税收。700 美元的净经营损失余额就成了一项递延所得税资产,直到它已被用完或无法再被使用为止。

递延所得税负债

递延所得税负债是由美国通用会计准则(GAAP)和税法上对于利润表编制的会计方法的暂时性差异所引起的。产生递延所得税负债的一个主要原因是 GAAP 的利润表和税法利润表中使用的折旧方法不同。比如说,企业可以用直线折旧法来编制 GAAP 财务报表,而用修正的加速成本回收制度(MACRS)来编制税法下的财务报表。这就会产生递延所得税负债,在短期内减少税费。

以息税折旧摊销前利润(EBITDA)为 100,000 美元的一家公司为例。在 GAAP 报表中,我们假设采用折旧额为 5,000 美元(50,000/10)的直线折旧法,而在税法下的报表中,我们采用 MACRS 来进行加速折旧。对一项使用年限为 10 年的资产而言,折旧额为 8,750 美元(17.5%×50,000)。由此得到的 GAAP 口径和税法口径下的利润表如表 9-6 所示。

表 9-6　GAAP 口径和税法口径下的利润表　　　　　　　　单位：美元

利润表	GAAP（直线折旧）	税法（MACRS 折旧）
息税折旧及摊销前利润（EBITDA）	100,000	100,000
折旧	(5,000)	(8,750)
息税前利润（EBIT）	95,000	91,250
利息费用	0	0
税前利润（EBT）	95,000	91,250
所得税（@40%）	(38,000)	(36,500)
净利润	57,000	54,750

中间一栏的 GAAP 利润表中显示的折旧费用较低，税前利润（EBT）为 95,000 美元。而右边一栏的税法利润表中显示的折旧费用更高，因为它采用的是加速折旧法。这就产生了 91,250 美元的更低的税前利润，从而税额也比在直线折旧法下少 1,500 美元（38,000–36,500）。现在，GAAP 所披露的更高的 38,000 美元税费就是我们在公司的年报或者 10-K 中所看到的金额，而税法口径下计算的较低税额就是公司向美国税务局（IRS）所提交的该年度实际需要支付的税额。所以，报表披露的税额和实际支付的税额之差（1,500 美元）就是一个非现金项目。正如公司其他非现金支付的费用一样，这部分非现金税费被加回到现金流量表的净利润中。这就是一项递延所得税负债。

注意，这是一种在短期内增加现金流量的好方法。前面所计算的 1,500 美元递延所得税金额也可以用加速折旧额减去直线折旧额再乘以税率来计算。

$$递延所得税负债 = （加速折旧额 - 直线折旧额）\times 税率$$

即

$$（8,750 - 5,000）\times 40\% = 1,500（美元）$$

在财务建模中，我们将创建一个预计直线折旧计划表，如果需要的话，还会创建一个加速折旧计划表。然后用加速折旧额减去预计直线折旧额，再乘以税率来估计递延所得税负债。但是，在对杠杆收购的分析中，当企业是非上市公司收购时，就没有必要准备 GAAP 财务报表，所以就不存在直线折旧和加速折旧的方法上的差别，也就是说，不会通过资产的折旧产生递延所得税负债。在亨氏公司的例子中，我们不会用这种方法来对递延所得税负债建模，但了解这些概念仍然是很重要的。请参阅《财务模型与估值》一书，以更深入地了解这种方法。

预测折旧

构建折旧计划表的好处在于，它不仅针对企业现有资产进行折旧，还列出了对未来计划财产（资本性支出）的预计折旧。但是并不确定亨氏公司在收购发生之后将对其资产采用直线折旧法还是加速折旧法。由于加速折旧可以带来税收方面的好处，如果可以的话，企业毫无疑问会偏向于选择采用加速折旧法。我们也知道修正的加速成本回收制度是美国进行折旧的税务方法，但是亨氏公司在其他国家也有经营活动。所以，我们并不确定收购方打算对亨氏公司的资产采用何种折旧方法，甚至收购方自身在交易的早期阶段也不一定知道。因为直线折旧法的应用更普遍并且更好地体现了折旧资产的核心用途，所以我们首先用直线折旧法来为亨氏公司建模。更重要的是要了解折旧的总体目的，以及折旧计划如何作为一个必要部分运用于杠杆收购模型。在更高阶的第三部分，我们将构建加速折旧计划，并说明如何从一种方法转换到另一种方法。这样，我们就可以对这两种方法进行检验，看两者的差别是否会影响总体回报。

直线折旧法

我们需要对企业当前资产以及未来计划内的资产升级（资本性支出，或者是 CAPEX）进行折旧。这将得到一个分层的折旧计划，每一次新的资本性支出的发生都将伴随着新的折旧产生。

我们从企业最新披露的物业、厂房及设备（PP&E）净值，也就是固定资产净值开始。在资产负债表中找到亨氏公司最近 12 个月（LTM）的固定资产净值。我们希望使用最新的数据，在资产负债表调整部分单元格 H119 中的值 2,428.2 就是模型中使用的最新的固定资产净值。所以，我们可以将单元格 H119 中的数值链接到单元格 J210 中。单元格 J210 应显示"=H119"。

现在需要预测这项净资产的折旧额。但是，因为这里披露的资产价值是不同使用年限的不同类别资产的组合，预测时存在一定困难。预测未来折旧的最好方式是列一份清单，列明企业拥有的每项资产及其使用年限、原始收购价格和购买年份。但是，得到这些信息几乎是不可能的。

一种可用来预测折旧的方法是采用企业净资产价值的加权平均数，其中资产按类别和每种类别的使用年限进行区分。但是这里存在一个问题：我们并不知道购买这些资产的确切时间。当我们在亨氏公司的季度报告中搜索关键词"固定资产"时，并没有发现更多附加信息。从年度报告中常常会发现更多细节。我们在亨氏公司的年度报告中发现了以下附注：

土地、建筑物及设备按成本计量。以财务报告为目的时，折旧是根据资产的使用年限对其按直线法计提的，资产年限主要有以下范围：建筑物——40年以下；机器设备——15年以下；计算机软件——3~7年；租入固定资产改良支出——租赁期限不超过15年。加速折旧法主要用于报税的目的。新购置固定资产以及大幅提高固定资产使用寿命或产能等方面的支出都可以进行资本化。发生日常维修费用时就对其进行费用化。当资产停止使用或者处置时，相关收益或损失计入当期损益。当情况发生变化，一项资产的账面价值无法转回时，公司可以重估物业、厂房及设备。影响价值可转回性的可能因素包括资产计划使用情况的变动和设施的关停。公司的减值检查是基于最低水平的折现现金流分析，其中现金流是可识别且基本独立的。当资产的账面价值超过了未来折现现金流时，意味着存在减值，资产价值减少至其公允价值。

（亨氏公司年度报告，第39页）

其中确实提到了公司所拥有资产的不同类型以及它们分别的使用年限，但这只是给了我们一个大的范围，即3~40年。根据这些信息，我们并不足以假定应选择哪一个准确的使用年限。

次优的方法是对历史折旧趋势进行分析。我们从利润表（或表9-13）的第23行了解到，从2011~2012年折旧小幅跃升，这与其他年份相比是不寻常的。最新的折旧水平是2012年的295.7百万美元以及过去12个月的299.6百万美元。我们应该在未来继续保持相似的折旧水平，因为折旧的大幅下降是不常见的，除非企业对资产计提了减值或者出售了资产，或者至少其大部分资产被完全废弃。反之，折旧的大幅上升也是不常见的，除非企业购买了生产线或购买了资产。出于以上考虑，我们应该进行一些调查，以确保没有发生这些与企业资产有关的重要事件。

下面让我们开始进行对折旧的建模。

之前我们讨论过组成亨氏公司物业、厂房和设备的那些资产的使用年限范围。选取这个范围的中点，目前大概是 20 年，之后我们会对这个值做调整。表中有两行使用年限，213 行和 214 行分别是固定资产和资本性支出的使用年限。在单元格 J213 中填入我们假设的使用年限 20 年。

在第 215 行中列出了对固定资产的预计折旧。因为折旧的计算公式是资产价值 / 使用年限，我们可以用固定资产的价值除以假设的使用年限 20 年。

固定资产折旧（单元格 J215）

Excel 公式输入	描述
输入"="	进入"公式"模式
选择 J210	固定资产净值
输入"/"	除以
选择 J213	2014 年固定资产的折旧年限
按下〈Enter〉键	结束
公式计算结果	=J210/J213

计算结果为 121.4 百万美元，这就是资产使用年限期间我们每年应计提的折旧额。

注意，如果将这个公式向右复制，就像我们在利润表和现金流量表中对大多数公式所做的那样，将显示存在错误。这是因为，随着向右复制公式，单元格引用也会向右复制。也就是说，公式"=J210/J213"变成了"=H210/H206"，等等。但是在这种情况下，我们并不想改变单元格引用，只想要在不改变单元格引用的情况下向右复制公式。我们可以通过在原始公式中的列引用之前添加一个"$"来实现。"$"固定住了单元格引用。于是，我们可以在每一个单元格引用前面加上一个"$,"从而将公式由"= J210/J213"变为"=$J210/$J213"。在单元格的编辑模式下按 F4 键是在这些公式中添加"$"的一种快捷方法。现在，我们可以将这个公式向右复制。

注意，我们并没有在行数前也加上一个"$"，但实际上我们也可以这么做，公式会变为"=$J$210/$J$213"。这样做会固定住行引用，但是此处并不会产生太大的差别，因为我们不会将此公式复制到其他行。

将折旧公式复制到右侧之后，折旧计划应显示为表 9-7。

表 9-7　亨氏公司固定资产折旧　　　　　　　单位：百万美元

	估计值				
	2014E	2015E	2016E	2017E	2018E
年初固定资产	2,428.2				
年初资本性支出					
使用年限（固定资产）	20				
使用年限（资本性支出）					
现有固定资产	121.4	121.4	121.4	121.4	121.4
2014 年资本性支出					
2015 年资本性支出					
2016 年资本性支出					
2017 年资本性支出					
2018 年资本性支出					
账面折旧总额					

现在，我们可以开始输入对资本性支出的假设值和折旧值。请记住，我们在现金流量表中估计了资本性支出，可以使用这些估计值并将它们链接到折旧计划中。注意在现金流量表中，资本性支出计划为负值。因此在将它们链接到折旧计划时，我们希望反转符号使之显示为正值。我们想要在第 211 行插入这些公式，所以在单元格 J211 中，可以键入"= –"（注意符号"–"在符号"="后面）；在现金流量表中选择 2014 年的资本性支出，也就是单元格 J78，然后按 Enter 键。现在，在折旧计划中可以得到正的 2014 年预计资本性支出。将公式向右复制。在这里不需要添加"$"符号，因为在向右侧复制公式时，我们希望这些单元格的列引用也随之向右移动。

现在我们可以从 2014 年起对每年的资本性支出计提折旧。在这里，考虑时间因素是很重要的。我们假设资本性支出将在 2014 年年初建设完成，从而到年末将会有一整年的折旧。现在我们需要对资本性支出的使用年限做出假设。而且，根据年度报告第 39 页的附注，资产折旧年限的跨度是非常广的。我们尝试在季度报告和年度报告中搜索"资本性支出"，但是并没有找到任何有助于更好地确定使用年限的进一步细节。所以，我们选取这一范围的中点，也就是大概 20 年，就像之前对固定资产所做的那样，之后我们会对其做进一步的调整。第 214 行是留给资本性支出使用年限的，所以让我们在单元格 J214 中输入"20"。然后可以在第 216 行中创建 2014 年的资本性支出折旧公式。

2014 年资本性支出预计折旧（单元格 J216）

Excel 公式输入	描述
输入"="	进入"公式"模式
选择 J211	2014 年资本性支出
按 F4 键	在单元格中添加"$"
输入"/"	除以
选择 J214	2014 年资本性支出折旧年限
按 F4 键	在单元格中添加"$"
按下〈Enter〉键	结束
公式计算结果	=$J$211/$J$214

我们将得到对 2014 年资本性支出计提的折旧额 23.5 百万美元。当然，在 20 年中每年都会产生这么多折旧，于是我们需要将这个公式向右复制至 2018 年（见表 9-8）。

表 9-8　亨氏公司 2014 年资本性支出折旧

折旧与摊销（以百万美元计，每股数值除外）					
	估计值				
截止时间	2014E	2015E	2016E	2017E	2018E
年初固定资产	2,428.2				
年初资本性支出	469.5	471.4	473.3	475.2	477.1
直线折旧					
使用年限（固定资产）	20				
使用年限（资本性支出）	20				
现有固定资产	121.4	121.4	121.4	121.4	121.4
2014 年资本性支出	23.5	23.5	23.5	23.5	23.5
2015 年资本性支出					
2016 年资本性支出					
2017 年资本性支出					
2018 年资本性支出					
账面折旧总额					

现在，我们可以对 2015 年的资本性支出继续这一过程。注意，因为 2015 年的资本性支出直到 2015 年才会开始发生，从而折旧也将从 2015 年才会开始计提；所以

2014年没有折旧，也就是说单元格J217中将没有公式。我们从单元格K217开始操作。继续假设资本性支出的类型将和固定资产一样，所以我们现在继续假设使用年限为20年。但重要的是要将这个假设与之前资本性支出的使用年限保持区分，以便我们稍后需要对假设进行调整。

我们在单元格K214中输入"20"。然后可以在第217行中创建2015年的资本性支出折旧公式。

2015年资本性支出预计折旧（单元格K217）

Excel 公式输入	描述
输入"="	进入"公式"模式
选择K211	2015年资本性支出
按F4键	在单元格中添加"$"
输入"/"	除以
选择K214	2015年资本性支出折旧年限
按F4键	在单元格中添加"$"
按下〈Enter〉键	结束
公式计算结果	=$K$211/$K$214

当然，这项折旧会持续发生20年，所以我们需要将这个公式向右侧复制（见表9-9）。

表9-9 亨氏公司2015年资本性支出折旧

折旧与摊销（以百万美元计，每股数值除外）					
			估计值		
截止时间	2014E	2015E	2016E	2017E	2018E
年初固定资产	2,428.2				
年初资本性支出	469.5	471.4	473.3	475.2	477.1
直线折旧					
使用年限（固定资产）	20				
使用年限（资本性支出）	20	20			
现有固定资产	121.4	121.4	121.4	121.4	121.4
2014年资本性支出	23.5	23.5	23.5	23.5	23.5
2015年资本性支出		23.6	23.6	23.6	23.6
2016年资本性支出					
2017年资本性支出					
2018年资本性支出					
账面折旧总额					

对 2016 年的资本性支出也应采用这种计算方式，在单元格 L214 中保持使用年限为 20 年的假设。

2016 年资本性支出预计折旧（单元格 L218）

Excel 公式输入	描述
输入 "="	进入"公式"模式
选择 L211	2016 年资本性支出
按 F4 键	在单元格中添加 "$"
输入 "/"	除以
选择 L214	2016 年资本性支出折旧年限
按 F4 键	在单元格中添加 "$"
按下〈Enter〉键	结束
公式计算结果	=$L$211/$L$214

向右侧复制该公式（见表 9-10）。

表 9-10 亨氏公司 2016 年资本性支出折旧

折旧与摊销（以百万美元计，每股数值除外）					
			估计值		
截止时间	2014E	2015E	2016E	2017E	2018E
年初固定资产	2,428.2				
年初资本性支出	469.5	471.4	473.3	475.2	477.1
直线折旧					
使用年限（固定资产）	20				
使用年限（资本性支出）	20	20	20		
现有固定资产	121.4	121.4	121.4	121.4	121.4
2014 年资本性支出	23.5	23.5	23.5	23.5	23.5
2015 年资本性支出		23.6	23.6	23.6	23.6
2016 年资本性支出			23.7	23.7	23.7
2017 年资本性支出					
2018 年资本性支出					
账面折旧总额					

对 2017 年的资本性支出，在单元格 M214 中保持使用年限为 20 年的假设。

2017 年资本性支出预计折旧（单元格 M219）

Excel 公式输入	描述
输入 "="	进入 "公式" 模式
选择 M211	2017 年资本性支出
按 F4 键	在单元格中添加 "$"
输入 "/"	除以
选择 M214	2017 年资本性支出折旧年限
按 F4 键	在单元格中添加 "$"
按下〈Enter〉键	结束
公式计算结果	=$M$211/$M$214

向右侧复制该公式（见表 9-11）。

表 9-11　亨氏公司 2017 年资本性支出折旧

折旧与摊销（以百万美元计，每股数值除外）					
			估计值		
截止时间	2014E	2015E	2016E	2017E	2018E
年初固定资产	2,428.2				
年初资本性支出	469.5	471.4	473.3	475.2	477.1
直线折旧					
使用年限（固定资产）	20				
使用年限（资本性支出）	20	20	20	20	
现有固定资产	121.4	121.4	121.4	121.4	121.4
2014 年资本性支出	23.5	23.5	23.5	23.5	23.5
2015 年资本性支出		23.6	23.6	23.6	23.6
2016 年资本性支出			23.7	23.7	23.7
2017 年资本性支出				23.8	23.8
2018 年资本性支出					
账面折旧总额					

对 2018 年的资本性支出，在单元格 N214 中保持使用年限为 20 年的假设。

2018 年资本性支出预计折旧（单元格 N220）

Excel 公式输入	描述
输入 "="	进入 "公式" 模式
选择 N211	2018 年资本性支出
按 F4 键	在单元格中添加 "$"
输入 "/"	除以
选择 N214	2018 年资本性支出折旧年限
按 F4 键	在单元格中添加 "$"
按下〈Enter〉键	结束
公式计算结果	=$N$211/$N$214

现在可以通过合计第 215~220 行的数据来加总每年的折旧支出；在单元格 J221 中输入"=SUM(J215：J220)"（见表 9-12）。可以向右侧复制该公式。

表 9-12 亨氏公司账面折旧总额

折旧与摊销（以百万美元计，每股数值除外）					
	估计值				
截止时间	2014E	2015E	2016E	2017E	2018E
年初固定资产	2,428.2				
年初资本性支出	469.5	471.4	473.3	475.2	477.1
直线折旧					
使用年限（固定资产）	20				
使用年限（资本性支出）	20	20	20	20	20
现有固定资产	121.4	121.4	121.4	121.4	121.4
2014 年资本性支出	23.5	23.5	23.5	23.5	23.5
2015 年资本性支出		23.6	23.6	23.6	23.6
2016 年资本性支出			23.7	23.7	23.7
2017 年资本性支出				23.8	23.8
2018 年资本性支出					23.9
账面折旧总额	144.9	168.5	192.1	215.9	239.7

得到的 2014 年账面折旧总额为 144.9 百万美元。现在我们可以将这个值与历史折旧进行比较分析（见表 9-13）。

表 9-13 亨氏公司折旧及摊销增长率

折旧与摊销（以百万美元计，每股数值除外）				
	实际值			
截止时间	2010A	2011A	2012A	LTM
折旧	254.5	255.2	295.7	299.6
折旧同比增长		0.3%	15.9%	1.3%
摊销	48.3	43.4	47.1	48
摊销同比增长		-10.1%	8.4%	2%

从表 9-13 中看到在 2011~2012 年折旧有一个小的跳跃式增长，这与其他年份

相比是不寻常的。最新的折旧水平是2012年的295.7百万美元以及最近12个月的299.6百万美元。我们应该在未来继续保持相近似的折旧水平,除非出现重大的资产减值或资产剥离。2014年的预计折旧额144.9太低,所以我们需要对使用年限的假设进行调整,使之反映的折旧趋势更具一致性。主要可以调整两个变量:一是固定资产的使用年限;二是资本性支出的使用年限。固定资产的折旧占2014年账面折旧总额的更大部分,所以我们建议首先尝试下调固定资产的使用年限。如果我们将之下调至10年(单元格J213),将得到266.3的折旧,这个值仍然太低。如果将之进一步下调至5年,折旧额将变成509.1,这个值又太高。如果将使用年限增加到7年,折旧额将为370.4,仍然偏高。再试着调整到9年,折旧额将为293.3,略低于295~300的预期范围,但是已经很接近了。所以我们现在选择采用9年的折旧年限。

下一个问题是2015年的折旧。当固定资产和资本性支出的使用年限分别为9年和20年时,2015年的折旧总额为316.8。这表明在2014~2015年,折旧增加了8个百分点,这与最近一年1~1.5个百分点的增长相比太高了,所以我们需要上调对资本性支出使用年限的假设。但是,如果我们增加2014年资本性支出的假设使用年限,相应地调整每一年资本性支出的假设使用年限才是恰当的,因为我们假定公司每年都将建造或改进同种类型的资产。所以,如果我们将2014~2018年每年的资本性支出使用年限从20年上调至30年,那么2014年的折旧增长率就从7~8个百分点下降为5~6个百分点。如果我们将使用年限进一步上调至40年,增长率将下降到4个百分点,这仍然没有低到1~1.5个百分点的范围,但是我们不能再进一步上调使用年限;因为根据之前看到的折旧附注,折旧年限最高为40年。还需注意的是,2014年的折旧总额进一步下降到281.5,略微超出了之前给定的(295~300)的范围。所以我们现在应该进一步调整固定资产的使用年限。如果将之下调到8年,折旧总额将为315.3,略微偏高。如果调整为8.5年,那么折旧将为297.4,这是可行的。所以,在调整了对折旧年限的假设之后,我们决定在单元格J213中填入8.5,并且从单元格J214到N214都填入40(见表9-14)。

以上过程表明,调整固定资产的使用年限将影响折旧的整体余额。所以,如果折旧额显著偏高或偏低,我们就应首先调整对固定资产使用年限的假设。而资本性支出的使用年限会影响折旧增长率，所以，如果未来折旧总额增长过快或者过慢，我们就应该对资本性支出的使用年限进行调整。最准确的做法是获取所有已购资产的详细数据——成本、购买日期和每种资产的使用年限。因为获取这些信息难度很大，我们只需关注大致的变动趋势。

预测摊销

摊销是指对按成本计量的无形资产（知识产权，例如专利、版权和商标等）在其使用年限内减值的会计核算。由于亨氏公司将摊销与折旧分开核算，所以我们需要对摊销的预测做出假设。

我们在亨氏公司的年报中找到以下附注：

商标和其他无形资产在2012年4月29日、2011年4月27日和2010年4月28日财年末的摊销费用分别为3,180万美元、2,900万美元和2,820万美元。除摊销费用以外的其余商标及其他无形资产的减值是由于外汇折算调整所导致的。根据2012年4月29日资产负债表记录的可摊销无形资产，预计未来五个财政年度的摊销费用为每年3,000万美元左右。

（亨氏公司年度报告，第46~47页）

注意最后一句话：亨氏公司预计未来五个财政年度的摊销费用为每年3,000万美元左右。所以对我们来说，只要把这个值作为对未来的估计值就足够了。情况往往就是这样，因为摊销不会随着每年资本性支出的改变而变化，所以未来的摊销更具有可预测性。明智的做法是在回看历史趋势之前先做一些快速的调查，以期找到企业对未来摊销的估计值。我们可以在单元格J222中填入"30"，并将之向右复制直到2018年。

第223行是留给收购中新产生的无形资产的。我们可以从假设页链入这一数据。所以，单元格J223将显示"=Assumption!\$J\$18"。请注意，我们固定了对单元格J18的引用，所以可以将公式向右复制并保持公式中对J18的引用不变。最后，我们可以在第224行对折旧与摊销进行汇总。单元格J224显示为"=J221+J222+J223"。我们可以将单元格J223和J224向右复制来完成折旧计划表（见表9-14）。

表 9-14 亨氏公司预计折旧及摊销总额

折旧与摊销（以百万美元计，每股数值除外）					
	估计值				
截止时间	2014E	2015E	2016E	2017E	2018E
年初固定资产	2,428.2				
年初资本性支出	469.5	471.4	473.3	475.2	477.1
直线折旧					
使用年限（固定资产）	8.5				
使用年限（资本性支出）	40	40	40	40	40
现有固定资产	285.7	285.7	285.7	285.7	285.7
2014 年资本性支出	11.7	11.7	11.7	11.7	11.7
2015 年资本性支出		11.8	11.8	11.8	11.8
2016 年资本性支出			11.8	11.8	11.8
2017 年资本性支出				11.9	11.9
2018 年资本性支出					11.9
账面折旧总额	297.4	309.2	321	332.9	344.8
摊销	30	30	30	30	30
可识别无形资产摊销	342.4	342.4	342.4	342.4	342.4
折旧与摊销总额	669.8	681.6	693.4	705.3	717.2

现在，我们可以将直线折旧法下账面折旧总额链接到利润表中。所以，在利润表中为预计折旧留白的位置（单元格 J23），我们可以键入"="，然后向下滚动至折旧计划表，选择单元格 J221 并按 Enter 键。我们可以对摊销进行同样的操作，将单元格 J222 链接到单元格 J24。对可识别无形资产摊销也是一样，将单元格 J223 链接到单元格 J25。然后，我们可以将利润表中的单元格 J23、J24、J25 向右复制直到 2018 年。

表 9-15 为链入折旧后更新的预计利润表。

表 9-15 含折旧费用的预计利润表

合并利润表（以百万美元计，每股数值除外）					
	估计值				
截止时间	2014E	2015E	2016E	2017E	2018E
销售收入	11,738.3	11,785.2	11,832.3	11,879.7	11,927.2
收入同比增长率	*0.4%*	*0.4%*	*0.4%*	*0.4%*	*0.4%*
销售成本	7,230.8	7,259.7	7,288.7	7,317.9	7,347.2
占收入的百分比	*61.6%*	*61.6%*	*61.6%*	*61.6%*	*61.6%*
毛利	4,507.5	4,525.5	4,543.6	4,561.8	4,580
毛利率	*38.4%*	*38.4%*	*38.4%*	*38.4%*	*38.4%*
营业费用					
管理费用	2,582.4	2,592.7	2,603.1	2,613.5	2,624

（续）

合并利润表（以百万美元计，每股数值除外）					
			估计值		
截止时间	2014E	2015E	2016E	2017E	2018E
占收入的百分比	22%	22%	22%	22%	22%
基金管理费	0	0	0	0	0
并购后的成本节省	（25.8）	（25.9）	（26）	（26.1）	（26.2）
占管理费用的百分比	*1%*	*1%*	*1%*	*1%*	*1%*
总营业费用	2,556.6	2,566.8	2,577.1	2,587.4	2,597.7
其他业务收入					
未合并子公司盈余	0	0	0	0	0
息税折旧及摊销前利润	1,950.9	1,958.7	1,966.5	1,974.4	1,982.3
息税折旧及摊销前利润率（%）	*16.6%*	*16.6%*	*16.6%*	*16.6%*	*16.6%*
折旧	297.4	309.2	321	332.9	344.8
摊销	30	30	30	30	30
可识别无形资产摊销	342.4	342.4	342.4	342.4	342.4
折旧与摊销总额	669.8	681.6	693.4	705.3	717.2
息税前利润	1,281.1	1,277.1	1,273.1	1,269.1	1,265.1
息税前利润率	*10.9%*	*10.8%*	*10.8%*	*10.7%*	*10.6%*

也可以将直线折旧链入现金流量表中。我们建议将利润表而不是折旧计划表中的折旧额链接到现金流量表中。虽然结果是一样的，但是从利润表中链接折旧与摊销更符合你所计提的是已经在利润表中费用化的折旧与摊销这个概念，因为折旧是非现金支出。

在现金流量表的单元格 J59 中键入"="，然后选择单元格 J23，按 Enter 键，并将之向右复制。我们可以对单元格 J60 和 J61 进行同样的操作，分别从单元格 J24 和 J25 链入数值。

预测递延所得税

最后需要考虑递延所得税的预测。正如之前所提到的那样，我们通常是根据 GAAP 和税法的会计差异来计算递延所得税。但是，因为企业可能只披露一套会计报表，所以这些差异可能是不存在的。在现实中，企业未来将如何处理递延所得税是不确定的。可以使用这种方法来计算递延所得税，但由于差异是未知的，所以我们最好还是采用保守的做法，也就是第六章"七种预测方法"中的"去年"方法。最近一年

的 −8,300 万美元的递延所得税并没有 2012 年的 −9,480 万美元那么多,但还是很接近的。所以,保持最近一年的递延所得税水平是一种很保守的预测方法。因为递延所得税项目对整体交易并没有很大影响,所以我们目前可以保持这个假设,并在交易末期对递延所得税信息有更多了解时再进行调整。可以在分析结束时进一步尝试不同的方法,看看任意一种方法是否会引起整体回报的变动,以确定这个假设是否值得怀疑。在单元格 J62 中输入 "=I62",然后将之向右复制直到 2018 年(见表 9-16)。

表 9-16　含折旧费用的预计现金流量表

合并现金流量表(以百万美元计,每股数值除外)					
	估计值				
截止时间	2014E	2015E	2016E	2017E	2018E
经营活动产生的现金流					
净利润	905.8	903	900.1	897.2	894.3
折旧	297.4	309.2	321	332.9	344.8
摊销	30	30	30	30	30
可识别无形资产摊销	342.4	342.4	342.4	342.4	342.4
递延所得税	(83)	(83)	(83)	(83)	(83)
资产剥离损失	0	0	0	0	0
待售资产减值	0	0	0	0	0
养老金缴纳	(80)	(80)	(80)	(80)	(80)
2012 财年资产减值	0	0	0	0	0
其他项目净值	10.2	10.2	10.2	10.2	10.2
营运资本变动					
应收账款变动					
存货变动					
预付费用及其他流动资产变动					
应付账款变动					
应计负债变动					
应计所得税变动					
营运资本变动净值	0	0	0	0	0
经营活动产生或用于经营活动的现金总额	1,422.8	1,431.7	1,440.7	1,449.7	1,458.7
投资活动产生的现金流					
资本性支出(CAPEX)	(469.5)	(471.4)	(473.3)	(475.2)	(477.1)
CAPEX 占收入的百分比	4%	4%	4%	4%	4%
资产处置收益	0	0	0	0	0
收购 – 净现金支出	0	0	0	0	0
资产剥离收益	0	0	0	0	0
短期投资收入	0	0	0	0	0

（续）

合并现金流量表（以百万美元计，每股数值除外）

	估计值				
截止时间	2014E	2015E	2016E	2017E	2018E
限制性现金变动	(39.1)	(39.1)	(39.1)	(39.1)	(39.1)
其他项目净值	(12.3)	(12.3)	(12.3)	(12.3)	(12.3)
投资活动产生或用于投资活动的现金总额	(520.9)	(522.7)	(524.6)	(526.5)	(528.4)
筹资活动产生的现金流					
循环信用贷款（偿还）	0	0	0	0	0
短期融资借款（偿还）	0	0	0	0	0
票据借款（偿还）	0	0	0	0	0
普通股	0	0	0	0	0
优先股	0	0	0	0	0
长期债务收益（偿还）	0	0	0	0	0
商业票据和短期债务净支付	0	0	0	0	0
股利	0	0	0	0	0
回购库存股	0	0	0	0	0
股票期权行权收入	0	0	0	0	0
收购子公司非控制性权益	0	0	0	0	0
盈利能力支付计划	0	0	0	0	0
其他项目净值	(9.1)	(9.1)	(9.1)	(9.1)	(9.1)
筹资活动产生或用于筹资活动的现金总额	(9.1)	(9.1)	(9.1)	(9.1)	(9.1)
汇率变化对现金及现金等价物的影响	(122.1)	(122.1)	(122.1)	(122.1)	(122.1)
现金及现金等价物总变动	770.7	777.8	784.8	791.9	799
补充数据：					
债务偿还之前的现金流					

现在，我们可以进行营运资本计划表的构建，这将有助于我们完成现金流量表的制作。请参考附录1，以确保你正在遵循正确的建模流程。

第十章
营运资本

营运资本是对企业的流动资产与流动负债之差的衡量。

$$营运资本 = 流动资产 - 流动负债$$

请回顾第七章来复习资产和负债的定义。但是总结一下：

资产

资产是指一项在持有时可以产生某些经济利益的资源。比如现金、存货、应收账款和固定资产。

流动资产

流动资产是指经济利益预计在一年内实现的资产。包括现金、存货和应收账款。

负债

负债是指企业的有息债务或者金融债务。比如应付账款、应计费用、长期负债以及递延所得税负债。

流动负债

流动负债是指一年内到期的有息债务或者金融债务。如应付账款和应计费用。

营运资本，或者说是流动资产减去流动负债，有助于我们确定来自流动资产的现金是否能够覆盖未来12个月内到期的流动负债。如果营运资本为正，就意味着流动资产多于流动负债，我们将有足够的资金来支付即将到期的负债；如果营运资本为负，就意味着流动资产少于流动负债，我们将没有足够的资金来支付流动负债——这将产生营运资本赤字。出于这个原因，营运资本被视为企业短期流动性的衡量指标。

经营性营运资本

为了进行财务建模，我们关注营运资本的一个更窄口径的定义，称之为经营性营运资本（Operating Working Capital，OWC）。OWC 被定义为流动资产减去流动负债，但是，OWC 不包括流动资产中的现金及现金等价物部分，并且不包括流动负债中的付息短期债务。

现金等价物是指能够随时转换为现金的资产，比如货币市场基金、短期政府债券和国库券、有价证券以及商业票据。现金等价物常常被视为现金，因为它们在必要时能够很容易地提供流动性。

在移除现金及现金等价物后，流动资产还剩下如下几项：

- 应收账款；
- 存货；
- 预付费用。

在移除付息短期债务后，流动负债还剩下如下几项：

- 应付账款；
- 应计费用。

请注意，还有其他可能存在的流动资产和流动负债，上述仅仅是最常见的例子。

这些项目中的每一项都与从事的经营活动紧密相关。例如，应收账款是我们没有以现金形式回收的那部分收入，而应计费用是我们尚未以现金形式支付的那部分费用。因此，OWC 是衡量日常经营活动中现金流入量很好的指标。另一种理解方式为：OWC 有助于追踪企业如何管理其日常经营活动中产生的现金。相反，因为营运资本中包含了现金、现金等价物和付息短期债务，它可能并不能仅针对日常经营活动做出最清楚的度量。

我们如何知道单个 OWC 项目是否正常运作呢？例如，如果应收账款逐年增加，可能意味着存在日益严重的应收账款回收问题。但是，应收账款的增加也可能是由于收入的增加，这是企业业务强势增长的良好指标。所以，为了确定 OWC 项目的运作情况，对它们进行单独分析是不够的。我们需要将这些科目与某些相关的利润表科目进行比较分析。我们用一个名为"周转天数"的指标来衡量回收应收账款或者偿付应付账款的情况。周转天数的衡量方法是用应收账款或应付账款除以其相关的利润表科目，再乘以 360。

例如，假设 2013 年应收账款余额为 25,000 美元，收入为 100,000 美元。

利润表	单位：美元
销售收入	100,000
销售成本	10,000
营业费用	85,000
息税折旧及摊销前利润	5,000

营运资本	单位：美元
应收账款	25,000
存货	7,500
预付费用	1,000
应付账款	12,500
应计费用	15,000
OWC 净值	6,000

用应收账款除以销售收入得到25%。所以，2013年销售收入的25%尚未收回。我们用一年的天数乘以这个百分比，得到一个用以代表应收账款回款天数的等价数值：25%×360=90（天），也就是说，需要90天来收回2013年的销售收入。一般来说，很多企业要求客户在30天内付款。但是，根据业务情况的不同，60天、90天甚至更长的回款天数也是可以接受的。90天的回款天数可能偏高或刚好，这取决于业务模型和销售产品的不同。请注意，我们按360天而不是365天来代表一年。这两种做法都是可以接受的，但是我们更常用360天，因为它可以被12整除，如果我们希望将一年拆分为12个月，这种做法下的建模过程会更简单。

$$应收账款周转天数 = \frac{应收账款}{销售收入} \times 360$$

重要的是要注意，为了清楚起见，我们在这个公式中做了简化的假设。在计算中将最近一年的应收账款余额作为分子。而在实际分析中，很重要的一点是要采用分析年度和上一年度的期末应收账款平均余额。因为资产负债表项目为特定时点的存量余额，取当前年度和之前年度的平均值将是衡量企业全年经营状况更好的指标。利润表和现金流量表科目实际上给出了企业一段时间内整体的经营状况，所以不用进行平均化处理。计算2013年应收账款周转天数的完整公式为：

$$2013年应收账款周转天数 = \frac{平均值（2013年应收账款，2012年应收账款）}{2013年销售收入} \times 360$$

再用负债里的应计费用举一个例子。我们假设2013年的应计费用余额为15,000美元，并且是由未付的办公室租金组成的。2013年的利润表费用是85,000美元，用应计费用15,000除以85,000得到17.6%。所以,2013年费用中17.6%的部分尚未支付。我们用一年的天数乘以这个百分比，得到用以代表这些应付款付现天数的等价数值：17.6%×360=63.4（天）。所以2013年的费用需63.4天才能完全支付，在这种情况下可能偏高，特别是考虑到租金应该每30天支付一次。

$$应计费用周转天数 = \frac{应计费用}{营业费用} \times 360$$

再次简化这个例子。在实际分析中,我们采用分析年度和上一年度的应计费用余额的平均值。

$$2013年应计费用周转天数 = \frac{平均值(2013年应计费用,2012年应计费用)}{2013年营业费用} \times 360$$

亨氏公司的经营性营运资本

现在来看一下亨氏公司的营运资本项目。我们使用亨氏公司第三季度报告中的资产负债表来确定合适的流动资产和流动负债项目(见第七章的表7-1和表7-2)。

从资产负债表顶端开始分析,我们知道现金不属于经营性营运资本。接下来两行"应收账款"和"其他应收款"均为经营性营运资本项目。亨氏公司对"存货"进行了分拆,但是正如在第七章中所讨论的,我们将只考虑存货合计项目,这是营运资本项目。下一行"预付费用"也是营运资本项目。尽管季度报告和年度报告的进一步研究没有清楚地定义"其他流动资产"。因为这是一项流动资产,更可能与经营项目相关,所以我们假设它是营运资本项目。

在负债方面,"短期负债"和"一年内到期的长期负债"不是经营性营运资本项目,因为它们是付息短期债务。接下来三项"应付账款""其他应付款"和"应计市场费用"均为经营性营运资本科目。我们也假设"其他应计负债"属于经营性营运资本中的科目,尽管这一项名称中的"其他"含义模糊,如果为应计负债,那么很有可能这是一项没有"所得税"的费用,我们将其看作应计所得税,并且也认为这是经营性营运资本中的一个项目,详见下栏中的解释。

应计所得税 VS 递延所得税

我们认为应计所得税和递延所得税是不同的,尽管一些企业实体和资料来源将它们描述为一模一样的东西。此主题下存在着灰色地带,包含多种不同观点。正如我们在第九章中讨论的,递延所得税的产生是由于GAAP会计准则和税法下会计核算的时间性差异。我们认为,采用不同的折旧方法是产生递延所得税负债的一种可能方式。然而,我们说过应计所得税是指在一段时间内应该支付但尚未支付的实际税额。所以,递延所得税是根据会计的时间差异计算的,而应计所得税可以简单地计算为应纳税额的百分比,因此我们认为它们是经营性的。

现在，我们已经确定了以下资产负债表项目将用在我们的经营性营运资本计划中。
- 应收账款；
- 其他应收款；
- 存货合计；
- 预付费用；
- 其他流动资产；
- 应付账款；
- 其他应付款；
- 应计市场费用；
- 其他应计负债；
- 应计所得税。

将经营性营运资本项目与资产负债表和现金流量表相联系

你可能注意到，我们所确定的 10 个项目和现金流量表中所定义的不太一样。这是在试图将资产负债表和现金流量表的经营性营运资本相链接时会出现的常见问题。换句话说，资产负债表中定义的经营性营运资本项目也许和现金流量表中所定义的并不完全一致，作为分析师的工作就是，在不歪曲原始报告数字的前提下，将项目进行最好的分配，以保证资产负债表中的经营性营运资本与现金流量表中的相匹配。如果我们回顾图 6-1 中的现金流量表，会发现亨氏公司将经营活动的现金流量中的一部分清楚地标为"流动资产和流动负债变动，不包括收购和资产剥离的影响"，这实际上对我们是很有帮助的。一些企业没有这么细致地进行定义，或者将其定义为"资产和负债变动"，而不是"流动资产和流动负债变动"。如果亨氏公司在标记这一部分时没有用"流动"一词，我们就要警惕其中的某些项目可能不是真正的营运资本科目。但是，因为亨氏公司明确地将这一部分列为流动项，我们可以假设这些是与经营性营运资本相关的。

现金流量表中的这一部分所确定的营运资本项目是：
- 应收账款；
- 存货；

- 预付费用及其他流动资产；
- 应付账款；
- 应计负债；
- 应交税费。

你可能注意到这一部分中只定义了6个项目，而我们在资产负债表中定义了10个。这是在试图将现金流量表和资产负债表中的经营性营运资本项目相关联时会出现的普遍问题。我们需要找到一种方法来整合资产负债表项目，或者增加更多的现金流量表项目来匹配所有项目。图10-1列出了我们在资产负债表和"流动资产和流动负债变动，不包括收购和资产剥离的影响"这一部分定义的项目。

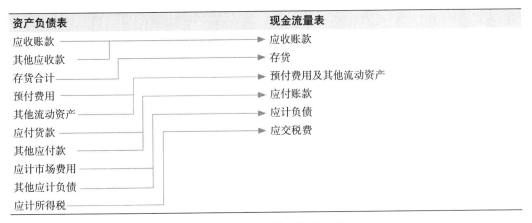

图10-1 经营性营运资本对比

从上往下看，可以很清楚地做一些比较。我们可以将"应收账款"和"其他应收款"与现金流量表中的"应收账款"相关联、"存货合计"明显是与"存货"相对应的。接下来两个资产负债表项目"预付费用"和"其他流动资产"可以与现金流量表中的"预付费用及其他流动资产"相对应。我们可以将所有的"应付"项组合在一起，所以"应付账款"和"其他应付款"可以合并起来，并和现金流量表中的"应付账款"相对应。因为"应计市场费用"是一项应计负债，我们可以将它与"其他应计负债"合并，和现金流量表中的"应计负债"相对应。最后，"应计所得税"将与现金流量表中的"应交税费"相对应。

注意，我们并不知道并且可能永远不会知道，以上是否是匹配这些项目的正确方法，这只是一种最佳的猜测，可能还存在其他匹配方法。并且，回看历史年份，试图将分析历史数据作为找到如何匹配项目的方法是不可行的。因为资产负债表项目常常会发生减值或增值,并且因为做出了报告调整,所以不要指望能匹配历史现金流量表和资产负债表。这是财务报告令人不满的部分。但是,我们的目标是确保估计值相匹配,这是第一步。

现在,我们可以继续对经营性营运资本计划进行建模,重新编制计划使得其包含图 10-1 中的六个行项目。

应收账款

因为已经在折旧计划中完成了对固定资产净值的计算,我们建议将这些数字从资产负债表调整中转入经营性营运资本计划中。我们要牢记将之前提到的资产负债表项目合并。于是,我们可以将亨氏公司资产负债表中的"应收账款"和"其他应收款"之和与经营性营运资本计划的"净应收账款"关联。在单元格 I230 中输入"=H113 + H114"。请注意,我们并没有第三季度数据之前的历史资产负债表信息,而且这不是百分之百必要的,除非你对经营性营运资本的历史趋势感兴趣。在此次分析中我们不会深入这个程度的细节。也请注意,我们从资产负债表调整中提取了 2013 年的模拟数值(H 列)。我们将在公司被收购后对营运资本进行建模预测,所以应该使用调整后的数值。但是,你可能已经注意到经营性营运资本数值并没有改变,在交易发生前后是一致的。

也应该计算历史周转天数,这将有助于做出更好的预测假设。记住,历史应收账款周转天数的公式为:

$$2013 年应收账款周转天数 = \frac{平均值(2013 年应收账款,2012 年应收账款)}{2013 年销售收入} \times 360$$

但是,因为只有一年的资产负债表信息,所以我们将公式中计算"平均值"的部分去掉。我们还将用最近 12 个月(LTM)的销售收入代替 2013 年的销售收入,因为这是与 2013 年的预估数据密切相关的时间框架。

$$2013 年应收账款周转天数 = \frac{2013 年应收账款}{最近 12 个月的销售收入} \times 360$$

在营运资本的单元格 I231 中可以进行如下操作:

2013 年应收账款周转天数（单元格 I231）

Excel 公式输入	描述
输入"="	进入"公式"模式
选择单元格 I230	应收账款
输入"/"	除以
选择单元格 I6	最近 12 个月的销售收入
输入"*360"	乘以 360
按下〈Enter〉键	结束
公式计算结果	=I230/I6*360

计算结果应为 33.8 天，这是相当合理的。由于客户通常预计在 30~90 天的某个时间付款（取决于业务情况），33.8 天的应收账款回收天数处于这个范围的下限处。较长的应收账款周转天数可能意味着有很大一部分应收账款尚未回收——这是潜在的担忧。这又是一个很好的例子，用于说明构建这些模型将如何有助于检验公司业务的稳健性。

请注意：不要将此公式复制到 2013 年以后，因为我们将对 2014 年的预测提出自己的假设。这个公式的目的只是用来计算历史指标（见表 10-1）。

表 10-1 亨氏公司历史经营性营运资本应收账款

经营性营运资本（OWC）计划（以百万美元计，每股数值除外）						
		估计值				
1月27日	2013PF	2014E	2015E	2016E	2017E	2018E
流动资产						
应收账款	1,098.8					
应收账款周转天数	33.8					
存货						
存货周转天数						
预付费用及其他流动资产						
预付费用周转天数						
流动资产合计						
流动负债						
应付账款						
应付账款周转天数						
应计负债						
应计负债周转天数						
应交税费						
应交税费周转天数						
流动负债合计						
经营性营运资本合计						
经营性营运资本总变动						

存货

可以继续对其余营运资本科目进行相同的计算过程。我们需要注意理解营运资本科目所指的是哪些利润表科目。在某些情况下,这是显而易见的。例如,应收账款总是与收入相关的,而存货与销售成本(COGS)有关。

可以直接将资产负债表调整的"存货合计"项关联到232行的"存货"中。于是,I232会显示"=H115"。

现在可以计算出存货周转天数。标准的计算公式如下:

$$2013\ 年存货周转天数 = \frac{平均值(2013\ 年存货,2012\ 年存货)}{2013\ 年销售成本} \times 360$$

因为只有2013年的资产负债表和最近12个月的利润表数据,我们对公式进行调整,得到如下公式:

$$2013\ 年存货周转天数 = \frac{2013\ 年存货}{最近12\ 个月销售成本} \times 360$$

于是,在营运资本的单元格I233中,我们可以进行如下操作:

2013年存货周转天数(单元格I233)

Excel 公式输入	描述
输入"="	进入"公式"模式
选择单元格I232	存货
输入"/"	除以
选择单元格I8	最近12个月的销售成本
输入"*360"	乘以360
按下〈Enter〉键	结束
公式计算结果	=I232/I8*360

计算结果应为72.3天(见表10-2)。现在让我们继续讨论预付费用。

预付费用及其他流动资产

对下一行的科目可以重复这一过程。"预付费用及其他流动资产"为"预付费用"和"其他流动资产"两项之和,所以单元格I234将显示"=H116+H117"。

在这种情况下，尚不清楚哪个利润表科目与预付费用相关。我们需要考虑公司实际预付的是利润表的哪项费用。例如，如果是付给制造商的费用，那么我们就应将预付费用与销售成本相联系。但如果是支付的租金，那么我们应将预付费用与销售、管理及行政费用（SG&A）相联系。不幸的是，在亨氏公司的年报和季报中搜索"预付费用"并没有得到更多信息。那么，我们将有理由假设这是与SG&A相关的，因为：①在这种情况下只有销售成本，销售、管理及行政费用两项选择；②相比于销售成本，预付费用往往与销售、管理及行政费用更为相关。请注意，在这里主要关注的是变动趋势，因为销售成本和销售、管理及行政费用都与收入同步增长，所以无论我们将预付费用与两者中哪一个相关联，趋势都将是按照收入增长率增长。

预付费用历史周转天数的传统公式如下所示：

$$2013年预付费用周转天数 = \frac{平均值（2013年预付费用，2012年预付费用）}{2013年销售、管理及行政费用} \times 360$$

进行剔除平均值的调整后得到如下公式：

$$2013年预付费用周转天数 = \frac{2013年预计预付费用}{最近12个月的销售、管理及行政费用} \times 360$$

于是，在营运资本的单元格 I235 中，我们可以进行如下操作：

2013 年预付费用周转天数（单元格 I235）

Excel 公式输入	描述
输入"="	进入"公式"模式
选择单元格 I234	预付费用
输入"/"	除以
选择单元格 I13	最近 12 个月的销售、管理及行政费用
输入"*360"	乘以 360
按下〈Enter〉键	结束
公式计算结果	=I234/I13*360

计算结果应为 36.5 天。

现在，我们可以将这三个流动资产项合并到第 236 行，注意不要将"天数"这一指标纳入合计值中。所以单元格 I236 应显示为"= I230+I232+I234"。我们可以向右复制该公式，得到的结果如表 10-2 所示。

表 10-2 亨氏公司历史经营性营运资本流动资产

经营性营运资本（OWC）计划（以百万美元计，每股数值除外）						
		估计值				
1月27日	2013PF	2014E	2015E	2016E	2017E	2018E
流动资产						
应收账款	1,098.8					
应收账款周转天数	*33.8*					
存货	1,448.4					
存货周转天数	*72.3*					
预付费用及其他流动资产	261.1					
预付费用周转天数	*36.5*					
流动资产合计	2,808.2	0	0	0	0	0

应付账款

现在可以对流动负债科目重复这一过程，其中包括"应付账款""应计负债""应计所得税"。我们可以将"应付账款"作为"应付账款"和"其他应付账款"的总和，从资产负债表调整中引入。所以，在单元格 I238 中可以输入"=H130+H131"并按 Enter 键。应付账款通常是与销售成本相关的，但仍然需要进行一些调查来确认。不幸的是，我们的调查并没有发现任何新的信息，所以，我们将保持默认的假设。可以通过以下公式（经过调整，剔除了平均项并使用最近 12 个月的数据）来计算历史周转天数：

$$2013 年应付账款周转天数 = \frac{2013 年应付账款}{最近 12 个月的销售成本} \times 360$$

2013 年应付账款周转天数（单元格 I239）

Excel 公式输入	操作描述
输入"="	进入"公式"模式
选择单元格 I238	预付费用
输入"/"	除以
选择单元格 I8	最近 12 个月的销售成本
输入"*360"	乘以 360
按下〈Enter〉键	结束
公式计算结果	=I238/I8*360

计算结果为 64.3 天（见表 10-3）。

接下来我们转而讨论"应计负债"。

应计负债

我们将"应计负债"项目视为"应计市场费用"和"其他应计负债"之和。于是，在单元格 I240 中可以输入"=H132+H133"。应计负债往往是与某项营业费用相联系的。从"应计市场费用"这个名字就可以很明显地看出它是与营业费用（销售费用）相联系的。但是，"其他应计负债"就显得不太明确。进一步的调查的确提到"其他应计负债"是与一次性项目相联系的，但是这并没能帮助我们得出这些其他负债主要是以什么费用为基础的。因为我们仅有一项主要的营业费用项目，也就是销售、管理及行政费用，鉴于对应计市场费用的了解，所以我们使用销售、管理及行政费用。

我们可以通过以下公式（经过调整，剔除了平均项并使用最近 12 个月的数据）来计算历史周转天数：

$$2013\ 年应计负债周转天数 = \frac{2013\ 年应计负债}{最近 12 个月的销售、管理及行政费用} \times 360$$

2013 年应计负债周转天数（单元格 I241）

Excel 公式输入	描述
输入"="	进入"公式"模式
选择单元格 I240	应计负债
输入"/"	除以
选择单元格 I13	最近 12 个月的销售、管理及行政费用
输入"*360"	乘以 360
按下〈Enter〉键	结束
公式计算结果	=I240/I13*360

计算结果为 131.9 天（见表 10-3），这是一个很高的值。一个异常高的周转天数（通常 >90 天）可能意味着在这一账目中有长时间未偿还的债务。这最有可能是与"其他应计负债"有关的；可能隐藏着一些非经常性或一次性项目，或者是这些债务并非与销售、管理及行政费用直接相关。再次重申，出于预测的目的，我们主要关注的是整体的趋势，所以不会对公式做进一步的挖掘和调整。

应计所得税

现在还剩下"应计所得税"项目,我们从资产负债表的134行将它引入。于是,在单元格I242中会显示"=H134"。应计所得税是与利润表中的所得税费用项目相关的。我们可以通过以下公式(经过调整,剔除了平均项并使用最近12个月的数据)来计算历史周转天数:

$$2013 年应计所得税天数 = \frac{2013 年应计所得税}{最近 12 个月的所得税费用} \times 360$$

2013年应计所得税天数(单元格I242)

Excel 公式输入	描述
输入"="	进入"公式"模式
选择单元格I242	应计所得税
输入"/"	除以
选择单元格I35	最近12个月的所得税费用
输入"*360"	乘以360
按下〈Enter〉键	结束
公式计算结果	=I242/I35*360

计算结果为145.7天。现在我们可以将这三个流动负债项目合并到244行,注意不要将"天数"这一指标纳入合计值中。单元格I244应显示为"=I238+I240+I242"。"经营性营运资本合计"这一行在"流动负债合计"的正下方,是由总流动资产减去总流动负债得到的。所以,在单元格I245中可以输入"=I236-I244"。我们可以将I244和I245这两个单元格向右复制,得到的结果如表10-3所示。

现在我们可以开始预测经营性营运资本。

表10-3 亨氏公司历史营运资本应收账款

经营性营运资本(OWC)计划(以百万美元计,每股数值除外)						
		估计值				
1月27日	2013PF	2014E	2015E	2016E	2017E	2018E
流动资产						
应收账款	1,098.8					
应收账款周转天数	*33.8*					
存货	1,448.4					
存货周转天数	*72.3*					
预付费用及其他流动资产	261.1					
预付费用周转天数	*36.5*					
流动资产合计	2,808.2	0	0	0	0	0
流动负债						
应付账款	1,287.8					

(续)

经营性营运资本（OWC）计划（以百万美元计，每股数值除外）

1月27日	2013PF	估计值				
		2014E	2015E	2016E	2017E	2018E
应付账款周转天数	64.3					
应计负债	944					
应计负债周转天数	131.9					
应交税费	91.3					
应交税费周转天数	145.7					
流动负债合计	2,323.1	0	0	0	0	0
经营性营运资本合计	485.1	0	0	0	0	0

预测经营性营运资本

为了预测经营性营运资本，我们将用每个项目的历史周转天数作为反映下一年度经营性营运资本状况的指标。如果你有时间挖掘更多的信息，则通常建议将财务报表2012年之前的数据也导入营运资本数据中，以便更好地反映历史趋势。另一方面，由于发生了交易，企业业务很可能经历了很多管理上的变动，所以经营性营运资本的管理方式也会有所不同；可能更高效，也可能更低效。我们仅将2013年的周转天数作为标准来进行初步分析。

应收账款

我们已经计算得出应收账款的历史周转天数为33.8天。应收账款周转天数通常为30天左右。为了更好地进行预测，我们想要知道公司是否会保持33.8天的周转天数水平，或者会在历史水平之上或之下进行经营。通常将公司去年的经营表现或过去三年的平均表现作为明年经营表现的指标。所以，我们用上一年的33.8天来进行预测。在单元格J231中填入"33.8"作为对2014年的假设，并将其复制到右侧。为了利用预测的周转天数算出应收账款的估计值，我们需要将应收账款周转天数的标准公式进行反向推导：

$$2013年应收账款周转天数 = \frac{平均值（2013年应收账款，2012年应收账款）}{2013年销售收入} \times 360$$

2014年的公式如下所示：

$$2014\text{年应收账款周转天数} = \frac{\text{平均值}(2014\text{年应收账款},2013\text{年应收账款})}{2014\text{年销售收入}} \times 360$$

现在我们已知应收账款周转天数（我们的假设值），想要得出 2014 年应收账款。在方程两边同时除以 360，得到：

$$\frac{2014\text{年应收账款周转天数}}{360} = \frac{\text{平均值}(2014\text{年应收账款},2013\text{年应收账款})}{2014\text{年销售收入}}$$

在方程两边同时乘以"2014 年销售收入"，得到：

$$\frac{2014\text{年应收账款周转天数}}{360} \times 2014\text{年销售收入}$$

$$= \text{平均值}(2014\text{年应收账款},2013\text{年应收账款})$$

所以，为了得到 2014 年的应收账款，公式为：

$$\frac{2014\text{年应收账款周转天数}}{360} \times 2014\text{年销售收入}$$

请注意，我们本可以对公式"平均值（2014 年应收账款,2013 年应收账款）"这一部分做进一步的调整。但是，对于标准的预测而言，我们所选取的用于推导应收账款的周转天数应该是平均化和标准化的指标，所以对于平均数的调整可能会导致过度的分析。然而，对于一些高级分析（例如管理层预测）而言，使用以下公式是回溯到确切指标的唯一方法。所以，我们在这里做进一步的分析，作为参考。

首先，将"平均值"公式转换为数学运算：

平均值（2014 年应收账款，2013 年应收账款）

$$= \frac{2014\text{年应收账款} + 2013\text{年应收账款}}{2}$$

我们可以将方程中的"平均值"公式替换为这种形式：

$$\frac{\frac{2014\text{年应收账款周转天数}}{360} \times 2014\text{年销售收入}}{} $$

$$= \frac{2014\text{年应收账款} + 2013\text{年应收账款}}{2}$$

在方程两边同时乘以 2：

$$\left(\frac{2014\text{年应收账款周转天数}}{360} \times 2014\text{年销售收入} \right) \times 2$$

$= 2014\text{年应收账款} + 2013\text{年应收账款}$

在方程两边同时减去 2013 年的应收账款：

$2014\text{年应收账款} = \left(\dfrac{2014\text{年应收账款周转天数}}{360} \times 2014\text{年销售收入} \right) \times 2 - 2013\text{年应收账款}$

我们将继续用"（2014 年应收账款周转天数 /360）× 2014 年销售收入"这个公式来计算 2014 年的估计值。这应该是合理的。在原来的基本公式"（应收账款 / 销售收

入)×360"中,"应收账款/销售收入"这部分给出了一个百分比。这个百分比回答了"账面收入中有多少比例是未清应收账款?"这个问题。回想一下本章中的第一个例子,在确认了 100,000 美元的销售收入后,有 25,000 美元的应收账款,表示销售收入中有 25% 的部分仍未收回。然后我们将这个百分比乘以 360,将它转换为应收账款周转天数的估计值。于是在这个例子中,360 乘 25% 得到 90 天。现在,在反向推导的公式"(2014 年应收账款周转天数/360)×2014 年销售收入"中,"2014 年应收账款周转天数/360"这一部分就是指应收账款未收回的比例,或者说是 90/360,也就是 25%。我们只需将预计销售收入乘以这个百分比就能得到未来估计的应收账款。

2014 年应收账款(单元格 J230)

Excel 公式输入	描述
输入"="	进入"公式"模式
选择单元格 J231	2014 年应收账款周转天数
输入"/360"	除以 360
输入"*"	乘以
选择单元格 J6	2014 年销售收入
按下〈Enter〉键	结束
公式计算结果	=J231/360*J6

可以将这个公式向右复制直到 2018 年,以完成如表 10-4 所示的应收账款计划。

表 10-4 亨氏公司历史营运资本应收账款

营运资本(OWC)计划(以 100 万美元计,每股数值除外)						
			估计值			
1 月 27 日	2013PF	2014E	2015E	2016E	2017E	2018E
流动资产						
应收账款	1,098.8	1,102.1	1,106.5	1,110.9	1,115.4	1,119.8
应收账款周转天数	*33.8*	*33.8*	*33.8*	*33.8*	*33.8*	*33.8*

存货

我们可以对营运资本的每一个科目重复这一过程。但是,请记住每一项都与不同的利润表科目相关,对存货而言,有如下公式:

$$2014 年存货 = \frac{2014 年存货周转天数}{360} \times 2014 年销售成本$$

于是,在单元格 J233 中,我们可以用 72.3 天作为对未来周转天数的假设,来进行对存货的预测。

2014 年存货（单元格 J232）

Excel 公式输入	描述
输入"="	进入"公式"模式
选择单元格 J233	2014 年存货周转天数
输入"/360"	除以 360
输入"*"	乘以
选择单元格 J8	2014 年销售成本
按下〈Enter〉键	结束
公式计算结果	=J233/360*J8

可以将单元格 J232 和 J233 向右侧复制。

现在，我们对预付费用和其他流动资产重复这一过程，将它们与利润表中的销售、管理及行政费用联系起来。

预付费用及其他流动资产

$$2014\text{ 年预付费用} = \frac{2014\text{ 年预付费用周转天数}}{360} \times 2014\text{ 年销售、管理及行政费用}$$

于是，在单元格 J235 中，我们可以填入 36.5 天作为对未来周转天数的假设，来预测未来预付费用。注意，这里已经考虑了对成本的节约，这将降低销售、管理及行政费用和潜在的预付费用余额。我们对公式做类似的调整，在销售、管理及行政费用中减去对成本的节省，来预测预付费用。

$$2014\text{ 年预付费用} = \frac{2014\text{ 年预付费用周转天数}}{360} \times$$
$$(2014\text{ 年销售、管理及行政费用} - 2014\text{ 年的成本节省})$$

2014 年预付费用（单元格 J234）

Excel 公式输入	描述
输入"="	进入"公式"模式
选择单元格 J235	2014 年预付费用周转天数
输入"/360"	除以 360
输入"*"	乘以
输入"("	开始加法公式
选择单元格 J13	2014 年销售、管理及行政费用
输入"+"	加
选择单元格 J16	2014 年的成本节约（该值为负，所以我们加上它后总额减少）
按下〈Enter〉键	结束
公式计算结果	=J235/360*（J13+J16)

以"总营业费用"为基础来计算历史及未来的预付费用可能会更容易,但是我们不认为"基金管理费用"属于预付费用,所以只考虑销售、管理及行政费用和对成本的节约。

可以将单元格 J234 和 J235 向右复制(见表 10-5)。

表 10-5 亨氏公司历史经营性营运资本流动资产

经营性营运资本(OWC)计划(以百万美元计,每股数值除外)						
			估计值			
1月27日	2013PF	2014E	2015E	2016E	2017E	2018E
流动资产						
应收账款	1,098.8	1,102.1	1,106.5	1,110.9	1,115.4	1,119.8
应收账款周转天数	*33.8*	*33.8*	*33.8*	*33.8*	*33.8*	*33.8*
存货	1,448.4	1,452.2	1,458	1,463.8	1,469.7	1,475.6
存货周转天数	*72.3*	*72.3*	*72.3*	*72.3*	*72.3*	*72.3*
预付费用及其他流动资产	261.1	259.2	260.2	261.3	262.3	263.4
预付费用周转天数	*36.5*	*36.5*	*36.5*	*36.5*	*36.5*	*36.5*
流动资产合计	*2,808.2*	*2,813.5*	*2,824.7*	*2,836*	*2,847.4*	*2,858.8*

应付账款

现在,我们可以从"应付账款"科目开始,对流动负债继续重复这一过程。

$$2014\text{年应付账款} = \frac{2014\text{年应付账款周转天数}}{360} \times 2014\text{年销售成本}$$

于是,在单元格 J239 中,我们填入 64.3 天,并以此作为对未来预测的假设。

2014 年应付账款(单元格 J238)

Excel 公式输入	描述
输入"="	进入"公式"模式
选择单元格 J239	2014 年应付账款
输入"/360"	除以 360
输入"*"	乘以
选择单元格 J8	2014 年销售成本
按下〈Enter〉键	结束
公式计算结果	=J239/360*J8

可以将单元格 J238 和 J239 向右复制。

应计负债

对于应计负债,我们在单元格 J241 中填入"131.9"。这里也估计了对成本的节约，这将减少销售、管理及行政费用和潜在的预计负债。我们对公式做类似的调整：

$$2014 年应计负债 = \frac{2014 年应计负债周转天数}{360} \times (2014 年销售、管理及行政费用 - 2014 年的成本节约)$$

2014 年应计负债（单元格 J240）

Excel 公式输入	描述
输入"="	进入"公式"模式
选择单元格 J241	2014 年应计负债
输入"/360"	除以 360
输入"*"	乘以
输入"("	开始加法公式
选择单元格 J13	2014 年销售、管理及行政费用
输入"+"	加
选择单元格 J16	2014 年的成本节约（该值为负，所以我们加上它后总额减少）
输入")"	关闭公式
按下〈Enter〉键	结束
公式计算结果	=J241/360*（J13+J16）

可以将单元格 J240 和 J241 向右复制。

应计所得税

对于应计所得税，我们可以在单元格 J243 中输入"145.7"，并使用如下公式：

$$2014 年应计所得税 = \frac{2014 年应计所得税周转天数}{360} \times 2014 年所得税费用$$

2014 年应计所得税（单元格 J242）

Excel 公式输入	描述
输入"="	进入"公式"模式
选择单元格 J243	2014 年应计所得税
输入"/360"	除以 360
输入"*"	乘以
选择单元格 J35	2014 年所得税费用
按下〈Enter〉键	结束
公式计算结果	=J243/360*J35

可以将单元格 J242 和 J243 向右复制（见表 10-6）。

表 10-6 亨氏公司历史经营性营运资本应收账款

经营性营运资本（OWC）计划（以百万美元计，每股数值除外）						
			估计值			
1月27日	2013PF	2014E	2015E	2016E	2017E	2018E
流动资产						
应收账款	1,098.8	1,102.1	1,106.5	1,110.9	1,115.4	1,119.8
应收账款周转天数	*33.8*	*33.8*	*33.8*	*33.8*	*33.8*	*33.8*
存货	1,448.4	1,452.2	1,458	1,463.8	1,469.7	1,475.6
存货周转天数	*72.3*	*72.3*	*72.3*	*72.3*	*72.3*	*72.3*
预付费用及其他流动资产	261.1	259.2	260.2	261.3	262.3	263.4
预付费用周转天数	*36.5*	*36.5*	*36.5*	*36.5*	*36.5*	*36.5*
流动资产合计	2,808.2	2,813.5	2,824.7	2,836	2,847.4	2,858.8
流动负债						
应付账款	1,287.8	1,291.5	1,296.7	1,301.8	1,307.1	1,312.3
应付账款周转天数	*64.3*	*64.3*	*64.3*	*64.3*	*64.3*	*64.3*
应计负债	944	936.7	940.5	944.2	948	951.8
应计负债周转天数	*131.9*	*131.9*	*131.9*	*131.9*	*131.9*	*131.9*
应交税费	91.3	144.1	143.7	143.2	142.8	142.3
应交税费周转天数	*145.7*	*145.7*	*145.7*	*145.7*	*145.7*	*145.7*
流动负债合计	2,323.1	2,372.3	2,380.8	2,389.3	2,397.8	2,406.4
经营性营运资本合计	485.1	441.1	443.9	446.7	449.5	452.4

经营性营运资本和现金流量表

解释清楚经营性营运资本项目和现金流之间的关系是很重要的。记住，创建经营性营运资本计划的目的之一就是作为资产负债表项目和现金流量表项目之间的桥梁。现在，我们已经有了经营性营运资本计划，可以将其中的每个项目链接到现金流量表的"经营性营运资本"部分中，也就是现金流量表的第69~74行。

首先，让我们讨论一下经营性营运资本和现金流之间的关系。如果存货逐年增加，则会导致现金流出。例如，如果2012年我们有0美元的存货，2013年存货余额增加至1,000美元，那么就说明我们可能购买了存货。购买了存货会花费现金，所以与存货变动相关的现金流为 –1,000美元。

同样的规则适用于经营性营运资本包含的所有流动资产（记住，经营性营运资本不包括现金）。如果应收账款逐年增加，则会导致现金流出。但是如果一项流动资产账目逐年减少,将会发生什么?例如,如果 2012 年应收账款为 1,500 美元,而 2013 年应收账款余额降至 0 美元,说明一定在当年回收了应收账款。也就是说,那些因为赊购而欠款的客户已经还清了货款。所以,应收账款减少,发生现金流入。在这个例子中,因为应收账款的减少而收到了 1,500 美元的现金。类似地,如果存货从 2012 年的 2,000 美元减少到 2013 年的 1,500 美元,那么可以假设已经出售了存货并收到了 500 美元现金。

资产余额变动	对现金流的影响
流动资产增加(+)	现金流减少(-)
流动资产减少(-)	现金流增加(+)
注意:在谈及经营性营运资本时,流动资产是不包括现金的。如果作为资产的现金增加,那么现金流量表中的现金当然也会相应增加	

流动负债变动对现金的影响则相反。以应计负债为例。如果应计负债从 2012 年的 1,000 美元增加到 2013 年的 2,000 美元,那么会产生一个正的现金流量。也许很难理解应付账款(你尚未支付的费用)的增加如何会产生正的现金流项目,但请记住,经营活动产生的现金流动代表着对净利润的非现金调整。所以,应付账款从 1,000 美元增加到 2,000 美元就意味着我们有了更多应加回到净利润的非现金支出。这部分由现金流入来表示,所以逐年增加的应付账款账户将使得现金增加,或者实际上使得现金加回到净利润中。相反,如果应计负债账户减少,则说明我们已经偿还了这一债务,从而现金减少。所以,如果应付账款账户从 2012 年的 7,500 美元减少到 2013 年的 0 美元,说明我们已经偿还了这些费用,这会导致 7,500 美元的现金流出。流动负债的增加反映了现金的增加,流动负债的减少反映了现金的减少。

负债余额变动	对现金流的影响
流动负债增加(+)	现金流增加(+)
流动负债减少(-)	现金流减少(-)

现金流量表的经营性营运资本部分指的是每年流动资产和流动负债增减变动的现金影响。所以,我们希望将每个经营性营运资本科目的逐年变动链接到现金流量表中,注意对定向现金流进行适当调整。在开始之前,先看一下经营性营运资本总额。经营性营运资本计划的第 246 行,标题为"经营性营运资本变动总额",代表着每一预测年度的经营性营运资本变动总额。所以在单元格 J246 中,我们可以用 2014 年的经营性营运资本总额减去 2013 年的经营性营运资本,单元格 J246 显示"=J245-I245"。

我们可以将该公式向右复制，结果表明经营性营运资本在第一年下降，之后逐年小幅增加。

因为经营性营运资本的定义是流动资产（不包括现金）减去流动负债（不包括付息短期债务），所以它可以被视作一项净资产。所以，经营性营运资本总额就像资产一样，如果它增加就表明有现金流出，如果它减少就表明有现金流入。如果亨氏公司预测的经营性营运资本是减少的，那么我们会看到在现金流量表中来自营运资本的现金总额为正。

第 247 行的匹配公式是用于检查整个模型的若干方法之一。现在它显示的是"N"，因为我们尚未将经营性营运资本项目与现金流量表进行适当的链接。一旦完成这一步，匹配项就应显示"Y"。匹配检查是用于确保第 246 行的经营性营运资本变动总额与现金流量表第 75 行的经营性营运资本总额项相匹配。在现金流量表中，我们减掉每一个经营性营运资本组成项，并将变动进行合计。这是另一种更有效地计算同一个经营性营运资本变动总额的方式。这有助于确保变动方向的正确性。

营运资本	2011 年	2012 年
应收账款	20,000	25,000
存货	5,000	7,500
预付费用	1,250	1,000
应付账款	10,000	12,500
应计费用	12,500	15,000
净营运资本	3,750	6,000
净营运资本变动		2,250

现金流	2012 年
应收账款	（5,000）
存货	（2,500）
预付费用	250
应付账款	2,500
应计费用	2,500
总营运资本总额	（2,250）

应收账款变动

我们从应收账款开始，将每个经营性营运资本科目链接到现金流量表中。在现金流量表的第 69 行中，"应收账款变动"代表"应收账款"，因此我们显然希望将其从经营性营运资本计划的"应收账款"一行中链入。但是，在现金流量表中，我们希望根据该项目是资产还是负债，用现金流入或流出来显示其逐年变动。我们看到，在经营性营运资本计划中，应收账款在 2013~2014 年是上升的。这在现金流量表中应表现为现金流出。所以当我们将应收账款从经营性营运资本链接到现金流量表中时，应该链入 2013~2014 年变动的负值，现金流量表中应收账款 = –（2014 年应收账款 –2013 年应收账款）。

2014 年应收账款（单元格 J69）

Excel 公式输入	描述
输入 "="	进入 "公式" 模式
输入 "- ("	准备计算变动的负值
选择单元格 J230	2014 年应收账款
输入 "-"	减
选择单元格 I230	2013 年应收账款
输入 ")"	公式输入结束
按下〈Enter〉键	结束
公式计算结果	=-（J230-I230）

可以将公式向右复制直到 2018 年（见表 10-7）。

存货变动

对经营性营运资本中的每一项流动资产都按同样的方法操作，也就是说，根据经营性营运资本中的流动资产与其对现金影响的关系，我们希望将其变动的负值链入现金流量表中。所以由于存货也逐年上升，我们应该看到现金流量表中的"存货变动"项目显示有现金流出。

2014 年存货变动（单元格 J70）

Excel 公式输入	描述
输入 "="	进入 "公式" 模式
输入 "- ("	准备计算变动的负值
选择单元格 J232	2014 年存货
输入 "-"	减
选择单元格 I232	2013 年存货
输入 ")"	公式输入结束
按下〈Enter〉键	结束
公式计算结果	=-（J232-I232）

可以将公式向右复制直到 2018 年（见表 10-7）。

预付费用及其他流动资产变动

同样，预付费用也属于流动资产，因为流动资产变动和现金流的关系，我们也需要将现金流的变动加入负号。

2014 年预付费用变动（现金流量表单元格 J71）

Excel 公式输入	描述
输入 "="	进入"公式"模式
输入 "-("	准备计算变动的负值
选择单元格 J234	2014 年预付费用
输入 "-"	减
选择单元格 I234	2013 年预付费用
输入 ")"	公式输入结束
按下〈Enter〉键	结束
公式计算结果	=-（J234-I234）

应付账款变动

对流动负债而言，流动负债的增加表示有现金流入。所以，我们只需用下一年的值减去前一年的值。2014 年应付账款的现金流变动 =2014 年应付账款 –2013 年应付账款。

2014 年应付账款变动（单元格 J72）

Excel 公式输入	描述
输入 "="	进入"公式"模式
选择单元格 J238	2014 年应付账款
输入 "-"	减
选择单元格 I238	2013 年应付账款
按下〈Enter〉键	结束
公式计算结果	=J238-I238

可以将公式向右复制直到 2018 年（见表 10-7）。

应计负债变动

我们可以对应计负债重复这一过程。

2014 年应计负债变动（现金流量表单元格 J73）

Excel 公式输入	描述
输入 "="	进入"公式"模式
选择单元格 J240	2014 年应付负债
输入 "-"	减
选择单元格 I240	2013 年应付负债
按下〈Enter〉键	结束
公式计算结果	=J240-I240

可以将公式向右复制直到 2018 年（见表 10-7）。

应计所得税变动

我们可以对应计所得税重复这一过程。

2014 年应计所得税变动（现金流量表单元格 J74）

Excel 公式输入	描述
输入"="	进入"公式"模式
选择单元格 J242	2014 年应计所得税
输入"-"	减
选择单元格 I242	2013 年应计所得税
按下〈Enter〉键	结束
公式计算结果	=J242-I242

可以将公式向右复制直到 2018 年（见表 10-7）。

表 10-7 亨氏公司预测合并现金流量表

合并现金流量表（以百万美元计，每股数值除外）					
			估计值		
	2014E	2013E	2014E	2015E	2016E
经营活动产生的现金流					
净利润	905.8	903	900.1	897.2	894.3
折旧	297.4	309.2	321	332.9	344.8
摊销	30	30	30	30	30
可识别无形资产摊销	342.4	342.4	342.4	342.4	342.4
递延所得税	(83)	(83)	(83)	(83)	(83)
资产剥离损失	0	0	0	0	0
待售资产减值	0	0	0	0	0
养老金缴纳	(80)	(80)	(80)	(80)	(80)
2012 财年资产减值	0	0	0	0	0
其他项目净值	10.2	10.2	10.2	10.2	10.2
营运资本变动					
应收账款变动	(3.3)	(4.4)	(4.4)	(4.4)	(4.5)
存货变动	(3.8)	(5.8)	(5.8)	(5.9)	(5.9)
预付费用及其他流动资产变动	1.8	(1)	(1)	(1)	(1)
应付账款变动	3.7	5.2	5.2	5.2	5.2
应计负债变动	(7.3)	3.7	3.8	3.8	3.8
应计所得税变动	52.9	(0.4)	(0.4)	(0.5)	(0.5)
经营性营运资本变动净值	44	(2.8)	(2.8)	(2.8)	(2.8)
经营活动产生的现金总额	1,466.8	1,429	1,437.9	1,446.9	1,455.9

我们注意到经营性营运资本计划的第247行匹配行现在显示"Y"。这是一个检查项目，用于确保我们将每年的经营性营运资本项目的变动链接到现金流量表中。在将经营性营运资本项目链入现金流量表中时，很容易混淆的一点是，应该直接关联每年的变动值还是关联每年变动值的负值。进行这项检查可以帮助我们避免这个潜在的问题，并确保现金流方向的正确性。

现在已经完成了经营性营运资本计划，可以继续进行对资产负债表的预测。请参考附录1，以确保你正在遵循正确的建模流程。

第十一章
资产负债表预估

现在，我们已经完成了现金流量表的编制，可以继续从第158行开始，对资产负债表进行预估。在真正开始估计2014年资产负债表之前，需要引入我们已经在资产负债表调整分析中计算出的资产负债表数值。我们可以简单地将这些数值链接到备考值这一列中。但是请记住，我们已经在营运资本一章中对若干资产负债表项目进行了合并。那些营运资本科目实际上也是资产负债表科目。在这一章中，我们也应该遵循相同的步骤，将相应的科目进行合并。也许回到资产负债表调整分析中合并科目会显得思路更为清晰，从而在任何地方这些科目都是合并后的。但是出于本书的目的，我们仅简单地在资产负债表这一章中所需要的地方将这些科目进行合并。

首先，我们希望将资产负债表调整的现金一行与现金余额关联。于是，单元格I164将显示"=H112"。根据我们在第十章中对营运资本的讨论，下一行的"应收账款"为"应收账款"和"其他应收款"的合并。在这里，我们也应将这两项合并，将"应收账款"和"其他应收款"这两项加起来填入单元格I165中。单元格I165将显示"=H113+H114"。我们将重复这一过程，直到形成备考资产负债表作为预估的基础。请注意，"合计值"应该为每年资产负债表从上到下的总和。请参见下表和表11-1作为指导。

资产负债表项目	公式
现金及现金等价物（单元格I164）	=H112
应收账款（单元格I165）	=H113+H114（"应收账款"和"其他应收款"之和）
存货（单元格I166）	=H115
预付费用及其他流动资产（单元格I167）	=H116+H117（"预付费用"和"其他流动资产"之和）
流动资产合计（单元格I168）	=SUM（I164:I167）
固定资产净值（单元格I169）	=H119（提示：因为本章中没有更多的合并项，可以仅简单将单元格I169向下复制到单元格I173）
商誉（单元格I170）	=H120
商标净值（单元格I171）	=H121
其他无形资产净值（单元格I172）	=H122
其他非流动资产（单元格I173）	=H123
资产合计（单元格I174）	=SUM（I168：I173）

当完成资产这一部分时，资产合计值应该与备考资产负债表调整部分的资产合计相匹配（见表11-1）。我们可以继续对负债进行分析。

第十一章 资产负债表预估

资产负债表科目	公式
短期负债（单元格 I177）	=H127
一年内到期的长期负债（单元格 I178）	=H128
循环信用贷款（单元格 I179）	=H129
应付账款（单元格 I180）	=H130+H131（"应付货款"和"其他应付款"之和）
应计市场费用和其他应计负债（单元格 I181）	=H132+H133（"应计市场费用"和"其他应计负债"之和）
应交税费（单元格 I182）	=H134
流动负债合计（单元格 I183）	=SUM（I177：I182）
定期贷款（单元格 I184）	=H136（提示：因为本章中没有更多的合并项，可以仅简单地将单元格 I84 向下复制到单元格 I190）
票据（单元格 I185）	=H137
长期负债（单元格 I186）	=H138
递延所得税（单元格 I187）	=H139
非养老金的退休后福利（单元格 I188）	=H140
其他非流动负债（单元格 I189）	=H141
可赎回非控制性股东权益（单元格 I90）	=H142
负债合计（单元格 I91）	=SUM（I183:I190）

现在，我们可以转而分析所有者权益。

资产负债表科目	公式
股本（单元格 I194）	=H146（提示：因为本章中没有更多的合并项，可以仅简单地将单元格 I94 向下复制到单元格 I199）
普通股（单元格 I195）	=H147
优先股（单元格 I196）	=H148
留存收益（单元格 I197）	=H149
库存股（单元格 I198）	=H150
累计其他综合损失（单元格 I199）	=H151
股东权益合计（单元格 I200）	=SUM(I194:I199)
非控制性权益（单元格 I201）	=H153
所有者权益合计（单元格 I202）	=I200+I201
负债和所有者权益合计（单元格 I203）	=I202+I191

如果所有的输入项都是正确的，那么资产负债表匹配单元格 I205 应显示"Y"（参见表 11-1）。虽然列出上表中的每一行可能略显冗余，但这样做将有助于说明复制到即将用于预测的资产负债表的便利性。

表 11-1 预计资产负债表

合并资产负债表（以百万美元计，每股数值除外）	
	估计值
1月27日	2013PF
资产	
流动资产：	
现金及现金等价物	0
应收账款	1,098.8
存货	1,448.4
预付费用及其他流动资产	261.1
流动资产合计	2,808.2
固定资产净值	2,428.2
商誉	18,513.4
商标净值	1,050.9
其他无形资产净值	5,519.3
其他非流动资产	1,053.6
资产合计	31,373.5
负债	
流动负债：	
短期负债	0
一年内到期的长期负债	0
循环信用贷款	0
应付账款	1,287.8
应计市场费用和其他负债	944
应交税费	91.3
流动负债合计	2,323.1
定期贷款	10,500
票据	2,100
长期负债	0
递延所得税	776.7
非养老金的退休后福利	230.9
其他非流动负债	504.8
可赎回非控制性股东权益	28.7
负债合计	16,464.1
所有者权益合计	
股东权益	
股本	0
普通股	8,240
优先股	8,000
留存收益	(1,381.1)
库存股	0
累计其他综合损失	0
股东权益合计	14,858.9
非控制性股东权益	50.5
所有者权益合计	14,909.4
负债和所有者权益合计	31,373.5
补充数据：	
是否平衡？（Y/N）	Y

由现金流量表得到资产负债表 VS 由资产负债表得到现金流量表

在进行财务预测建模时,有两种常用的方法:

(1)由资产负债表驱动现金流量表。现金流量表来自资产负债表逐年相减得到的变动。

(2)由现金流量表驱动资产负债表。资产负债表是根据现金的来源与去向进行预测的。

尽管两种方法都很常用,但我们强烈推荐第二种方法,也就是由现金流量表驱动资产负债表。这是一种更符合逻辑的方法,并且被证明更不容易出错。进一步,第一种"倒推"出现金流量表的方法可能会导致每个单独的现金流量的科目不完整。以固定资产为例,固定资产净值随着资本性支出的发生而增加,随着折旧的发生而减少。所以,如果资产负债表上的固定资产增加1,000美元,我们如何得知这一变化中有多少是由折旧引起的,有多少是由资本性支出引起的?

人们可能将这1,000美元的现金流量全部归因于资本性支出。

或者,资本性支出可能为1,500美元,折旧为500美元,这也将导致1,000美元的固定资产净值变动。

单位:美元			单位:美元		
现金流量表			资产负债表	2012年	2013年
折旧	500		固定资产	0	1,000
资本性支出	(1,500)				

进一步,公司可能购买了2,000美元的资产并计提了500美元的资产减值。有若干种可能性都可以解释固定资产的变动。但现金流量表清晰地显示了折旧和资本性支

出，所以我们可以查看现金流量表。出于这一原因，如果用现金流量表来生成备考资产负债表，就可以对业务情况有更为完整的了解。

请注意：在这一例子中我们了解到，对资本性支出和折旧的额外研究将揭示出企业财务报表上固定资产每年的变动情况。但是，当使用资产负债表倒推现金流量表时，有可能会产生重要现金流被遗漏的其他复杂情况。

我们强烈推荐采用在下一段中讨论的方法。华尔街初级分析师的一大挑战就是保持资产负债表的平衡。请记住，要想资产负债表余额平衡，公式"资产－负债＝所有者权益"必须始终成立。配平资产负债表的难点在于，必须对资产、负债和所有者权益部分的每一科目单独进行预测，并保证公式仍然成立。当资产负债表不平时，对它进行检查、找出其中的错误是一项很艰巨的任务。这曾经耗费了分析师整夜的时间。然而，如果用清晰、有条理的方法来预测资产负债表，那么这项任务将不再如此艰巨。如果对资产负债表的科目勾稽有更好的理解，那么这些花费整夜时间的人将不再存在。采用我们的方法，对不平的资产负债表进行错误检查所花费的时间最多为一个小时，所以，我们鼓励你继续阅读下去。

备考资产负债表构建的关键在于现金流量表。现金流量会影响资产、负债以及所有者权益项目。如果企业花费了现金，可能是购买了资产，也可能是偿还了一项贷款；相反，如果企业收到了现金，可能是出售了资产或者募集了资金。我们查看现金流量表，来帮助确定资产、负债和所有者权益项是如何被影响的。如果花费了现金，就一定意味着资产的增加（除现金外），或者是负债或所有者权益的减少；如果收到了现金，就意味着资产的减少（除现金外），或者是负债或所有者权益的增加。所以，为了预估资产负债表科目，我们查看每一行资产负债表科目，并问自己两个问题：

（1）哪一项或哪几项现金流量表科目影响了资产负债表科目？

（2）这一现金流量表科目对资产负债表科目的影响方向如何？是使之增加还是使之减少？

资产

以资产负债表中的"现金"科目为例。如果 2013 年的现金为 1,000 美元，而我们希望预估 2014 年的现金，应该思考这两个问题。

现金流量表	2014年	单位：美元
?	?	

资产负债表	2013年	2014年	单位：美元
现金	1,000	?	

现金流量表科目"现金及现金等价物总变动"将影响资产负债表中的现金，并且，正的现金流自然将使得资产负债表中的现金总余额增加。如果现金及现金等价物总变动为500美元，那么2014年资产负债表的现金科目应为1,500美元。

现金流量表	2014年	单位：美元
总的现金变动	500	

资产负债表	2013年	2014年	单位：美元
现金	1,000	1,500	

为了得到2014年资产负债表中的现金科目，我们从资产负债表中选取2013年的现金，加上现金流量表中2014年的现金及现金等价物总变动：

2014年资产负债表现金科目 = 2013年资产负债表现金科目 + 2014年现金及现金等价物的总变动

同样地，我们可以在模型中对亨氏公司2014年的现金进行预估。

2014年现金（资产负债表单元格J164）

Excel公式输入	描述
输入"="	进入"公式"模式
选择单元格I164	现金
输入"+"	加上
选择单元格J103	2014年现金及现金等价物总变动
按下〈Enter〉键	结束
公式计算结果	=I164+J103

计算结果应为814.7百万美元。我们可以将公式向右复制直到2018年（见表11-2）。

表11-2 亨氏公司资产负债表现金预测

合并资产负债表（以百万美元计，每股数值除外）						
			估计值			
1月27日	2013PF	2014E	2015E	2016E	2017E	2018E
资产						
流动资产：						
现金及现金等价物	0	814.7	1,589.6	2,371.7	3,160.8	3,957
应收账款	1,098.8					
存货	1,448.4					
预付费用及其他流动资产	261.1					
流动资产合计	2,808.2					

应收账款

首先，以一项典型的应收账款为例，假设 2013 年应收账款的资产负债表账面余额为 1,000 美元。

现金流量表	2014 年
?	?

单位：美元

资产负债表	2013 年	2014 年
应收账款	1,000	?

单位：美元

回答第一个问题。正是 2014 年现金流量表的营运资本部分的"应收账款变动"科目影响了资产负债表的应收账款。现在，请回想一下在本书营运资本一章中所讨论的现金流量表中和资产负债表中的应收账款科目之间的关系。如果现金变动为正，那么表明我们已经回收了应收账款，或者说应收账款减少。所以，如果 2014 年"应收账款变动"为 250 美元，那么我们就已回收了 250 美元的应收账款，2014 年的应收账款账面余额应减少 250 美元，减少至 750 美元。

现金流量表	2014 年
应收账款变动	250

单位：美元

资产负债表	2013 年	2014 年
应收账款	1,000	750

单位：美元

或：

2014 年资产负债表应收账款科目 = 2013 年资产负债表应收账款科目 − 2014 年应收账款现金流变动

请注意，这里的公式结构和现金的计算公式很相似，但是在两项之间我们用"−"代替"+"。

于是，同样地，我们可以在模型中为亨氏公司预估 2014 年的应收账款。

2014 年应收账款（资产负债表单元格 J165）

Excel 公式输入	描述
输入"="	进入"公式"模式
选择单元格 I165	应收账款
输入"-"	减去
选择单元格 J69	2014 年应收账款变动
按下〈Enter〉键	结束
公式计算结果	=I165-J69

计算结果应为 1,102.1 百万美元。我们可以将公式向右复制直到 2018 年（见表 11-4）。

存货

对于存货可以采用同样的方法。假设 2013 年存货为 1,500 美元。

第十一章 资产负债表预估

现金流量表	2014年
?	?

单位：美元

资产负债表	2013年	2014年
存货	1,500	?

单位：美元

回答两个问题中的第一个。与存货相关的现金流科目是现金流量表中营运资本部分的"存货变动"。假设2014年"存货变动"值为–250美元。营运资本的负向变动意味着我们购买了更多的存货，于是存货余额应从1,500美元增加到1,750美元。

现金流量表	2014年
存货变动	（250）

单位：美元

资产负债表	2013年	2014年
存货	1,500	1,750

单位：美元

2014年资产负债表存货科目 = 2013年资产负债表存货科目 – 2014年存货现金流变动

请注意，这里的公式结构和应收账款的公式很相似，在两项之间我们同样用"–"。

2014年存货（资产负债表单元格J166）

Excel公式输入	操作描述
输入"="	进入"公式"模式
选择单元格I166	存货
输入"-"	减去
选择单元格J70	2014年存货变动
按下〈Enter〉键	结束
公式计算结果	=I166-J70

计算结果为1,452.2百万美元。我们可以将公式向右复制直到2018年（见表11-4）。

重要的是，要注意，基于上述讨论，预估资产负债表资产的公式结构将始终如下（除现金外）：

2014年资产负债表科目 = 2013年资产负债表科目 – 2014年相关现金流量表科目

唯一例外是现金，现金的公式结构将为：

2014年资产负债表科目 = 2013年资产负债表科目 + 2014年相关现金流量表科目

这是符合逻辑的，因为下一年的资产负债表项目应为上一年的账目余额加减相关现金流带来的影响。对于资产而言，现金流的影响是反向的，如果现金流为负，则资产增加，如果现金流为正，则资产减少，因此需要"–"。资产负债表的现金资产是例外，正的现金流将增加现金余额，而负的现金流将减少现金流量，因此符号为"+"。这种公式结构的模式是建立合格模型的关键。模型越具有直观性和一致性，可读性就越强，模型没有错误的概率就越大；如果真的恰好出现错误，那么模型检查错误也会越容易。模型也应该具有概念上的合理性，因为对这些概念的理解越透彻，就越有助于分析师发现模型中可能存在的错误。

我们可以对利润表中的资产部分继续这一过程。根据表11-3，将如下资产负债表科目与相关现金流量表科目相匹配。

表 11-3　资产负债表资产预估

资产负债表科目	现金流量表科目	公式
预付费用及其他流动资产（单元格 J167）	预付费用及其他流动资产变动（单元格 J71）	=I167−J71
固定资产净值（单元格 J169）	折旧（单元格 J59），资本性支出（单元格 J78），资产处置收益（单元格 J80），收购−现金净支出（单元格 J81），资产剥离收益（单元格 J82） 注意：这里有不止一项与资产负债项目有关的现金流项目。并且，收购、资产处置以及资产剥离可能对其他资产负债表项目有影响，如商誉等。但是，目前我们简单假设其主要影响资产负债表中的固定资产项目。只要这种效应反映在资产负债表中，就不应对我们的整体分析有很大影响	=I169−J59−J78−J80−J81−J82
商誉（单元格 J170）	0 再次重申，部分收购、资产处置和资产剥离可能与商誉有关，但是我们已经简单地假设其只影响固定资产，并不影响商誉	=I170
商标净值（单元格 J171）	摊销（单元格 J60） 注意：摊销同时影响"商标"和"其他无形资产"。但是，没有必要将其在两项中分摊。我们本可以将"商标"和"其他无形资产"项目合并，来简化余额的计算。但是，我们保留了这一项。同样，只要摊销的效应反映在了资产负债表的资产部分，就不应对我们的整体分析有很大影响	=I171−J60
其他无形资产净值（单元格 J172）	可识别无形资产摊销（单元格 J61） 注意，根据对资产负债表调整的讨论（第八章），我们假设所有因购买而产生的新无形资产被分类为"其他无形资产"，所以由此产生的摊销额将受到影响	=I172−J61
其他非流动资产（单元格 J173）	其他项目净值（J67），出售短期投资（J83），限制性现金变动（单元格 J84），其他项目净值（单元格 J85） 注意：因为并不清楚"其他非流动资产"包含哪些内容，所以我们采用这种惯例方式。我们将任何不属于其他明显资产类别的资产都列入此类资产。当然，我们要将"其他项目净值"（有两项）链入此项。"限制性现金变动"更可能是一项流动资产，但是因为我们并未发现能与它直接相链接的相关项目，所以将它放在这一项中	=I173−J67−J83−J84−J85

然后，我们可以将每个科目向右复制直到2018年，同时也可以将单元格 I168 中的"流动资产合计"和单元格 I174 中的"资产合计"（在链入预计值的时候已经计算出）向右复制。现在，我们已经完成了资产负债表的资产部分（见表11-4）。

表 11-4　亨氏公司总资产预估

合并资产负债表（以百万美元计，每股数值除外）						
				估计值		
1月27日	2013PF	2014E	2015E	2016E	2017E	2018E
资产						
流动资产：						
现金及现金等价物	0	814.7	1,589.6	2,371.7	3,160.8	3,957
应收账款	1,098.8	1,102.1	1,106.5	1,110.9	1,115.4	1,119.8
存货	1,448.4	1,452.2	1,458	1,463.8	1,469.7	1,475.6
预付费用及其他流动资产	261.1	259.2	260.2	261.3	262.3	263.4
流动资产合计	2,808.2	3,628.2	4,414.4	5,207.7	6,008.1	6,815.7
固定资产净值	2,428.2	2,600.3	2,762.5	2,914.8	3,057.1	3,189.3
商誉	18,513.4	18,513.4	18,513.4	18,513.4	18,513.4	18,513.4
商标净值	1,050.9	1,020.9	990.9	960.9	930.9	900.9
其他无形资产净值	5,519.3	5,176.9	4,834.5	4,492.1	4,149.6	3,807.2
其他非流动资产	1,053.6	1,094.8	1,135.9	1,177.1	1,218.3	1,259.4
资产合计	31,373.5	32,034.4	32,651.6	33,265.9	33,877.3	34,485.9

负债

让我们查看资产负债表中流动负债部分的第一行——短期负债。如果一家公司准备借款 500 美元，那么现金和负债都会增加 500 美元。

现金流量表	2014 年
短期负债发行/赎回	500

单位：美元

资产负债表	2013 年	2014 年
短期负债	0	500

单位：美元

或者，如果公司有 1,000 美元短期负债，并且希望偿还 500 美元该债务，则将产生现金流出，负债将减少。

现金流量表	2014 年
短期负债发行/赎回	（500）

单位：美元

资产负债表	2013 年	2014 年
短期负债	1,000	500

单位：美元

所以，我们将任何短期负债所引起的现金变动加到资产负债表的短期负债余额中。

2014 年资产负债表短期负债 =2013 年资产负债表短期负债 +2014 年短期负债的现金流量变动

但是请记住，我们假设由于发生交易，公司债务实际上已被偿清，所以初始债务余额为 0。尽管如此，在现金流量表中仍有一项名为"商业票据和短期债务净支付"

的科目。虽然这一项仍为 0，并且技术上这些债务在未来将不再存在，但是为了完整性和更好地说明，我们仍然将短期负债联系起来，就像它们存在一样（尽管你也可以将它们删除）。

我们可以对 2014 年短期负债进行预估。

2014 年短期负债（单元格 J177）

Excel 公式输入	描述
输入 "="	进入"公式"模式
选择单元格 I177	短期负债
输入 "+"	加上
选择单元格 J94	2014 年商业票据和短期债务净支付
按下〈Enter〉键	结束
公式计算结果	=I177+J94

注意下一行为"一年内到期的长期负债"，这是今年应被偿还的那部分长期负债。你可能已注意到，并没有与一年内到期的长期负债直接相关的现金流科目。为了更好地解决这个问题，我们一般会根据债务计划在现金流量表中创建一个科目，或者简单地将长期负债中当期到期的部分与长期负债合并。《财务模型与估值》一书详细讲解了解决这一普遍情形的方法。但是，因为我们是在对亨氏公司的收购进行建模，并假设公司债务消失，所以并不需要进行如此调整。我们可以将这一行删除，或者继续使这一行等于 0。为了不打乱用于展示的模型结构，此处采取后一种做法。单元格 J178 将显示"=I178"。

循环信用贷款

另一方面，循环信用贷款是由于发生交易而新发行的债务，虽然它也为 0。新闻稿表示将发行 15 亿美元的循环信用贷款，但尚未使用，所以目前该值为 0，但是我们希望确保这一科目已准备好并正确地链接，以便公司在需要时可以获得资金。所以我们将现金流量表中的"循环信用贷款（偿还）"这一行链入循环信用贷款。请注意，我们尚未对循环信用贷款（偿还）进行预估。这些变动将最终来自债务计划表并引入现金流量表中。虽然我们还没有在现金流量表中对这些项目进行预估，但是仍应将公式链接到资产负债表中。

2014 年循环信用贷款（单元格 J179）

Excel 公式输入	描述
输入 "="	进入 "公式" 模式
选择单元格 I179	循环信用贷款
输入 "+"	加上
选择单元格 J88	2014 年循环信用贷款（偿还）
按下〈Enter〉键	结束
公式计算结果	=I179+J88

应付账款

假设 2013 年应付账款的资产负债表余额为 1,000 美元。

单位：美元

现金流量表	2014 年
?	?

单位：美元

资产负债表	2013 年	2014 年
应付账款	1,000	?

回答之前讨论的两个问题中的第一个。现金流量表中营运资本部分的 2014 年应付账款变动科目引起了这一资产负债表科目变动。现在，请回忆一下在本书营运资本章节中所讨论的现金流量表和资产负债表中应付账款科目之间的关系。如果现金变动为正，那么应付账款增加。所以，如果 2014 年应付账款变动为 500 美元，那么应付账款就增加了 500 美元。

单位：美元

现金流量表	2014 年
应付账款变动	500

单位：美元

资产负债表	2013 年	2014 年
应付账款	1,000	1,500

或者：

2014 年资产负债表应付账款 =2013 年资产负债表应付账款 +2014 年应付账款现金流量变动

请注意，这里的公式结构和资产的计算公式很相似，但是在两项之间我们用 "+" 代替 "−"。这是由于负债和现金之间的直接关系（比如，现金增加导致负债增加，现金减少导致负债减少）。

所以同样地，我们可以在模型中为亨氏公司预估 2014 年的应付账款。

2014 年应付账款（单元格 J180）

Excel 公式输入	描述
输入"="	进入"公式"模式
选择单元格 I180	应付账款
输入"+"	加上
选择单元格 J72	2014 年应付账款变动
按下〈Enter〉键	结束
公式计算结果	=I180+J72

计算结果为 1,291.5 百万美元。可以将公式向右复制。

我们可以对资产负债表中的负债部分继续这一过程，根据表 11-5 将以下资产负债表项目与相关现金流量表项目相匹配。

我们可以将单元格 J177~单元格 J190 向右复制直到 2018 年。同时也可以将在链入预计值的时候已经计算出的单元格 I183 中的"流动负债合计"和单元格 I191 中的"负债合计"向右复制。现在，我们已经完成了资产负债表的流动负债部分（见表 11-6）。

表 11-5 亨氏公司资产负债表负债预估

资产负债表科目	现金流量表科目	公式
应计市场费用和其他负债（单元格 J181）	应计负债变动（单元格 J73）	=I181+J73
应交税费（单元格 J182）	应交税费变动（单元格 J74）	=I182+J74
定期贷款（单元格 J184）	定期贷款借款/偿还（单元格 J89） 注意：和循环信用贷款一样，我们尚未对这些项目进行估计，但仍需将之链入	=I184+J89
票据（单元格 J185）	票据借款/偿还（单元格 J90） 注意：和循环信用贷款一样，我们尚未对这些项目进行估计，但仍需将之链入	=I185+J90
长期负债（单元格 J186）	长期负债收益/支付（单元格 J93） 注意：由于发生了收购，长期负债已经消除，所以我们也可以将这行删除	=I186+J93
递延所得税（单元格 J187）	递延所得税（单元格 J62）	=I187+J62
非养老金的退休福利（单元格 J188）	0 注意：我们没有找到与非养老金的退休福利直接相关的项目	=I188
其他非流动负债（单元格 J189）	养老金缴纳（单元格 J65） 注意：同样，"其他"可以用作统称。我们已经将未知的科目列入了"其他资产"部分。将其中一部分链接到此处不会让模型产生很大变动	=I189+J65
可赎回非控股股东权益（单元格 J190）	0 现金流量表中没有与该项明显相关的项目	=I190

表 11-6　亨氏公司负债预估

合并资产负债表（以百万美元计，每股数值除外）			估计值			
1月27日	2013PF	2014E	2015E	2016E	2017E	2018E
负债						
流动负债						
短期债务	0	0	0	0	0	0
一年内到期的长期负债	0	0	0	0	0	0
循环信用贷款	0	0	0	0	0	0
应付账款	1,287.8	1,291.5	1,296.7	1,301.8	1,307.1	1,312.3
应计市场费用和其他负债	944	936.7	940.5	944.2	948	951.8
应付所得税	91.3	144.1	143.7	143.2	142.8	142.3
流动负债合计	2,323.1	2,372.3	2,380.8	2,389.3	2,397.8	2,406.4
定期贷款	10,500	10,500	10,500	10,500	10,500	10,500
票据	2,100	2,100	2,100	2,100	2,100	2,100
长期负债	0	0	0	0	0	0
递延所得税	776.7	693.7	610.7	527.7	444.7	361.7
非养老金的退休福利	230.9	230.9	230.9	230.9	230.9	230.9
其他非流动负债	504.8	424.8	344.8	264.8	184.8	104.8
可赎回非控股股东权益	28.7	28.7	28.7	28.7	28.7	28.7
负债合计	16,464.1	16,350.4	16,195.8	16,041.3	15,886.9	15,732.4

所有者权益项目和负债项目一样。如果产生了现金，就可能意味着所有者权益增加；或者如果花费了现金，可能是企业在股份回购中购买了股份。所以，资产负债表所有者权益项目的一般公式为：

2014年所有者权益科目=2013年所有者权益科目+2014年相关现金流量表科目

也就是说，在两项之间始终用"+"，所以我们可以继续使用和之前一样的方法（见表11-7）。

表 11-7　亨氏公司资产负债表所有者权益预估

资产负债表科目	现金流量表科目	公式
股本（单元格J194）	股票期权行权（单元格J97） 注意：此处重申，股东已被收购，因此不会再有公开股本和股票期权理论上来说也可以将这行删除	= I194+J97
普通股（单元格J195）	普通股（单元格J91） 如果在初始投资之外，未来还将注入额外的普通股，那么需要在现金流量表的第91行中硬编码入这些数据	= I195+J91
优先股（单元格J196）	优先股（单元格J92） 如果在初始投资之外，未来还将注入额外的优先股，那么需要在现金流量表的第92行中硬编码入这些数据	= I196+J92

资产负债表科目	现金流量表科目	公式
留存收益（单元格J197）	净利润（单元格J58）和股利分配（单元格J95） 注意：留存收益始终由股利分配之后的净利润驱动（也可能是非控股股东权益之后的，若报表中没有用单独的行区分该科目。亨氏公司在第201行中区分了非控股股东权益）	= I197+J58+J95
库存股（单元格J198）	回购库存股（单元格J96）	= I198+J96
累计其他综合损失（单元格J199）	资产剥离损失（单元格J63），待售资产减值损失（单元格J64），2012年生产效率措施资产减值（单元格J66），从子公司收购非控制性权益（单元格J98），盈利能力支付计划（单元格J99），其他项目净值（单元格J100），汇率变化对现金及现金等价值的影响（单元格J102） 请记住，其他由于资产剥离、停止运营、设备损坏、销售和外币调整而未实现的损益，都计入其他综合收益。作为最佳猜测，我们将融资活动中的"其他项目净值"也包括也此。亨氏公司年度报告第37页解释了构成其他综合收益的几个科目	=I199+J63+J64+J66+J98+J99+J100+J102
非控制性股东权益（单元格J201）	0	= I201

然后就完成了！我们将单元格J194~单元格J199和单元格J201的每一项向右复制直到2018年。也可以将所有者权益（单元格I200）、总权益（单元格I202）以及负债和权益合计（单元格I203）向右复制，我们已经在输入历史数据时计算出这些值（见表11-8）。

表 11-8　亨氏公司资产负债表预估

合并资产负债表（以百万美元计，每股数值除外）						
			估计值			
1月27日	2013PF	2014E	2015E	2016E	2017E	2018E
资产						
流动资产：						
现金及现金等价物	0	814.7	1,589.6	2,371.7	3,160.8	3,957
应收账款	1,098.8	1,102.1	1,106.5	1,110.9	1,115.4	1,119.8
存货	1,448.4	1,452.2	1,458	1,463.8	1,469.7	1,475.6
预付费用及其他流动资产	261.1	259.2	260.2	261.3	262.3	263.4
流动资产合计	2,808.2	3,628.2	4,414.4	5,207.7	6,008.1	6,815.7
固定资产净值	2,428.4	2,600.3	2,762.5	2,914.8	3,057.1	3,189.3
商誉	18,513.4	18,513.4	18,513.4	18,513.4	18,513.4	18,513.4
商标净值	1,050.9	1,020.9	990.9	960.9	930.9	900.9
其他无形资产净值	5,519.3	5,176.9	4,834.5	4,492.1	4,149.6	3,807.2
其他非流动资产	1,053.6	1,094.8	1,135.9	1,177.1	1,218.3	1,259.4
资产合计	31,373.5	32,034.4	32,651.6	33,265.9	33,877.3	34,485.9

（续）

合并资产负债表（以百万美元计，每股数值除外）						
			估计值			
1月27日	2013PF	2014E	2015E	2016E	2017E	2018E
负债						
流动负债：						
短期负债	0	0	0	0	0	0
一年内到期的长期负债	0	0	0	0	0	0
循环信用贷款	0	0	0	0	0	0
应付账款	1,287.8	1,291.5	1,296.7	1,301.8	1,307.1	1,312.3
应计市场费用和其他负债	944	936.7	940.5	944.2	948	951.8
应交税费	91.3	144.1	143.7	143.2	142.8	142.3
流动负债合计	2,323.1	2,372.3	2,380.8	2,389.3	2,397.8	2,406.4
定期贷款	10,500	10,500	10,500	10,500	10,500	10,500
票据	2,100	2,100	2,100	2,100	2,100	2,100
长期负债	0	0	0	0	0	0
递延所得税	776.7	693.7	610.7	527.7	444.7	361.7
非养老金的退休后福利	230.9	230.9	230.9	230.9	230.9	230.9
其他非流动负债	424.8	424.8	344.8	264.8	184.8	104.8
可赎回非控制性股东权益	28.7	28.7	28.7	28.7	28.7	28.7
负债合计	16,464.1	16,350.4	16,195.8	16,041.3	15,886.9	15,732.4
权益合计						
股东权益						
股本	0	0	0	0	0	0
普通股	8,240	8240	8240	8240	8240	8,240
优先股	8,000	8,000	8,000	8,000	8,000	8,000
留存收益	（1,381.1）	（475.3）	427.7	1,327.7	2,224.9	3,119.2
库存股	0	0	0	0	0	0
累计其他综合损失	0	（131.2）	（262.5）	（393.7）	（525）	（656.2）
股东权益合计	14,858.9	15,633.5	16,405.2	17,174	17,939.9	18,703
非控股股东权益	50.5	50.5	50.5	50.5	50.5	50.5
所有者权益合计	14,909.4	15,684	16,455.7	17,224.5	17,990.5	18,753.5
负债和所有者权益合计	31,375.5	32,034.4	32,651.6	33,265.9	33,877.3	34,485.9
补充数据：						
是否平衡？（Y/N）	Y	Y	Y	Y	Y	Y

完成这一步骤后，我们应该得到一张配平的资产负债表。你可能注意到了资产负债表底部第205行的匹配项。这一匹配项是用于检查并确保资产负债表是平衡的：

$$\text{资产} = \text{负债} + \text{所有者权益}$$

如果模型没有平衡，那么我们就需要采取合适的步骤来确认哪里出现了问题。这就是我们之前提到过的艰巨的任务。但是，采用我们的方法，只用几个简单的步骤就能找出资产负债表的错误，而不需要花整夜的时间。

配平不平的资产负债表

当正确理解资产负债表项目是根据现金的产生和花费而增减时，就很容易理解当现金流量表和资产负债表不匹配时会产生不平的资产负债表。资产负债表的不平衡主要有四大原因：

（1）现金流量表中的某项没有被链入资产负债表中。这种情况常常发生，特别是当现金流量表中存在很多非标准科目时。常常会出现这些非标准科目偶然被遗漏或者遗忘的情况。

（2）现金流量表中的某一项偶然地被多次用于资产负债表中。同样，当现金流量表中存在很多非标准科目时常常会发生这种情况。请记住：当每个现金流量表科目只影响一项资产、负债或所有者权益时，资产负债表就会是平衡的。如果一项现金流量表科目被链接到两个地方，模型将不再平衡。

（3）现金流量表科目所链接的资产负债表科目是正确的，但是对资产负债表的影响方向是错误的，或者选取的年份是错误的。这时之前所描述的通用的公式结构可以有很大作用。正如你在我们一起构建的预估资产负债表中所注意到的那样，每个公式都有共同的结构：

=2013年资产负债表项目"+／-"2014年现金流量表项目

所以我们知道，每个公式中的第一项都应有一个"I"，代表着2013年的（预计）资产负债表，第二项中都有一个"J"，代表2014年的现金流量表。我们还知道，除现金外的每项资产在第一项和第二项之间都应有一个"-"。知道所有这些之后，我们很容易检查每一个资产负债表公式，以确保结构是正确的。如果第一项没有指向"I"列，或者如果第二项没有指向"J"列，那么其中一项就选取了错误的年份。我们还知道，如果在本应是"+"的地方却为"-"，那么预估资产负债表项目的变动方向就是错误的。

（4）现金流量表或资产负债表中的合计值计算错误。资产负债表不平可能仅仅是因为总资产没有被正确地加总，或者更普遍地，现金及现金等价物总变动没有正确地包括合计值中的所有科目。

以下是一个简化的资产负债表的例子。每一个现金流量表科目都正确地和相应的2014年资产负债表科目关联，并且资产负债表是平衡的。

单位：美元

现金流量表	2014年
净利润	1,000
应收账款变动	（100）
存货变动	250
总的现金变动	**1,150**

单位：美元

资产负债表	2013年	2014年
现金	1,000	2,150
应收账款	500	600
存货	250	0
负债	0	0
留存收益（净利润）	1,750	2,750
是否平衡？	Y	Y

如果恰好有一个现金流量表科目没有包括在资产负债表中，那么就会产生第一类问题，正如之前所确认的那样。我们遗漏了一项现金流，因此需要将它链接到资产负债表中。在如下例子中，我们忘记将存货链接到资产负债表中。这样所产生的资产合计为3,000美元（2,150+600+250），减去0美元的负债，将不再与2,750美元的所有者权益相匹配。如果我们正确地链入存货，那么资产负债表将是平衡的。

单位：美元

现金流量表	2014年
净利润	1,000
应收账款变动	（100）
存货变动	250
总的现金变动	**1,150**

单位：美元

资产负债表	2013年	2014年
现金	1,000	2,150
应收账款	500	600
存货	250	250
负债	0	0
留存收益（净利润）	1,750	2,750
是否平衡？	Y	N

如果一个现金流量表项目被不止一次地链入资产负债表中，那么将会产生第二类问题。我们在资产负债表中两次使用了同一个现金流量表科目，但是其实只能使用一次。在如下例子中，我们偶然将存货链入资产负债表的两个不同位置。所以资产负债表中的资产比本应有的正确值少250美元（存货的现金流减少了资产余额），因为我们重复计算了存货变动。这样产生的资产合计为2,500美元（2,150+350），减去0美元的负债，与2,750美元的所有者权益不匹配。

现金流量表	2014 年
净利润	1,000
应收账款变动	（100）
存货变动	250
总的现金变动	1,150

单位：美元

资产负债表	2013 年	2014 年
现金	1,000	2,150
应收账款	500	350
存货	250	0
负债	0	0
留存收益（净利润）	1,750	2,750
是否平衡？	Y	N

单位：美元

如果我们将现金流量表科目加到了资产负债表中，而实际上应该从中减去，那么就会产生第三类问题。在如下例子中，存货被链接到资产负债表中，并使得资产从 250 美元增加到 500 美元，而它本应使得资产从 250 美元下降到 0 美元。当将现金流量表中错误的一栏链入资产负债表中，也会产生第三类问题。这是因为链入的年份错误。

现金流量表	2014 年
净利润	1,000
应收账款变动	（100）
存货变动	250
总的现金变动	1,150

单位：美元

资产负债表	2013 年	2014 年
现金	1,000	2,150
应收账款	500	600
存货	250	500
负债	0	0
留存收益（净利润）	1,750	2,750
是否平衡？	Y	N

单位：美元

如果现金流量表或者资产负债表的合计项有问题，那么就会产生第四类问题。在如下例子中，每一现金流量表科目都被正确地链入资产负债表中，但是，"总的现金变动"在加总时发生了错误，本应为 1,150 美元，而不是 900 美元。这就会产生不匹配的情况，因为我们在资产负债表中所链入的单个现金流量科目之和为 1,150 美元，而影响现金余额的现金变动合计只显示为 900 美元。

现金流量表	2014 年
净利润	1,000
应收账款变动	（100）
存货变动	250
总的现金变动	900

单位：美元

资产负债表	2013 年	2014 年
现金	1,000	1,900
应收账款	500	600
存货	250	0
负债	0	0
留存收益（净利润）	1,750	2,750
是否平衡？	Y	N

单位：美元

检测资产负债表在哪里和为什么不平衡总是有方法可以遵循的。即使你正在使用的模型和我们的模型不一样，这一方法仍然能够检测出错误。我们已经多次用华尔街最复杂的模型验证了这一方法的正确性。我们保证，如果你能够处理这一方法的过程，那么配平一张不平的资产负债表将不再是一项艰巨的任务。

纽约金融学院资产负债表平衡方法

我们强烈推荐你将现金流量表和资产负债表打印出来，在纸上演算此方法。用铅笔和计算器在纸上执行这一方法是找出资产负债表错误的最可靠方法。但是，在Excel中对资产负债表进行校对也是可行的。无论是用纸还是用Excel，第一步都是在资产负债表中创建"差异"栏。差异栏显示值为用首年不平的资产负债表数值减去前一年平衡的资产负债表数值的差额。所以，如果2013年资产负债表是平衡的，而2014年资产负债表不平，那么差异栏将为每一行科目2014年数值减去2013年数值的差额。你做减法的方法并不重要，因为这里只需要检查数值是否匹配。在表11-9的例子中，我们有一栏用来显示资产负债表每一行科目的差异（这个例子并不代表亨氏公司的情况）。

这些差异实际上就是现金流。所以，现在我们需要将每项差异与现金流量表相匹配。对于每个资产负债表科目，关于资产负债表的平衡，我们问自己两个问题：

（1）这一差异值是否与相应的现金流相匹配？
（2）资产负债表科目的变动方向是否正确？

以应收账款为例。应收账款的差异为146.5美元（见表11-9）。所以，对于问题1，这一差异值应与现金流量表中的"应收账款变动"相匹配（见表11-10）。

问题1的答案是肯定的，因为"应收账款变动"值为146.5美元。对于问题2，我们注意到现金流量表中"应收账款变动"为正值，所以应使得资产负债表中的资产减少。回到资产负债表中，我们注意到在2013~2014年，应收账款实际上由5,937美元减少到了5,890美元，所以应收账款科目通过了检查。从现金流量表中划掉"应收账款变动"是很重要的，这表明我们已经使用过了这一项。回想一下，最常见的错误之一就是在资产负债表中多次使用或遗漏某一现金流量表科目。当我们完成这一步骤时，就对现金流量表科目进行标注，这有助于我们使用每一个现金流科目，并且只使用一次。我们可以对资产负债表的下一行重复这一过程，回答这两个问题，并勾掉相应的现金流量表科目。应对每个资产负债表科目都重复同样的做法，包括现金。当进行到资产负债表最后一行的时候，我们应该已经勾掉了现金流量表中的每个科目，且每项只勾掉一次。

表 11-9 资产负债表差异

合并资产负债表（以百万美元计）					
		实际值		估计值	
1月31日	2011A	2012A	2013A	2014E	差异
资产					
流动资产：					
现金及现金等价物		7,395	6,550	8,691.8	2,141.8
应收账款净值		5,089	5,937	5,790.5	(146.5)
存货		36,437	40,714	40,862.4	148.4
预付费用		2,960	1,685	2,458.9	773.9
其他流动资产（非持续经营）		131	89	89	0
流动资产合计		52,012	54,975	57,892.6	
固定资产净值		107,878	112,324	117,945.3	5,621.3
商誉		16,763	20,651	20,651	0
其他资产和递延费用		4,129	5,456	5,576	120
资产合计		180,782	193,406	202,064.9	

表 11-10 经营活动产生的现金流

合并现金流量表（以百万美元计）				
		实际值		估计值
1月31日	2011A	2012A	2013A	2014E
经营活动产生的现金流				
净利润	14,883	16,993	16,387	18,685.2
终止经营业务净现金的损失（利润）	79	(1,034)	67	0
折旧与摊销	7,157	7,641	8,130	8,591.7
递延所得税	(504)	651	1,050	715.9
其他经营活动	318	1,087	398	318
经营性营运资本变动				
应收账款变动	(297)	(733)	(796)	146.5
存货变动	2,213	(3,205)	(3,727)	(148.4)
预付费用变动	0	0	0	(773.9)
应付账款变动	1,052	2,676	2,687	701.2
应计负债变动	1,348	(433)	59	1,425.7
应计所得税变动	0	0	0	(399.6)
经营性营运资本净变动	4,316	(1,695)	(1,777)	951.5
经营活动产生的现金总额	26,249	23,643	24,255	29,262.3

如果完成了这一步骤但仍有现金流科目没有被勾掉，那么就知道出现的问题为类型一，你需要将该现金流量表科目链接到资产负债表中。如果发现一个现金流量表科目被勾了两次，那么问题就为类型二，你需要选择将现金流科目只链接到一个资产负债表科目中。如果差异栏的数值和现金流量表不匹配，那么就出现了第三类问题。如果资产负债表科目的变动方向错误，也就是说应该增加时减少，或是相反，那么也是第三类问题。还可能发现各科目都是正确的，但资产负债表仍然不平。如果是这样，那么这就是第四类问题：在现金流量表或是资产负债表中一定出现了加总的错误。

建议你花时间思考一下现金流量表和资产负债表之间的关系。我们所展示的这种方法符合逻辑。完全理解现金流量表和资产负债表之间的关系后，应该很清楚，除了所提到的四种可能的资产负债表问题外，没有其他原因会导致资产负债表不平衡。

完成资产负债表预估后，现在可以继续进行下一个计划：债务计划。请参阅附录1，以确保你正在遵循正确的建模流程。

第十二章
债务计划表和循环引用

构建债务计划表是为了监测企业所负担的主要债务和与之相关的利息以及偿付的明细表。此外，这样做有助于监测用于偿付债务的可用现金，以及现金及现金等价物的利息收入。简单来说，债务计划表有助于更好地监测债务及利息。一旦债务计划表构建完毕，并且已经与模型的其余部分相关联，出现的"循环引用"就是非常重要的一个问题。循环引用是帮助我们判断不同债务状况的关键，例如一家公司可以承担的债务上限，确保有足够的现金用以支付利息。

需要注意的是，由于循环引用的缘故，债务计划表应该是最后构建的报表。在这之前，请确保资产负债表是平衡的。如果资产负债表还没有调平就急于构建债务计划表，只会让事情变得更麻烦。

债务计划表的结构

模型的 252~256 行，帮助我们监测用于偿还债务的现金。如果希望只要有足够的现金就自动偿还债务，则可以使用这种方法。

> **注意**
>
> 一旦出现了循环引用，你将会看到 Excel 的报错提示。请参阅本章的"循环引用"部分，以了解如何处理这种情况。

下面的内容根据债务的种类进行分类。我们可以计算每年的负债余额，监测潜在的债务还款或债务发行以及利息。由于这是杠杆收购，我们关心交易中的新增债务。根据最近的交易条款及我们对于资金使用的安排，3G 资本公司和伯克希尔·哈撒韦公司将通过循环信用贷款、定期贷款和票据贷款筹集资金。因此我们的债务计划表主要用于处理这三类债务。记住，LBO 模型的优点之一是能够根据预测中产生的现金来偿还债务。

在债务计划表的底部，我们将所有发行及偿还的债务计入"发行（偿还）债务合计"，所有的利息计入"利息费用合计"。然后，我们将计算期末的现金余额，以及与现金有关的利息收入（如有）。

注意，最后还有一行平衡检验：确保我们计算的期末现金和资产负债表中的现金余额相匹配。

债务计划表模型构建

债务计划表模型构建的初始工作，就是将资产负债表中上一年披露的现金和债务余额输入债务计划表中。首先，我们可以将亨氏公司 2013 年备考资产负债表的现金余额输入债务计划表"年底的现金余额"。因此债务计划表的单元格 I280 为"=I164"。不要复制公式，我们将重新计算 2014 年现金余额的估计值。现在可以看到债务余额包括：

- 循环信用贷款；
- 定期贷款；
- 票据贷款。

我们将为这些债务类别创建一个独立的债务部分。共有三个部分，每一个都与所列债务相匹配。我们需要将每项债务输入最后的债务余额中。单元格 I261"循环信用贷款"（年末）为"=I179"。在表 12-1 中，我们可以继续这样做。

表 12-1 债务计划表最新披露的余额

债务明细表科目	资产负债表科目	公式
循环信用贷款（单元格 I261）	循环信用贷款（年末）（单元格 I179）	=I179
定期贷款（单元格 I268）	定期贷款（年末）（单元格 I184）	=I184
票据贷款（单元格 I275）	票据贷款（年末）（单元格 I185）	=I185

循环信用贷款

一旦链接了期末余额，我们可以创建每个债务类别的偿还计划表，首先从循环贷款科目开始。2014 年的循环信用贷款（期初余额）是当年的债务余额期初值。我们假设这和前一年的债务余额期末值相同。换言之，例如，我们假设 2014 年 1 月 1 日的债务余额与 2013 年 12 月 31 日的债务余额相同。或者在亨氏公司的案例中，由于 2013 年 1 月 27 日为财政年年末，我们假设 2013 年 1 月 28 日的期初债务余额（此为亨氏公司 2014 财年调整的期初值）与 2013 年 1 月 27 日（此为亨氏 2013 年过去 12 个月为年末的期末值）的相同。因此我们可以得到：

2014 年循环信用贷款（年初）=2013 年循环信用贷款（年末）

或者，在单元格 J258 中，我们输入"=I261"。可以复制公式，向右填充，直到

2018年。

强制性发债/(偿债)与非强制性发债/(偿债):

债务发行是指企业通过发行新债来募集资金,清偿是指企业偿还了部分债务。在模型中,我们将债务的发行和清偿划分为两类,即强制性和非强制性。强制性发债或偿债是指按计划发行或偿还的债务。例如,每年进行的本金偿还可被视为强制性偿还,因为该行为已在签署债务合同时进行了约定。非强制性发债及偿债是指债务合同约定范畴以外的行为。换言之,假如年末时我们刚好有现金盈余,那么如果我们出于自愿,在合同约定的金额之外追加偿还了一部分债务,以便节省利息费用,这种行为是非强制性偿债。非强制性偿债通常用于循环信用贷款,债务人可在现金盈余时追加偿还一部分债务。在建模过程中,由于强制性偿债通常是已经计划好的,因此我们往往基于债务合同条款将偿还金额输入模型中。在通常情况下,非强制性偿债基于公式计算而得,而公式则是根据企业拥有的可用于偿还剩余债务的现金编制的。如果我们拥有可用的盈余现金,则可用此自动偿还债务。因此,在建模时,将强制性发债与偿债独立于非强制性发债与偿债显得尤为重要。所以,我们可在债务计划表中预留一个列示债务偿还情况的位置,同时可以在其中输入"自动"计算的公式,并保持其独立性。

现在,可暂且将上述科目设为"0",待债务计划表构建完毕再输入计算公式。因此,让我们在单元格J259、J260中输入"0",复制并向右填充,直到2018年。

为了计算年末的循环信用贷款,可以简单地利用年初债务余额加上本年度发行和偿还的债务。例如,如果我们想要发行100万美元,就可以在强制性发债中输入"100万",而债务的年末余额应等于年初债务余额加上这100万美元。相反,如果我们想要偿还100万美元的债务,则我们应该在强制性发债一栏中输入负的100万美元,则年末的债务余额应等于年初债务余额减去100万美元(或者,加上负的100万美元)。

2014年循环信用贷款(年末)=2014循环信用贷款(年初)+
强制性发债(偿债)+非强制性发债(偿债)

或者,单元格J261中应输入"=SUM(J258:J260)"。

可以复制上述公式,向右填充,并转而计算利息费用(见表12-2)。

计算利息费用时,最好能够使用年初和年末债务余额的平均值。如果我们不清楚企业究竟在年中何时发行或偿还了债务，那么这样做就很重要。例如，如果我们有一项 100 万美元的短期借款，并且需要在 2014 年强制性偿还 100 万美元。因此，年末时的债务余额为 0 美元。既然已经在 2014 年某个时候偿还了债务，就技术层面来讲，只有在债务存续期才会产生利息。如果我们在当年的第一天将上述 100 万美元还清了，从技术层面看，就不会发生利息费用（或者只有很少的利息费用）。相反，如果我们没有掌握相关信息，则可简单起见使用平均值。

因此，2014 年的循环信用贷款利息费用是：

[2014 年循环信用贷款（年初），2013 年循环信用贷款（年末）] 的平均值 × 2014 年利率

2014 年循环信用贷款利息费用（单元格 J262）

Excel 公式输入	描述
输入 "="	进入"公式"模式
输入 "average（"	构建"均值"公式
单击单元格 J258	2014 年循环信用贷款（年初）
输入 ","	将我们希望求平均值的两个数值分隔开
单击单元格 J261	2014 年循环信用贷款（年末）
输入 "*"	乘以
单击单元格 J263	2014 年利率
按下〈Enter〉键	结束
公式计算结果	= AVERAGE（J258，J261）*J263

我们需要进行研究以确定亨氏公司循环信用贷款的利率。在 2013 年 3 月 13 日的 8-K 文件中，我们发现下面一段注释，关于交易中发行债务的所有利息费用：

利息

公司高级担保信贷，适用的贷款年利率取决于以下参考信息决定的浮动利率：（i）关于美元新定期贷款 B-1、美元新定期贷款 B-2、新的循环信用贷款，或者（a）基本利率取决于以下最大值：①摩根大通银行的基本利率，②有效的联邦基金利率加上 0.5%，③适用于月利率的欧洲美元利率加上 1%，加上能在高级担保信贷的权威文件中列示的适用利率。或者（b）取决于伦敦银行同业拆借利率（LIBOR），已经由法定准备金率调整，加上能在高级担保信贷的权威文件中列示的适用利率。（ii）关于欧元新定期贷款 B-1、欧元新定期贷款 B-2、英镑新定期贷款 B-1、英镑新定期贷款 B-2，

利率取决于LIBOR，已经由法定准备金率调整，加上能在高级担保信贷设备的权威文件中列示的适用利率。对于美元新定期贷款B-1、美元新定期贷款B-2、欧元新定期贷款B-1、欧元新定期贷款B-2、英镑新定期贷款B-1、英镑新定期贷款B-2的借款会受到LIBOR上下限1%的约束。基于新的循环信用，在取决于公司留置权杠杆比率的交易结束后，公司结束第一个完整财政年度，我们将调整公司贷款的适用利率。

(Heinz 8-K, March 13, 2013, www.sec.gov/Archives/edgar/data/46640/000095010313001737/dp36939_ex9901.htm)

这基本上说明利率还没有确定，很有可能是可变的。一些新的信息来源表明债券利率在4.25%~5.25%。尽管这可能会改变。现在，我们将其假设为5%，一旦获得更多信息时再修改。我们意识到期限长的债务会影响利率。我们希望，当交易即将结束时，可以获得更多关于利率的信息。同样，由于没有使用循环信用贷款，现在不会影响我们的分析。因此，我们在单元格J263中输入"5%"。可以复制J262和J263的公式，向右填充，直到2018年（见表12-2）。

定期贷款

现在我们可以看下一个债务项目：定期贷款。为了构建这个项目，我们需要重复之前循环信用贷款的过程。

2014年定期贷款（年初）与2013年年末的债务余额相同，因此：

2014年定期贷款（年初）=2013年定期贷款（年末）

或者在单元格J265中输入"=I268"，可以复制公式，向右填充。

令强制性发债与非强制性发债为"0"，然后计算定期贷款（年末）：

2014年定期贷款（年末）=2014年定期贷款（年初）+强制发债（偿债）+非强制发债（偿债）

或者在单元格J268中输入"=SUM（J265:J267）"。

然后，可以像计算循环信用贷款一样，计算利息费用。

[2014年定期贷款（年初），2014年定期贷款（年末）]的平均值×2014年利率

2014 年定期贷款利息费用（单元格 J269）

Excel 公式输入	描述
输入 "="	进入 "公式" 模式
输入 "average（"	构建 "均值" 公式
单击单元格 J265	2014 年定期贷款（年初）
输入 "，"	将我们希望求平均值的两个数值分隔开
单击单元格 J268	2014 年定期贷款（年末）
输入 "*"	乘以
单击单元格 J270	2014 年利率
按下〈Enter〉键	结束
公式计算结果	=AVERAGE（J265，J268）*J270

在单元格 J270 中输入 5%。这个时候，我们没有获得任何关于利率的信息。但模型完成后，我们可以很容易地调整变化的利率。可以复制单元格 J269 和 J270 的公式，向右填充（见表 12-2）。

票据贷款

现在我们可以看下一个债务项目：票据贷款。为了构建这个科目，我们需要重复之前的过程。

2014 年票据贷款（年初）与 2013 年年末的债务余额相同，因此：

2014 年票据贷款（年初）=2013 年票据贷款（年末）

或者在单元格 J272 中输入 "=I275"。我们可以复制公式，向右填充。

我们令强制性发债与非强制性发债为 "0"，然后计算票据贷款（年末）：

2014 年票据贷款（年末）=2014 年票据贷款（年初）+ 强制性发债（偿债）+

非强制性发债（偿债）

或者在单元格 J275 中输入 "=SUM（J272:J274）"。

然后，我们可以像计算循环信用贷款一样，计算利息费用。

[2014 年票据贷款（年初），2014 年票据贷款（年末）] 的平均值 × 2014 年利率

2014 年票据贷款利息费用（单元格 J276）

Excel 公式输入	描述
输入 "="	进入 "公式" 模式
输入 "average（"	构建 "均值" 公式
单击单元格 J272	2014 年票据贷款（年初）
输入 "，"	将我们希望求平均值的两个数值分隔开
单击单元格 J275	2014 年票据贷款（年末）

(续)

Excel 公式输入	描述
输入 "*"	乘以
单击单元格 J277	2014 年利率
按下〈Enter〉键	结束
公式计算结果	=AVERAGE（J272，J275）*J277

同时，我们进行一个核心假设，直到亨氏公司针对票据贷款做出更清晰的阐释。鉴于票据贷款的优先级次于定期贷款，风险较高，因此可能需要更高的利率。虽然这是一个重大改变，但是保守一点，我们假设利率为 7.5%，在单元格 J277 中输入。同时，当模型完成时，还可以很容易地进行调整。复制单元格 J276、J277 的公式，向右填充（见表 12-2）。

表 12-2 预计债务

债务明细表（以百万美元计，每股数值除外）						
			估计值			
1月27日	2013PF	2014E	2015E	2016E	2017E	2018E
可用于偿还债务的现金						
年初现金余额						
偿还债务之前的现金流						
最低现金余额						
可用于偿还债务的现金合计						
循环信用贷款						
循环贷款（年初）		0	0	0	0	0
强制性发债（偿债）		0	0	0	0	0
非强制性发债（偿债）		0	0	0	0	0
循环贷款（年末）	0	0	0	0	0	0
循环贷款利息费用		0	0	0	0	0
循环贷款利率		*5%*	*5%*	*5%*	*5%*	*5%*
定期贷款						
定期贷款（年初）		10,500	10,500	10,500	10,500	10,500
强制性发债（偿债）		0	0	0	0	0
非强制性发债（偿债）		0	0	0	0	0
定期贷款（年末）	10,500	10,500	10,500	10,500	10,500	10,500
定期贷款利息费用		525	525	525	525	525
定期贷款利率		*5%*	*5%*	*5%*	*5%*	*5%*
票据贷款						
票据贷款（年初）		2,100	2,100	2,100	2,100	2,100
强制性发债（偿债）		0	0	0	0	0
非强制性发债（偿债）		0	0	0	0	0
票据贷款（年末）	2,100	2,100	2,100	2,100	2,100	2,100
票据贷款利息费用		157.5	157.5	157.5	157.5	157.5
票据贷款利率		*7.5%*	*7.5%*	*7.5%*	*7.5%*	*7.5%*
发债（偿债）合计						
利息费用合计						
年末现金	0					
利息收入						
利率						
匹配（Y/N）		N	N	N	N	N

发债（偿债）合计

现在，我们可以关注278行的"发债（偿债）合计"。如上所述，这是之前所有强制性发债/(偿债)与非强制性发债/(偿债)合计。因此，单元格J278为"=J259+J260+J266+J267+J273+J274"，这个值现在是"0"，可以复制，向右填充。

利息费用合计

279行利息费用是上述利息费用的合计，因此在单元格J279中输入"=J276+J269+J262"，可以复制，向右填充。

可用于偿还债务的现金

现在，我们可以考虑现金。如之前对债务的操作，我们也将期初现金余额进行关联，即单元格J253。我们在单元格J253中输入"=I280"。因此，J253将写为"=I280"，可以复制公式，向右填充。

债务偿还之前的现金流用来衡量所有产生或支付的现金，不包括发债或偿债的现金。重要的是获得不包含债务的现金余额。因为在债务计划表中，我们想要确定有多少现金可以用来支付债务。在现金流量表的底部，105行有个项目"债务偿还之前的现金流"。为了计算这个项目，我们需要将现金流量表中与债务无关的所有项目进行合计。我们排除了以下项目：

- 循环信用贷款（偿还）；
- 定期贷款（偿还）；
- 票据贷款（偿还）；
- 长期债务收益（还款）；
- 商业票据和短期债务净支付。

公式为"=J76+J86+J91+J92+J95+J96+J97+J98+J99+J100+J102"，在现金流量表的单元格J105中计算。

我们现在关心预测年度，因此从2014年开始复制公式，向右填充，直到2018年。注意将"汇率变化对现金的影响"包含在内，这个科目很容易无意中被省略。注意有一些人认为，可以用现金及现金等价物总变动减去上述债务，尽管数学公式上是正确的，但在模型中这样做会创建第二个循环引用。最好将我们已经计算的数值进行简单相加。注意合计数匹配"现金及现金等价物总变动"。一旦我们偿还债务，这个科目也将发生改变（见表12-3）。

表12-3 偿还债务之前的现金流估计值

合并现金流量表（以百万美元计，每股数值除外）					
	数值	估计值			
期末	2014E	2015E	2016E	2017E	2018E
现金及现金等价物总变动	814.7	775	782	789.1	796.2
补充数据：					
债务偿还之前的现金流	814.7	775	782	789.1	796.2

现在，我们可以链接到债务计划表的254行，债务计划表的单元格J254为"=J105"。可以复制公式，向右填充，直到2018年。

"最低现金余额"是企业年底持有的最低现金余额。有许多原因可以解释企业为什么想要维持最低现金余额。首先，为了避免出现现金短缺，这是一个安全缓冲。第二，贷款方为了保证本金和利息支付，要求企业维持最低现金余额。不同的企业预测的最低现金余额可能存在差异。最低现金余额可以用销售收入、营运资本或者总现金数额的某一百分比计算得出，或者是根据公司债务合同要求所必须持有的储备账户金额。其他原因可能是企业必须履行债务合同的担保声明。这虽然并不是预测中最重要的，但是我们仍然建议研究企业确定最低现金余额的方式，以获得更多线索。考虑到这是杠杆收购，意味着希望释放更多的现金来支付债务。简单并保守地估计，将最低现金余额定为100百万美元。我们可以在债务计划表单元格J255中输入"–100"。输入负值是因为我们希望从现金中移除最低现金余额。因此，可用于偿还债务的总现金等于年初现金余额加上债务偿还之前的现金流，减去最低现金余额，或者单元格J256"=SUM（J253:J255）"。可以复制单元格J253~单元格J256的公式，向右填充，直到2018年。

可用于偿还债务的现金被认为是可以自由支配的现金。如果一家企业打算自己管理业务，那么可以想象，它将会利用所有资金来偿还到期债务，以便节省利息费用。然而，请注意，并不是所有的债务都能按债务人的意愿偿还而没有罚金（见表12-4）。

现在，我们可以在债务计划表的底部，即第280行，计算"年末现金"。在计算时，应从"年初现金"开始，然后加上"债务偿还之前"以及"发行及偿还的债务合计"。这可能会令很多人困惑，但试想一下，实际上我们希望完整地计量从年初到年末的现金，这其中包括因偿还债务而产生的现金支付。首先，正如我们对债务余额进行持续性预测过程一样，我们希望从"年初的现金"开始计算。然后，包括在此基础上年内产生的所有现金。特别是在债务计划表中，预测"债务偿还之前的现金流"就是使用上述方法，该科目是指现金总额扣除因发债而募集以及用于偿还债务的现金之后的净现金。这通常在"发债（偿债）合计"中反映。令人困惑的是，我们似乎需要再额外扣除一下利息，但实际上一旦科目间进行了合理的关联，那么利息早已涵盖在计算公式中了，对此，我们将在稍后进行讨论。因此，"年末现金余额"的计算公式应为：

年初现金余额 + 债务偿还之前的现金流 + 发债（偿债）合计

或者，在单元格 J280 中输入 "=J253+J254+J278"。可以复制公式，并向右填充。

表 12-4 可用于偿还债务的现金合计估计值

债务明细表（以百万美元计，每股数值除外）						
				估计值		
1月27日	2013PF	2014E	2015E	2016E	2017E	2018E
可用于偿还债务的现金						
年初现金余额		0	0	0	0	0
债务偿还之前的现金流		814.7	775	782	789.1	796.2
最低现金余额		(100)	(100)	(100)	(100)	(100)
可用于偿还债务的现金合计		714.7	675	682	689.1	696.2

既然我们已经得出了年末现金余额，就可以计算出利息收入了。利息收入通常是指由储蓄账户、存单以及其他投资产生的利息收入。基于现金及现金等价物而计算的利息收入在 281 行。正如对利息费用所做的，我们可以取年初和年末现金余额的均值，然后乘以某个利息率。因此，利息收入应等于：

平均值（年初现金余额，年末现金余额）× 利率

2014 年利息收入（单元格 J281）

Excel 公式输入	描述
输入 "="	进入"公式"模式
输入 "average ("	构建"均值"公式
单击单元格 J253	2014 年年初现金余额
输入 ","	将我们希望求平均值的两个数值分隔开
单击单元格 J280	2014 年年末现金余额
输入 "*"	乘以
单击单元格 J282	2014 年利率
按下〈Enter〉键	结束
公式计算结果	= AVERAGE（J253，J280）*J282

在未掌握与现金投资相关的确切资料的情况下，想要合理地确定利息收入并不容易。在新并购的亨氏公司，我们不确定如何管理现金，但是可以假设最低的经营现金持有数额，因为大多数现金用来促进公司发展、偿还债务使利润最大化。因此我们建议你保守使用1%的较低利率。在单元格J282中输入1%，可以复制单元格J281和J282的公式，向右填充，直到2018年。

我们需要进行更多的研究，来确定公司除了现金及现金等价物之外，是否还有其他投资会产生利息收入。

现在，我们可以将利息费用和利息收入链接到利润表中。目前，利润表的30、31行尚未与其他科目合理关联。因此，利润表中单元格J30的利息费用为"=J279"。可以复制公式，向右填充。类似的，我们可以将利息收入与债务计划表关联起来。在利润表的单元格中J31输入"=J281"，可以复制公式，向右填充。注意，2014年的利息费用数额显著增长，利息收入较过去年度减少。这是讲得通的，因为我们筹集了大额债务用于并购，并使经营持有的现金最小化。

最后，我们对利润表有一个完整的描述（见表12-5）。

模型完成之前，我们还有最后一组需要关联的科目。我们仍然需要将债务计划表中的偿债项目及发行科目与现金流量表中的融资活动现金流关联起来。债务计划表中的每项债务都应包含债务发行与债务偿还。这些都应该在现金流量表的筹资活动中反映。例如，现金流量表的88行包含循环信用贷款（还款），这应该关联到债务计划表中，包括强制性与非强制性。现金流量表的单元格J88应为"=J259+J260"。可以复制公式，向右填充，直到2018年。

类似地，现金流量表中的下一个科目定期贷款（还款），应该关联到债务计划表中，包括强制性与非强制性。在单元格J89中输入"=J266+J267"。可以复制公式，向右填充，直到注释中最后一个空行。在单元格J90中输入"=J273+J274"，可以复制公式，向右填充。

将债务计划表中所有科目与相关科目合理地关联起来，我们就可以确保最终的检验结果是匹配的。债务计划表283行进行的匹配性检验是为了确保现金科目的年末余额与资产负债表的现金科目相等。进行这项检验至关重要，因为在建模过程中，我们使用了两种不同的方法计算现金。资产负债表中的现金是通过前一年资产负债表中的

表 12-5 含利息的亨氏公司利润表预测

合并利润表（以百万美元计，每股数值除外）

	实际值			过去 12 个月			估计值				
截止日期	2010A	2011A	2012A	2012年9个月	2013年9个月	LTM	2014E	2015E	2016E	2017E	2018E
销售收入	10,495	10,706.6	11,649.1	8,495.9	8,538.3	11,691.5	11,738.3	11,785.2	11,832.3	11,879.7	11,927.2
Y/Y 收入增长率		2%	8.8%			0.4%	0.4%	0.4%	0.4%	0.4%	0.4%
销售成本	6,397.8	6,455.4	7,306.8	5,260.2	5,160.4	7,207	7,230.8	7,259.7	7,288.7	7,317.9	7,347.2
销售成本占收入的比重	61%	60.3%	62.7%	61.9%	60.4%	61.6%	61.6%	61.6%	61.6%	61.6%	61.6%
毛利润	4,097.1	4,251.2	4,342.3	3,235.7	3,377.9	4,484.5	4,507.5	4,525.5	4,543.6	4,561.8	4,580
毛利润率	39%	39.7%	37.3%	38.1%	39.6%	38.4%	38.4%	38.4%	38.4%	38.4%	38.4%
营业费用											
销售、管理及行政费用	2,235.1	2,304.4	2,548.4	1,814.2	1,841.5	2,575.6	2,582.4	2,592.7	2,603.1	2,613.5	2,624
SG&A 占收入的比重	21.3%	21.5%	21.9%	21.4%	21.6%	22%	22%	22%	22%	22%	22%
基金管理费用	0	0	0	0	0	0	(25.8)	(25.9)	(26)	(26.1)	(26.2)
成本减少	0	0	0	0	0	0	1%	1%	1%	1%	1%
成本减少占 SG&A 的比重											
营业费用合计	2,235.1	2,304.4	2,548.4	1,814.2	1,841.5	2,575.6	2,556.6	2,566.8	2,577.1	2,587.4	2,597.7
其他收益											
未合并子公司的权益	0	0	0	0	0	0	0	0	0	0	0
EBITDA	1,862.1	1,946.9	1,794	1,421.5	1,536.4	1,908.9	1,950.9	1,958.7	1,966.5	1,974.4	1,982.3
EBITDA 率	17.7%	18.2%	15.4%	16.7%	18%	16.3%	16.6%	16.6%	16.6%	16.6%	16.6%
折旧	254.5	255.2	295.7	217.6	221.5	299.6	297.4	309.2	321	332.9	344.8
摊销	48.3	43.4	47.1	34	34.9	48	30	30	30	30	30
可识别无形资产摊销	0	0	0	0	0	0	342.4	342.4	342.4	342.4	342.4
折旧与摊销合计	302.8	298.7	342.8	251.6	256.4	347.6	669.8	681.6	693.4	705.3	717.2
EBIT	1,559.2	1,648.2	1,451.2	1,169.9	1,280	1,561.3	1,281.1	1,277.1	1,273.1	1,269.1	1,265.1
EBIT 率	14.9%	15.4%	12.5%	13.8%	15%	13.4%	10.9%	10.8%	10.8%	10.7%	10.6%
利息											

（续）

合并利润表（以百万美元计，每股数值除外）

截止日期	实际值			过去12个月			估计值				
	2010A	2011A	2012A	2012年9个月	2013年9个月	LTM	2014E	2015E	2016E	2017E	2018E
利息费用	295.7	275.4	294.1	218.1	213.1	289.1	682.5	682.5	682.5	682.5	682.5
利息收入	45.1	22.6	34.6	25.6	22.3	31.3	1.2	3.9	6.8	9.8	12.9
净利息费用	250.6	252.8	259.5	192.5	190.8	257.8	681.3	678.6	675.7	672.7	669.6
EBT	1,308.7	1,395.4	1,191.7	977.4	1,089.2	1,303.5	599.8	598.5	597.4	596.4	595.4
EBT率	12.5%	13%	10.2%	11.5%	12.8%	11.1%	5.1%	5.1%	5%	5%	5%
所得税	363.6	373.9	245.2	192.6	172.8	225.5	166.7	166.4	166.1	165.8	165.5
所得税率	27.8%	26.8%	20.6%	19.7%	15.9%	17.3%	27.8%	27.8%	27.8%	27.8%	27.8%
净利润（调整过）	945.1	1,021.5	946.4	784.9	916.4	1,078	433.1	432.1	431.3	430.6	429.9
非经常性项目											
其他费用净值	13.1	15.5	6.5	2.6	15.2	19.1	19.1	19.1	19.1	19.1	19.1
税后非持续性经营损失	49.6	0	0	19.9	72.1	52.2	0	0	0	0	0
会计变更的影响	0	0	0	0	0	0	0	0	0	0	0
税后特殊项目	0	0	0	0	0	0	0	0	0	0	0
非经常性项目合计	62.7	15.5	6.5	22.5	87.3	71.3	19.1	19.1	19.1	19.1	19.1
净利润（非经常性项目后）	882.3	1,005.9	939.9	762.3	829.1	1,006.7	414	413	412.2	411.5	410.8
归属于非控制性权益的净利润	17.5	16.4	16.7	14.5	12.1	14.3	0	0	0	0	0
净利润（披露的）	864.9	989.5	923.2	747.8	817	992.4	414	413	412.2	411.5	410.8
每股收益（EPS）											
基本的	2.737	3.091	2.879	2.331	2.549	3.096					
稀释的	2.719	3.063	2.855	2.311	2.529	3.072					
平均流通普通股											
基本的	315.9	320.1	320.7	320.9	320.5	320.5					
稀释的	318.1	323	323.3	323.5	323	323					

现金余额加上现金流量表的当年现金变动得到的。然而，债务计划表的年末现金余额却是通过债务计划表顶端的年初现金余额，加上偿还债务之前的现金，并加上发债与偿债有关现金之后的净现金流。这样做的关键在于确保我们已经正确关联了发债/偿债、利息费用以及利息收入的数据（见表12-6）。

表 12-6 债务计划表预测

债务明细表（以百万美元计，每股数值除外）		估计值				
1月27日	2013PF	2014E	2015E	2016E	2017E	2018E
可用于偿还债务的现金						
年初现金余额		0	246.1	531.5	825.9	1,129.7
债务偿还之前的现金流		246.1	285.3	294.5	303.7	313.1
最低现金余额		(100)	(100)	(100)	(100)	(100)
可用于偿还债务的现金合计		146.1	431.5	725.9	1,029.7	1,342.7
循环信用贷款						
循环信用贷款（年初）		0	0	0	0	0
强制性发债（偿债）		0	0	0	0	0
非强制性发债（偿债）	1	0	0	0	0	0
循环信用贷款（年末）	0	0	0	0	0	0
循环信用贷款利息费用		0	0	0	0	0
循环信用贷款利率		*5%*	*5%*	*5%*	*5%*	*5%*
定期贷款						
定期贷款（年初）		10,500	10,500	10,500	10,500	10,500
强制性发债（偿债）		0	0	0	0	0
非强制性发债（偿债）		0	0	0	0	0
定期贷款（年末）	10,500	10,500	10,500	10,500	10,500	10,500
定期贷款利息费用		525	525	525	525	525
定期贷款利率		*5%*	*5%*	*5%*	*5%*	*5%*
票据贷款						
票据贷款（年初）		2,100	2,100	2,100	2,100	2,100
强制性发债（偿债）		0	0	0	0	0
非强制性发债（偿债）		0	0	0	0	0
票据贷款（年末）	2,100	2,100	2,100	2,100	2,100	2,100
票据贷款利息费用		157.5	157.5	157.5	157.5	157.5
票据贷款利率		*7.5%*	*7.5%*	*7.5%*	*7.5%*	*7.5%*
发债（偿债）合计		0	0	0	0	0
利息费用合计		682.5	682.5	682.5	682.5	682.5
年末现金	0	246.1	531.5	825.9	1,129.7	1,442.7
利息收入		1.2	3.9	6.8	9.8	12.9
利息率		*1%*	*1%*	*1%*	*1%*	*1%*
匹配？（Y/N）		Y	Y	Y	Y	Y

循环引用

在所有科目间已完整关联的模型中,循环引用会贯穿各个报表。这个循环引用与债务和利息有关。具体来说,如果债务计划表中的债务上升了,那么年末现金余额也会上升,因此利息收入也会随之上升。由于利息收入与利润表相关联,因此净利润也会相应上升。净利润将流入现金流量表的顶端,增加现金余额,并且更重要的是,导致现金流量表底部的"债务偿还之前的现金流"增加。"债务偿还之前的现金流"与债务计划表相关联,并且增加了可用于偿还的现金余额,因此增加了年末的现金余额,进而增加了利息收入,以此类推。

请看下面的例子,假设公司有一项1,000美元的债务。为了解释循环引用,我们只关注利息收入的变动情况。

> **注释**
>
> 当出现循环引用时,Excel可能会弹出错误提醒,因为Excel会将模型中的循环引用默认为错误。这就需要调整Excel设置,以表示我们允许在模型中出现循环引用。当这样做时,需要告诉Excel我们希望进行多少次循环迭代。因为从理论上讲,循环迭代可以无限次运行下去。
>
> - Excel2010版本。如果你使用的是Excel2010版本,则可以在菜单中选择"文档",然后找最下端的"选项"来调整设置。
> - Excel2007版本。在Excel2007版本中,你可以点击Excel界面的微软图标,选择位于底部的"Excel设置"按钮,进行调整。
>
> 一旦设置窗口弹出,即可选择"公式",展开"计算选项"菜单。在该部分菜单下面,应该有一项名为"启用迭代计算"。勾选该项即表明允许在Excel中进行循环引用。而一旦启用迭代计算,我们就应该明确希望Excel进行迭代的次数。通常进行100次迭代就足够了。

单位:美元

债务计划表	
年初现金余额	0
债务偿还之前的现金流	0
最低现金缓冲	0
长期负债	
年初余额	0
年内发行	1,000
利息(10%)*	100
年末余额	1,000
年末现金余额	1,000
利息收入(1%)*	10

* 请注意,我们仅试图阐释利息收入,因此暂时忽略利息费用。为简单起见,我们没有取年初余额和年末余额的平均值。

单位:美元

利润表	
利息收入	10
所得税(40%)	(4)
净利润	6

单位:美元

现金流量表	
净利润	6
发行长期债务	1,000
现金变动合计	1,006
债务偿还之前的现金流	6

利息收入导入利润表会导致净利润(税后)增加 6 美元。而后净利润流入现金流量表。加之发行了 1,000 美元的债务,因此现金总计增加 1,006 美元。然后,偿还债务之前的现金并不包含通过发行债务所得的现金,导致该科目余额仅增加 6 美元。下面,返回来看一下债务计划表。

单位:美元

债务计划表	
年初现金余额	0
债务偿还之前的现金流	6
最低现金缓冲	0
长期负债	
年初余额	0
年内发行	1,000
利息(10%)*	100
年末余额	1,000
年末现金余额	1,006
利息收入(1%)*	10.1

因此,由于债务偿还之前的现金流增加了 6 美元,则利息收入会增加 0.1 美元(实际上应为 0.06 美元,但是四舍五入后至 0.1 美元),并且该部分金额会流回利润表中,继续循环。

让我们看另外一个例子,这一次要阐述的是债务的利息费用。

如果债务计划表的债务被偿还,则利息费用将会减少。由于利息费用与利润表相关联,因此利息费用的减少会导致净利润的增加,更重要的是,会令现金流量表底部的"债务偿还之前的现金"增加。而偿还债务之前的现金流与债务计划表相关联,并导致可用于还债的现金余额增加。因此,由于还债节省了利息费用,使得我们可以有更多的现金偿还更多的债务。如果我们真这样做了,未来的利息费用将会进一步减少,那么税盾效应也会逐渐减弱,从而导致净利润减少,并由此循环往复。

请看下面的例子,假设公司偿还了 1,000 美元的债务。为了阐释循环引用,让我们仅关注利息费用的变动。同时，假设在年初时拥有1,000美元的现金，用于偿还1,000美元的债务。

单位：美元

债务计划表	
年初现金余额	1,000
债务偿还之前的现金流	0
最低现金缓冲	0
长期负债	
年初余额	1,000
年内发行	(1,000)
利息（10%）*	(100)
年末余额	0
年末现金余额	0
利息收入（1%）*	0

* 这里是指利息费用减少了100美元。为了简单起见，我们没有取年初余额与年末余额的平均值。同时，我们还假设无利息收入，仅阐释利息费用的变动。

单位：美元

利润表	
利息收入 *	(100)
所得税（40%）	40
净利润	60

单位：美元

现金流量表	
净利润	60
发行长期债务	(1,000)
现金变动合计	(940)
债务偿还之前的现金流	60

因此，利息费用的减少额流入利润表中，会导致净利润（税后）增加60美元，而后净利润会流入现金流量表中。由于偿还了1,000美元的债务，现金余额将减少940美元。然而，偿还债务之前的现金流并不包含因发行或偿还债务导致的现金变动，因此仅会增加60美元。现在，再返回来看一下债务计划表。

单位：美元

债务计划表	
年初现金余额	1,000
债务偿还之前的现金流	60
最低现金缓冲	0
长期负债	
年初余额	1,000
年内发行	(1,000)
利息（10%）*	(100)
年末余额	0
年末现金余额	60
利息收入（1%）*	0

* 这里同样是指利息费用减少了100美元。为简单起见，我们没有取年初余额与年末余额的平均值。同时，我们还假设无利息收入，仅阐述利息费用的变动。

现在，我们的现金余额又多了 60 美元，可以用于偿还更多的债务。如果我们确有其他债务，则可以选择还债，以便进一步节省利息费用。而这也将反映到利润表中，由此循环往复。

从技术层面来讲，既然发债及偿债金额是直接输入模型中的，这样特殊的循环就不是无限次的。换言之，我们必须在每个迭代结束后手动调整还债的金额。但是，接下来我们将看一看自动还款公式，它可以生成一种无限次的循环迭代。我们需要在 Excel 迭代设置中给定一个迭代次数的上限，例如 100 次。

循环引用的"#Value！"报错

在允许循环引用的情况下，可能常常令模型被 #Value！或其他形式的报错所困扰。这种情况通常是由于循环引用以及循环迭代相关的某个单元格的公式不小心输错所引发的。如果一个特定的公式出现了这样的错误，则 Excel 会将其视为一个字符串，而非一个数字，从而导致无法计算而报错。如果这样的报错信息在循环引用中出现，则错误信息会陷入循环中，使得循环路径上涉及的每个单元格都受到影响。

你可以强制将某个处于循环中的单元格改写成字符串（不用担心，我们可以很快修复）。例如，我们可以在发债对应的某个单元格中，如单元格 J259，输入"测试"两个字。那么，现在模型中应该充斥着 #Value！的报错信息。如果你没有马上看到报错信息，请尝试按"F9"，这是令 Excel 重新计算的快捷键（见表 12-7）。

表 12-7 债务计划表预测 #Value！错误

债务明细表（以百万美元计，每股数值除外）				估计值		
1月27日	2013PF	2014E	2015E	2016E	2017E	2018E
可用于偿还债务的现金						
年初现金余额		0	#VALUE!	#VALUE!	#VALUE!	#VALUE!
债务偿还之前的现金流		#VALUE!	#VALUE!	#VALUE!	#VALUE!	#VALUE!
最低现金余额		(100)	(100)	(100)	(100)	(100)
可用于偿还债务的现金合计		#VALUE!	#VALUE!	#VALUE!	#VALUE!	#VALUE!
循环信用贷款						
循环信用贷款（年初）		0	0	0	0	0
强制性发债（偿债）		test	0	0	0	0
非强制性发债（偿债）		0	0	0	0	0
循环信用贷款额度（年末）	0	0	0	0	0	0
循环贷款利息费用		0	0	0	0	0
循环信用贷款利率		*5%*	*5%*	*5%*	*5%*	*5%*

表 12.8 利润表 #Value！错误

合并利润表（以百万美元计，每股数值除外）

截止日期	实际值			过去12个月			估计值				
	2010A	2011A	2012A	2012年9个月	2013年9个月	LTM	2014E	2015E	2016E	2017E	2018E
EBIT	1,559.2	1,648.2	1,451.2	1,169.9	1,280	1,561.3	1,281.1	1,277.1	1,273.1	1,269.1	1,265.1
EBIT率	14.9%	15.4%	12.5%	13.8%	15%	13.4%	10.9%	10.8%	10.8%	10.7%	10.6%
利息											
利息费用	295.7	275.4	294.1	218.1	213.1	289.1	682.5	682.5	682.5	682.5	682.5
利息收入	45.1	22.6	34.6	25.6	22.3	31.3	#VALUE!	#VALUE!	#VALUE!	#VALUE!	#VALUE!
净利息费用	250.6	252.8	259.5	192.5	190.8	257.8	#VALUE!	#VALUE!	#VALUE!	#VALUE!	#VALUE!
EBT	1,308.7	1,395.4	1,191.7	977.4	1,089.2	1,303.5	#VALUE!	#VALUE!	#VALUE!	#VALUE!	#VALUE!
EBT率	12.5%	13%	10.2%	11.5%	12.8%	11.1%	#VALUE!	#VALUE!	#VALUE!	#VALUE!	#VALUE!
所得税	363.6	373.9	245.2	192.6	172.8	225.5	#VALUE!	#VALUE!	#VALUE!	#VALUE!	#VALUE!
所得税率	27.8%	26.8%	20.6%	19.7%	15.9%	17.3%	27.8%	27.8%	27.8%	27.8%	27.8%
净利润（调整后）	945.1	1,021.5	946.4	784.9	916.4	1,078	#VALUE!	#VALUE!	#VALUE!	#VALUE!	#VALUE!

表 12-9 修复后的利润表

合并利润表（以百万美元计，每股数值除外）

截止日期	实际值			过去12个月			估计值					
	2010A	2011A	2012A	2012年9个月	2013年9个月	LTM	2014E	2015E	2016E	2017E	2018E
EBIT	1,559.2	1,648.2	1,451.2	1,169.9	1,280	1,561.3	1,281.1	1,277.1	1,273.1	1,269.1	1,265.1
EBIT率	*14.9%*	*15.4%*	*12.5%*	*13.8%*	*15%*	*13.4%*	*10.9%*	*10.8%*	*10.8%*	*10.7%*	*10.6%*
利息											
利息费用	295.7	275.4	294.1	218.1	213.1	289.1	682.5	682.5	682.5	682.5	682.5
利息收入	45.1	22.6	34.6	25.6	22.3	31.3	1.2	3.9	6.8	9.8	12.9
净利息费用	250.6	252.8	259.5	192.5	190.8	257.8	681.3	678.6	675.7	672.7	669.6
EBT	1,308.7	1,395.4	1,191.7	977.4	1,089.2	1,303.5	599.8	598.5	597.4	596.4	595.4
EBT率	*12.5%*	*13%*	*10.2%*	*11.5%*	*12.8%*	*11.1%*	*5.1%*	*5.1%*	*5%*	*5%*	*5%*
所得税	363.6	373.9	245.2	192.6	172.8	225.5	166.7	166.4	166.1	165.8	165.5
所得税率	*27.8%*	*26.8%*	*20.6%*	*19.7%*	*15.9%*	*17.3%*	*27.8%*	*27.8%*	*27.8%*	*27.8%*	*27.8%*
净利润（调整后）	945.1	1,021.5	946.4	784.9	916.4	1,078	433.1	432.1	431.3	430.6	429.9

为了修复错误，我们首先需要辨别错误在哪里，并修正它。因此，我们将"测试"两个字改回数字"0"。尽管这样做可以修正最初的错误，但错误依旧存在，因为在循环路径上依然能看到#Value！的报错信息。为了进一步修复，我们需要打断循环，允许Excel按正常情况重新计算一次，再重新恢复循环。这里有一个捷径，就是去看一下利润表的利息费用和利息收入（第30、31行）（见表12-8）。

我们只需要标记并删除上述两行。首先，选择单元格D30，按住"Shift"，并单击空格键一次，然后，继续按住"Shift"，并按下方向键，用来选择另一行。现在，可以单击"Delete"来删除上述链接。而后，Excel需要按正常情况重新计算。这时，你可以看到#Value！的报错信息消失。如果这些#Value！的报错信息仍然存在，则表明是模型出现问题，而非循环引用。这时，我们可以重新将科目间的勾稽关系嵌回表中，只需要"撤销"之前的删除操作，或按下"Ctrl+Z"。这样一来，所有单元格都应该会恢复正常了（见表12-9）。

自动还款

此前我们已经讨论过存在"非强制性发债/(还债)"科目，主要是由于当企业拥有盈余现金时，可自动用于偿还债务。而当企业有现金需求时，则可以通过发行债务来募集资金。尽管并非所有的企业都会选择或被允许根据意愿来偿还债务，但还是让我们来看一下该如何将一个自动还款公式嵌入模型中。首先，很重要的是，要解释我们希望通过上述公式来处理怎样的特定情况。我们希望设置一系列逻辑条件，以便让债务余额与可用于偿还债务的现金之间可以进行比较。如果我们所拥有的现金超过了债务余额，那么即可还清所有债务；如果现金比债务余额要少，那么可以有多少现金就还多少债务；而如果现金余额是负值，那么需要发行新债务来满足现金需求。让我们将上述需求汇总成更加正式的逻辑条件，列示如下：

（1）如果可用现金是负值，则我们需要募集现金。
（2）如果可用现金是正值，那么：
　　a.如果可用现金比债务余额多，那么我们可以还清所有债务。
　　b.如果可用现金比债务余额少，那么我们只能有多少现金就还多少债务。

然后，我们可以用"如果……则……"的就是重新表述以上逻辑语句。例如，条件1：如果现金余额是负的，很明显我们需要现金，则需要募集现金以满足现金需求。因此该条件可改写为：

1. 如果现金 <0，则输出 – 现金。

因此，上式结尾处的"– 现金"表示输出的现金余额的相反值。换言之，如果我们有 –500 美元的现金可用于偿还债务，那么则需要募集 500 美元以满足现金需求。因此，上式则应读作 –500 美元（是的，有两个负号），或者 500 美元。

2a. 如果现金 >0，那么，如果可用现金 > 债务，则输出 – 债务。

或者，如果现金是正的，并且现金余额比债务余额多，那么我们可以还清债务。偿还债务用"– 债务"，即负的债务余额来表示。

2b. 如果现金 >0，那么，如果可用现金 < 债务，则输出 – 现金。

或者，如果现金是正的，并且现金余额比债务余额少，那么我们只能有多少现金就偿还多少债务。这会用负的现金余额表示。

注意，还有一种表述方式同时适用于上述 2a 与 2b 这两种情况，即取现金和债务两者的最小值。让我们来看一个关于 2a 的例子，假设现金余额为 1,000 美元，债务余额为 500 美元。在这种情况下，现金余额是正的，且大于债务余额，所以我们可以还清所有债务，因此会输出 –500 美元或 – 债务。现在，让我们再看一个 2b 的例子，假设现金余额为 1,000 美元，债务余额为 2,500 美元。在这种情况下，尽管现金余额是正的，却小于债务余额，因此我们只能有多少现金就还多少债务，即输出为 –1,000 美元或 – 现金。在上述两种情况下，我们都是在现金或债务之间取最小值。因此公式"–Min（现金，债务）"将能同时满足两个条件。那么在现金余额为负的条件下呢？在这种情况下，"–Min（现金，债务）"同样适用。我们知道债务余额永远不可能是负的。如果现金余额是负的，则一个负值（现金）一定会小于一个正值（债务）。因此，如果现金余额是负的，则公式"–Min（现金，债务）"会给出 – 现金，这是我们想要的结果。

能否很好地理解以上公式并知悉它的运算原理非常重要，便于在处理不同问题时对公式进行调整。例如，在原公式中添加一个"Min"函数，将能得到企业可以发行的债务规模。

我们可以将其应用在循环信用贷款。在某个时点，如果需要现金，我们就可以筹集现金来满足需要。然而，循环信用贷款有上限 1,500 百万美元，这意味着我们筹集的资金不能超过这个额度。因此，如果需要的资金数额为 −2,500 百万美元，我们仅能筹集 1,500 百万美元，这是两者中的最小值。或者，如果现金需求是 −500 百万美元，我们希望仅仅筹集 500 百万美元，不是 1,500 百万美元，也是两者中的最小值。因此，我们可以在前面的公式中增加另一个"最小值"公式。

公式如下：

$$=MIN(-(MIN(现金，债务)),1,500)$$

债务支付将一直是负数，因此将小于任何正数（或者，在这个例子中的 1,500）。但是，如果输出数值是正数（由于需要现金所以筹集债务）——大于 1,500，那么外部的 MIN 部分将防止其超过 1,500。

我们可以在模型的循环信用贷款部分输入公式，在债务计划表的单元格 J260 中输入"=MIN(−MIN(J258,J256)，1,500)"。

可以复制公式，向右填充。现在，可以测试公式的功能。我们可以使现金余额为负数，因此需要筹集债务，通过改变单元格 J255 的值为"−1,000"。如果你这样做，你将注意到循环信用贷款人开始筹集债务来应对现金短缺。让我们改变单元格 J255 的值为"−2,000"来进一步测试公式。这里，现金短缺超过允许筹集的最大值 1,500 百万美元。我们可以看到循环信用贷款人筹集金额不会超过 1,500 美元。如果你已经复制公式，向右填充，你将看到公式将自动支付下一年的债务，因为有充足的现金，公式有效运行。现在保持值为"−2,000"，这样我们接下来可以讲解如何设置开关使得这些公式自动关闭和开启。

选项开关

在上式中设置一个简单的、可用来开启或关闭"min"函数的"开关"同样很有用。我们可以简单地用上式乘以"1"或"0"来实现。用任意公式乘以"0"，结果永远为"0"，这样公式就被关闭了。当用任意公式乘以"1"时，不会影响公式本身的计算结果，即开启了公式。例如，可以在单元格 I260 中键入"1"。我们同样可以在单元格 J260 中添加公式"*$I$260"，确保添加了美元符号，引用单元格 I260，以便在复制公式并向右填充时,锁定对单元格 I260 的引用。这时,单元格 J260 应读取 "=MIN(–MIN(J258,J256),1,500)*$I$260"。现在,如果在单元格 I260 中键入 "0",则公式将被关闭,输出结果为 "0"。如果在单元格 I260 中键入 "1",则公式会被开启。让我们保持公式的开关处于开启状态,让单元格 J255 的值为 "–100"。

完成模型

既然核心模型已经完成了,那么返回来从全局的角度来看模型的输出结果显得很重要。如同华尔街分析师,我们已经从全局的角度来看公司经营的增长情况。因为这家公司正被收购,管理层将发生变动,公司预测数据也更加不确定。因此,我们认为围绕大致的假设条件,通过改变假设变量以检测模型边界条件,并检测整体收益如何变化,这是非常重要的。我们将在下一章中学习如何计算整体收益。

除了经营状况,我们需要返回来,再看一下预测的资产负债表。除非有合理的原因,否则我们不应该在资产负债表中列示负的资产或者负债余额。通常,资产或者负债不会是负值。从这个角度看,资产负债表没有问题。

我们希望考虑需要支付的债务。通过公司的文件说明,研究确定怎样处理这些债务。可惜的是,进一步的研究没有包括定期贷款和票据贷款的还款计划。通常,定期贷款将在特定期限内偿还—例如,未来 5 年或 7 年。如果这样的还款计划存在,我们就需要输入强制性偿债计划,将其作为每年的本金偿还额。我们希望在不久的将来,关于债务的相关细节能够公开披露。我们将在下一部分讨论,亨氏公司的现金流似乎不足以支撑任何大额偿还计划,或者每年的债务支付,这种现象在杠杆收购中并不常见。正如我们之前所讨论的,一部分杠杆收购的策略是债转股,即增加回报值。我们假设公司在退出时偿还债务,因此,让我们保持所有债务的本金支付为 0。下一章中我们将讨论公司退出前支付所有债务的情况。我们也将在第三部分中分析更复杂的债务结构。

做完上述过程,我们可以继续估计预计的投资回报。在接下来的几页列示了我们所构建的完整的三张报表(见表 12-10、12-11 和 12-12)。

表 12-10 亨氏合并利润表

合并利润表（以百万美元计，每股数值除外）

截止日期	实际值			2012年9个月	过去12个月 2013年9个月	LTM	估计值				
	2010A	2011A	2012A				2014E	2015E	2016E	2017E	2018E
销售收入	10,495	10,706.6	11,649.1	8,495.9	8,538.3	11,691.5	11,738.3	11,785.2	11,832.3	11,879.7	11,927.2
Y/Y 收入增长率		2%	8.8%			0.4%	0.4%	0.4%	0.4%	0.4%	0.4%
销售成本	6,397.8	6,455.4	7,306.8	5,260.2	5,160.4	7,207	7,230.8	7,259.7	7,288.7	7,317.9	7,347.2
销售成本占收入的比重	61%	60.3%	62.7%	61.9%	60.4%	61.6%	61.6%	61.6%	61.6%	61.6%	61.6%
毛利润	4,097.1	4,251.2	4,342.3	3,235.7	3,377.9	4,484.5	4,507.5	4,525.5	4,543.6	4,561.8	4,580
毛利润率	39%	39.7%	37.3%	38.1%	39.6%	38.4%	38.4%	38.4%	38.4%	38.4%	38.4%
营业费用											
销售，管理及行政费用	2,235.1	2,304.4	2,548.4	1,814.2	1,841.5	2,575.6	2,582.4	2,592.7	2,603.1	2,613.5	2,624
SG&A 占收入的比重	21.3%	21.5%	21.9%	21.4%	21.6%	22%	22%	22%	22%	22%	22%
基金管理费用	0	0	0	0	0	0	0	0	0	0	0
成本减少	0	0	0	0	0	0	(25.8)	(25.9)	(26)	(26.1)	(26.2)
成本减少占SG&A的比重							1%	1%	1%	1%	1%
营业费用合计	2,235.1	2,304.4	2,548.4	1,814.2	1,841.5	2,575.6	2,556.6	2,566.8	2,577.1	2,587.4	2,597.7
其他收益											
未合并子公司的权益	0	0	0	0	0	0	0	0	0	0	0
EBITDA	1,862.1	1,946.9	1,794	1,421.5	1,536.4	1,908.9	1,950.9	1,958.7	1,966.5	1,974.4	1,982.3
EBITDA 率	17.7%	18.2%	15.4%	16.7%	18%	16.3%	16.6%	16.6%	16.6%	16.6%	16.6%
折旧	254.5	255.2	295.7	217.6	221.5	299.6	297.4	309.2	321	332.9	344.8
摊销	48.3	43.4	47.1	34	34.9	48	30	30	30	30	30
可识别无形资产摊销	0	0	0	0	0	0	342.4	342.4	342.4	342.4	342.4
折旧与摊销合计	302.8	298.7	342.8	251.6	256.4	347.6	669.8	681.6	693.4	705.3	717.2
EBIT	1,559.2	1,648.2	1,451.2	1,169.9	1,280	1,561.3	1,281.1	1,277.1	1,273.1	1,269.1	1,265.1
EBIT 率	14.9%	15.4%	12.5%	13.8%	15%	13.4%	10.9%	10.8%	10.8%	10.7%	10.6%

第十二章 债务计划表和循环引用

（续）

合并利润表（以百万美元计，每股数值除外）

截止日期	实际值			过去12个月			估计值				
	2010A	2011A	2012A	2012年9个月	2013年9个月	LTM	2014E	2015E	2016E	2017E	2018E
利息											
利息费用	295.7	275.4	294.1	218.1	213.1	289.1	682.5	682.5	682.5	682.5	682.5
利息收入	45.1	22.6	34.6	25.6	22.3	31.3	1.2	3.9	6.8	9.8	12.9
净利息费用	250.6	252.8	259.5	192.5	190.8	257.8	681.3	678.6	675.7	672.7	669.6
EBT	1,308.7	1,395.4	1,191.7	977.4	1,089.2	1,303.5	599.8	598.5	597.4	596.4	595.4
EBT率	*12.5%*	*13%*	*10.2%*	*11.5%*	*12.8%*	*11.1%*	*5.1%*	*5.1%*	*5%*	*5%*	*5%*
所得税	363.6	373.9	245.2	192.6	172.8	225.5	166.7	166.4	166.1	165.8	165.5
所得税率	*27.8%*	*26.8%*	*20.6%*	*19.7%*	*15.9%*	*17.3%*	*27.8%*	*27.8%*	*27.8%*	*27.8%*	*27.8%*
净利润（调整过）	945.1	1,021.5	946.4	784.9	916.4	1,078	433.1	432.1	431.3	430.6	429.9
非经常性项目											
其他费用净值	13.1	15.5	6.5	2.6	15.2	19.1	19.1	19.1	19.1	19.1	19.1
税后非持续性经营损失	49.6	0	0	19.9	72.1	52.2	0	0	0	0	0
会计变更的影响	0	0	0	0	0	0	0	0	0	0	0
税后特殊项目	0	0	0	0	0	0	0	0	0	0	0
非经常性项目合计	62.7	15.5	6.5	22.5	87.3	71.3	19.1	19.1	19.1	19.1	19.1
净利润（非经常性项目后）	882.3	1,005.9	939.9	762.3	829.1	1,006.7	414	413	412.2	411.5	410.8
归属于非控制性权益的净利润	17.5	16.4	16.7	14.5	12.1	14.3	0	0	0	0	0
净利润（披露的）	864.9	989.5	923.2	747.8	817	992.4	414	413	412.2	411.5	410.8
每股收益（EPS）											
基本的	2.737	3.091	2.879	2.331	2.549	3.096					
稀释的	2.719	3.063	2.855	2.311	2.529	3.072					
平均流通普通股											
基本的	315.9	320.1	320.7	320.9	320.5	320.5					
稀释的	318.1	323	323.3	323.5	323	323					

309

表 12-11 合并现金流量表

合并现金流量表（以百万美元计，每股数值除外）

截止日期	实际值			过去 12 个月			估计值				
	2010A	2011A	2012A	2012年9个月	2013年9个月	LTM	2014E	2015E	2016E	2017E	2018E
经营活动产生的现金流											
净利润	882.3	1,005.9	939.9	762.3	829.1	1,006.7	414	413	412.2	411.5	410.8
折旧	254.5	255.2	295.7	217.6	221.5	299.6	297.4	309.2	321	332.9	344.8
摊销	48.3	43.4	47.1	34	34.9	48	30	30	30	30	30
可识别无形资产摊销	0	0	0	0	0	0	342.4	342.4	342.4	342.4	342.4
递延所得税与递延所得税资产	220.5	153.7	(94.8)	(71.5)	(59.7)	(83)	(83)	(83)	(83)	(83)	(83)
备抵价值											
资产剥离净损失	44.9	0	0	0	19.8	19.8	0	0	0	0	0
待售资产减值	0	0	0	0	36	36	0	0	0	0	0
养老金资产缴纳	(539.9)	(22.4)	(23.5)	(15.5)	(53.3)	(61.2)	(80)	(80)	(80)	(80)	(80)
2012 财年资产减值	0	0	58.7	0	0	58.7	0	0	0	0	0
其他经营活动	90.9	98.2	75.4	87.9	22.7	10.2	10.2	10.2	10.2	10.2	10.2
经营性营运资本变动											
应收款项变动	121.4	(91.1)	171.8	46.1	(148.1)	(22.4)	(3.3)	(4.4)	(4.4)	(4.4)	(4.5)
存贷的变动	48.5	(80.8)	60.9	(126.6)	(158.5)	29.1	(3.8)	(5.8)	(5.8)	(5.9)	(5.9)
预付费用及其他资产变动	2.1	(1.7)	(11.6)	(13.7)	5.7	7.8	1.8	(1)	(1)	(1)	(1)
应付账款变动	(2.8)	233.3	(72.4)	(182.3)	(42.9)	67.1	3.7	5.2	5.2	5.2	5.2
应计负债变动	96.5	(60.9)	(20)	(77)	(5.4)	51.6	(7.3)	3.7	3.8	3.8	3.8
应计所得税变动	(5.1)	50.7	65.8	82.3	(24.9)	(41.4)	(23.8)	(0.1)	(0.1)	(0.1)	(0.1)
经营性营运资本净变动	260.6	49.5	194.6	(271.2)	(374)	91.8	(32.7)	(2.5)	(2.5)	(2.5)	(2.5)
经营活动产生的现金总额	1,262.2	1,583.6	1,493.1	743.5	676.9	1,426.5	898.3	939.3	950.3	961.5	972.7
投资活动产生的现金流											
资本性支出（CAPEX）	(277.6)	(335.6)	(418.7)	(274.5)	(259.2)	(403.4)	(469.5)	(471.4)	(473.3)	(475.2)	(477.1)
CAPEX 占收入百分比							4%	4%	4%	4%	4%
处理固定资产的收入	96.5	13.2	9.8	6.9	17.3	20.2	0	0	0	0	0
收购－现金净支出	(11.4)	(618.3)	(3.3)	0.7	16.8	12.9	0	0	0	0	0

(续)

合并现金流量表（以百万美元计，每股数值除外）

	实际值			过去 12 个月			估计值				
截止日期	2010A	2011A	2012A	2012年9个月	2013年9个月	LTM	2014E	2015E	2016E	2017E	2018E
资产剥离产生的收入	18.6	1.9	3.8	(3.3)	0	7.1	0	0	0	0	0
出售短期投资	0	0	56.8	48	0	8.8	0	0	0	0	0
限制性现金变动	192.7	(5)	(39.1)	(39.1)	4	4	(39.1)	(39.1)	(39.1)	(39.1)	(39.1)
其他投资活动	(5.4)	(5.8)	(11.4)	(9.4)	(10.3)	(12.3)	(12.3)	(12.3)	(12.3)	(12.3)	(12.3)
投资活动产生的现金总额	**13.4**	**(949.6)**	**(402)**	**(270.6)**	**(231.4)**	**(362.7)**	**(520.9)**	**(522.7)**	**(524.6)**	**(526.5)**	**(528.4)**
筹资活动产生的现金流											
循环信用贷款（还款）	0	0	0	0	0	0	0	0	0	0	0
设备期限贷款（还款）	0	0	0	0	0	0	0	0	0	0	0
票据借贷（还款）	0	0	0	0	0	0	0	0	0	0	0
普通股	0	0	0	0	0	0	0	0	0	0	0
优先股	0	0	0	0	0	0	0	0	0	0	0
长期债务收益（还款）	(183.3)	184.1	471.5	479.4	(14.6)	(22.5)	0	0	0	0	0
商业票据和短期债务净支付	(427.2)	(193.2)	(42.5)	(56.9)	31.1	45.5	0	0	0	0	0
股利（包括优先股）	(533.6)	(579.6)	(619.1)	(464.9)	(499.7)	(653.9)	0	0	0	0	0
购买库存股	0	(70)	(201.9)	74.5	96.1	(180.3)	0	0	0	0	0
行使股票期权	67.4	154.8	82.7	(201.9)	(139.1)	145.5	0	0	0	0	0
收购子公司非控制性权益股份	(62.1)	(6.3)	(54.8)	(54.8)	(80.1)	(80.1)	0	0	0	0	0
获利能力付款协议	0	0	0	0	(44.5)	(44.5)	0	0	0	0	0
其他融资活动	(9.1)	27.8	1.3	5.5	1.6	(2.6)	(9.1)	(9.1)	(9.1)	(9.1)	(9.1)
筹资活动产生的现金总额	**(1,147.9)**	**(482.5)**	**(362.8)**	**(219.2)**	**(649.3)**	**(792.9)**	**(9.1)**	**(9.1)**	**(9.1)**	**(9.1)**	**(9.1)**
汇率变化对现金及现价等价物的影响总计	(17.6)	89.6	(122.1)	(129.1)	(26)	(19.1)	(122.1)	(122.1)	(122.1)	(122.1)	(122.1)
现金及现金等价物总变动	**110.1**	**241.1**	**606.1**	**124.6**	**(229.8)**	**251.8**	**246.1**	**285.3**	**294.5**	**303.7**	**313.1**
补充数据：											
债务偿还之前的现金流							246.1	285.3	294.5	303.7	313.1

表 12-12　合并资产负债表

债务明细表（以百万美元计，每股数值除外）		估计值				
1月27日	2013PF	2014E	2015E	2016E	2017E	2018E
资产						
流动资产：						
现金及现金等价物	0	246.1	531.5	825.9	1,129.7	1,442.7
应收账款	1,098.8	1,102.1	1,106.5	1,110.9	1,115.4	1,119.8
存货	1,448.4	1,452.2	1,458	1,463.8	1,469.7	1,475.6
预付费用及其他流动资产	261.1	259.2	260.2	261.3	262.3	263.4
流动资产合计	2,808.2	3,059.6	3,356.2	3,662	3,977	4,301.5
固定资产	2,428.2	2,600.3	2,762.5	2,914.8	3,057.1	3,189.3
商誉	18,513.4	18,513.4	18,513.4	18,513.4	18,513.4	18,513.4
商标权净值	1,050.9	1,020.9	990.9	960.9	930.9	900.9
其他无形资产净值	5,519.3	5,176.9	4,834.5	4,492.1	4,149.6	3,807.2
其他非流动资产	1,053.6	1,094.8	1,135.9	1,177.1	1,218.3	1,259.4
资产总计	31,373.5	31,465.8	31,593.4	31,720.2	31,846.2	31,971.7
负债						
流动负债：						
短期负债	0	0	0	0	0	0
一年内到期的长期负债	0	0	0	0	0	0
周转信贷额度	0	0	0	0	0	0
应付账款	1,287.8	1,291.5	1,296.7	1,301.8	1,307.1	1,312.3
应计费用和其他应计债务	944	936.7	940.5	944.2	948	951.8
所得税	91.3	67.5	67.3	67.2	67.1	67
流动负债合计	2,323.1	2,295.7	2,304.5	2,313.3	2,322.1	2,331.1
设备期限贷款	10,500	10,500	10,500	10,500	10,500	10,500
票据贷款	2,100	2,100	2,100	2,100	2,100	2,100
长期负债	0	0	0	0	0	0
递延所得税	776.7	693.7	610.7	527.7	444.7	361.7
非养老金的退休福利	230.9	230.9	230.9	230.9	230.9	230.9
其他非流动负债	504.8	424.8	344.8	264.8	184.8	104.8
可赎回的非控制性权益	28.7	28.7	28.7	28.7	28.7	28.7
负债合计	16,464.1	16,273.7	16,119.5	15,965.3	15,811.2	15,657.1
权益						
所有者权益						
股本	0	0	0	0	0	0
普通股投资	8,240	8,240	8,240	8,240	8,240	8,240
优先股投资	8,000	8,000	8,000	8,000	8,000	8,000
留存收益	(1,381.1)	(967.2)	(554.2)	(142)	269.5	680.3
库存股	0	0	0	0	0	0
累计其他综合损失	0	(131.2)	(262.5)	(393.7)	(525)	(656.2)
所有者权益合计	14,858.9	15,141.6	15,423.3	15,704.3	15,984.5	16,264.1
非控制性权益	50.5	50.5	50.5	50.5	50.5	50.5
所有者权益合计	14,909.4	15,192.1	15,473.9	15,754.8	16,035.1	16,314.6
负债和所有者权益合计	31,373.5	31,465.8	31,593.4	31,720.2	31,846.2	31,971.7
补充数据：						
是否平衡？（Y/N）	Y	Y	Y	Y	Y	Y

第十三章
杠杆收购的回报率

既然建模已经完成，我们就准备着手估计 3G 资本公司和伯克希尔·哈撒韦公司的预期收益。正如本书开头所讨论的，计算投资收益时假定在几年后退出。虽然已经建立了五年的财务模型，但我们不能确定五年后公司是否有退出意图。然而，在假设退出的情况下，计算回报率确实给了我们估值的参考。所以，即使 3G 资本公司和伯克希尔·哈撒韦公司在五年后没有出售公司业务的意图，我们也应该进行类似的假设分析，以确定其投资价值。

退出价值

如第三章所述，退出事件很可能由息税前利润（EBIT）或者息税折旧摊销前利润（EBITDA）决定。我们可以通过查看同比公司或历史交易，来找到合适的退出乘数。然而，采取更保守的方法来确定退出乘数是很常见的。为企业收购支付的乘数无论大小，都可以作为退出乘数。如果今天为收购一家企业支付了其息税折旧摊销前利润的 5 倍，那我们便希望在五年后至少卖到其息税折旧摊销前利润的 5 倍。虽然乘数是一样的，但我们希望在五年内增加 EBITDA，从而退出价值会更高。事实上我们还希望可以将企业卖出更高的乘数，从而实现更大的收益，但我们知道这几乎不可能。当然，这是一种保守的方法，前提是我们并没有在企业估值极高时才进行收购。我们假设任何理性投资者都不会进行过高估值的收购，基于这个理由，这是一种保守的方法。作为预防措施，它对通过类比公司和先例交易确定收购乘数是有帮助的。建议你回看第三章中的杠杆收购（LBO）分析的步骤，以便更充分地做好准备，了解如何利用构建的模型来估计回报率。

现在我们可以计算收购乘数，同时可保守地作为退出乘数。让我们回到假设表。这里我们注意到"收购乘数"的计算从单元格 B11 开始。可以用收购价格加净负债来计算企业价值，即支付的全部价值。基于收购乘数的企业价值（EV）是由收购价格计算得出，而不是股票市值。因此，我们可以在单元格 C12 中输入"=J6+J7"。

由此可以得到计算结果 27,458.9 百万美元，该结果可以用于计算 EBIT 和 EBITDA 乘数。收购乘数的计算与收购时间有关，这里简单使用 2013 年 1 月。我们基于当时的运营指标（过去 12 个月 [LTM] 的指标）来计算这些乘数。

因此，对于"隐含 EV / LTM EBITDA"或单元格 C13，我们用企业价值除以 LTM EBITDA。单元格 C13 将显示"=C12/Financials！I21"。可以在单元格 C13 中做同样的操作，但用 LTM EBIT 作为分母，所以单元格 C13 将为"=C12/Financials！I27"。这应该分别给予 14.4 倍的 EBITDA 乘数和 17.6 倍的 EBIT 乘数（见表 13-1）。

表 13-1　收购乘数

收购乘数	
企业价值 / 百万美元	27,458.9
隐含 EV/LTM EBITDA	14.4
隐含 EV/LTM EBIT	17.6

我们将使用 14.4 倍的 EBITDA 乘数作为退出价值乘数。可以将此计算值链接到"Returns"工作表。或者选择"Returns"工作表，找到并突出显示单元格 F6。这里我们可以键入"="，然后切换到假设表，选择隐含的 EV / LTM EBITDA 乘数，然后按 Enter。如果正确完成，"Returns"工作表中的单元格 F6 应该显示为"=Assumptions！C13"。

"投资回报（Returns）"工作表的其余部分展示了我们如何确定退出收益及后续支付给债务持有人和股东的价值。简言之，我们将计算退出价值，加上账面现金，然后减去所有剩余债务和义务，包括对优先股持有者的义务。最后的剩余价值就是归属于普通股股东的权益价值。

在本章中，我们将只计算 3G 投资公司的投资回报率。这比计算伯克希尔·哈撒韦公司的投资回报率更简单，因为 3G 投资公司只有普通股投资。在本书第三部分，我们将学习如何用优先股进行股利支付建模，只有这样才可以计算出伯克希尔·哈撒韦公司的收益。

第二部分的重点是确保对完整的杠杆收购模式有充分的了解，没有其他附加的难度，如优先股和股利的问题。我打算以层层递进的方式来描述，否则会变得太复杂。强烈建议反复阅读第二部分，以确保你在尝试解决更高级的第三部分之前，充分了解全面的杠杆收购机制。此外，请复习章后问题，并在网站 www.wiley.com/ go / pignatarolbo 上完成 LBO 作业。㊀

现在我们有了退出乘数，可以继续计算估计的退出值。假设我们在第 5 年后出售，退出价值是 5 年后的估计出售价格。因此，我们将这个退出乘数乘以 2018（EBITDA

㊀ 关于本书附带学习资料，也可以在金多多教育网站下载，网址为 www.jinduoduo.net.——译者注

+管理费用）。注意"+管理费用"；这是杠杆收购经常做的细微调整。我们不知道买家实际上是否会收取额外的管理费用，但如果他们愿意的话，在出售该业务时，显然不会收取管理费用。换句话说，如果 3G 资本公司在拥有该公司时每年收取 100 万美元，一旦 3G 资本公司出售其在该公司的股份，就显然不会再收取这笔费用。所以我们会以 EBITDA 加上管理费用，作为计算退出价值的基础。

所以，我们在"Returns"工作表中的单元格 K7 中计算这个值。

2018 退出价值（单元格 K7）

Excel 公式输入	描述
输入"="	进入"公式"模式
输入"("	EBITDA+管理费用
选择"Financials"工作表单元格 N21	2018 EBITDA
输入"+"	加
选择"Financials"工作表单元格 N15	2018 管理费用
输入")"	结束 EBITDA+管理费用公式
输入"*"	乘
选择"Returns"工作表单元格 F6	EBITDA 乘数
按下〈Enter〉键	结束
公式计算结果	=(Financials!N21+Financials!N15)*Returns F6

计算得出我们的估计退出价值为 285.151 亿美元。注意此处的退出价值并不比收购价值高很多。这可能会造成一个问题，即没有太多的增长来维持可观的收益率。不过，请注意我们使用的是非常保守的收益和 EBITDA 增长假设。稍后我们会调整这一点。此外，这个价值还不代表 3G 资本公司的收益。一旦公司出售，需要优先偿付贷款人和优先股持有人。在这之后，我们才能确定 3G 资本公司将实际收到多少钱。

所以我们来计算一下。

我们需要调整以下项目的退出值：

- 现金；
- 循环信用贷款；
- 定期贷款；
- 票据贷款；
- 优先股权。

工作表中的第8~13行列出了对普通股股东权益的调整（注：我们将在第三部分计算优先股）。我们可以从2018年的公司资产负债表中简单地抽取这些科目。例如，单元格K8的现金值可以从2018年的现金中引入（财务报表单元格N164）。单元格K8将会为"=Financials！N164"。我们将继续按照表13-2引入相关项目。

如上所述，我们还没有模拟出优先股。根据初步委托投票文件，伯克希尔·哈撒韦公司将以其优先股的9%收取年度股利。我们将通过利润表、现金流量表和资产负债表对流程进行模拟。现在，我们对总股利支付情况进行快速估算：

优先股 × 股利率（%）× 年数

表13-2　普通股股东权益公式

公式单元格（"Returns"工作表）	公式
K8	=Financials!N164
K9	=Financials!N179
K10	=Financials!N184
K11	=Financials!N185
K12	=Financials!N196
K13	"=9%*K12*5"

或 8,000×9%×5，相当于3,600。同样，我们将在第三部分更好地模拟出来，但现在这个快捷方法足够估算出3G资本公司的收益。

现在，我们可以通过退出价值，加上现金，减去债务、优先股和股利来计算普通股股东的剩余价值。单元格K14将显示为："= K7+K8-K9-K10-K11-K12-K13"（注意，加上现金并减去剩余部分）（见表13-3）。

表13-3　普通股股东权益

投资收益表（以百万美元计，每股数值除外）						
				估算值		
期末	LTM	2014E	2015E	2016E	2017E	2018E
退出乘数	14.4x					
企业价值 [(EBITDA+ 管理费用)× EBITDA 乘数]						28,515.1
加现金						1,442.7
减循环信用贷款额度						0
减定期贷款						10,500
减票据贷款						2,100
减优先股						8,000
减优先股股利						3,600
普通股权益						5,757.8

3G 资本公司回报率

现在可以继续计算 3G 资本公司的回报率。我们将使用"IRR"Excel 公式，它可以计算一行中数据的返回值。为了正确计算回报率，我们需要将收购价值（3G 资本公司的原始投资）作为负值引入，负值表示投资。这个值引自现金来源。在"Returns"工作表中的单元格 F15 中，我们可以通过输入"-Assumptions！F14"（注意为负值）来连接 3G 资本公司投资。

接下来，我们需要表示归属于 3G 资本公司的股本投资回报。我们基于公开信息了解到，3G 资本公司的股权投资比例为 70%。然而，这也许会有轻微改变。若有依附于其他证券，例如股权组成中包括优先股（我们假设为 0%），那么这些股权也具有价值，并稀释这 70% 的股权。重申一下，这 70% 代表现金的来源，因此，随着我们对交易的深入了解，可以在这里进行简单地调整。将 70% 乘以单元格 K15 的普通股价值，K15 单元格将输入为"=K14*Assumptions！H14"。注意我们将投资回报值放在 K 列，即 2018 年数据所属的列中。IRR 公式是根据收购和退出价值之间有多少列来计算期间（年份）。然而，为了使 IRR 公式能够正确计算期间中的列数，我们需要在这些单元格中输入"0"值。因此，我们在单元格 G15 到 J15 中以硬编码的方式输入"0"值。见表 13-4。

表 13-4　3G 投资公司收益

投资收益表（以百万美元计，每股数值除外）						
	实际	估计值				
期末	LTM	2014E	2015E	2016E	2017E	2018E
退出乘数						
企业价值 [(EBITDA+ 管理费用) × EBITDA 乘数)]						28,515.1
加现金						1,442.7
减循环信用贷款						0
减定期贷款						10,500
减票据贷款						2,100
减优先股						8,000
减优先股股利						3,600
普通股权益						5,757.8
3G 资本公司收益	(4,120)	0	0	0	0	4,030.5
内部收益率 IRR	(0.4%)					
收益乘数	1×					

现在我们可以计算单元格 F16 中的 IRR 公式。

3G 投资公司 IRR（单元格 F16）

Excel 公式输入	描述
输入 "="	进入"公式"模式
输入 "IRR("	开始 IRR 公式
选择单元格 F15	进入价值
输入 " : "	表明我们将选中一个范围的单元格
选择单元格 K15	退出价值和范围结束
输入 ")"	停止 IRR 公式
按下〈Enter〉键	结束
公式计算结果	=IRR(F15 : K15)

计算结果为 -0.4% 的内部收益率。这样的收益率对 3G 资本公司来说看起来不太好。不过，请注意，我们使用了一些非常保守的收入和 EBITDA 增长假设。在进一步讨论之前，我们来计算收益乘数。收益乘数是计算投资收益率的另一种流行方式。用退出价值除以购买价值即为收益率的计算方式。这基本上显示了你的投资现金收益的乘数。例如，如果你的投资是 100 美元，你收到 1,000 美元的收益，就是 10 倍的投资现金收益率（1,000/100）。我们可以在单元格 F17 中将退出价值除以负的购买价值来计算现金收益乘数。需要将购买价值取负值，因为此前引入的是负值。所以单元格 F17 将写为 "= K15/-F15"。计算值应为 1 倍的现金收益，也不是很好。到目前为止，3G 资本公司在 5 年后几乎刚刚收回投资本金（见表 13-4）。

有几个潜在因素导致这种低收益，最主要的因素是息税折旧摊销前利润（EBITDA）没有增长。让我们回到杠杆收购创造价值的三种方式：

（1）EBITDA 的增长；

（2）乘数增加；

（3）偿还债务。

EBITDA 增长

若回顾第三章，我们在讨论收入增长时的假设是与华尔街保守的估值方法相一致的，即增长率不会高于 1%。我们假设 3G 资本公司和伯克希尔·哈撒韦公司都认为，即使在如此低的预估情况下，也可以实现较高的 EBITDA 增长率。

公允意见

要获得更多的估值意见,建议咨询公允意见。公允意见是投资银行或者其他第三方机构对合并、收购、回购或分拆的条款是否合理的专业评估。该业务分析可以在初步委托投票报告书中找到。在2013年3月4日发布的最新委托投票报告(撰写本书时)中,从第59页开始的题为"美银美林(BofA Merrill Lynch)意见"的部分,就是公允意见。第一段为:

> 亨氏公司继续选择美银美林作为亨氏公司在兼并方面的财务顾问。美银美林是一家国际认可的投资银行,经常参与公司和证券的估值、兼并收购、谈判承销、上市和非上市证券二次发行、私人配售以及企业估值。亨氏公司选择美银美林作为财务顾问,是因为美银美林在合并方面的经验丰富,以及其在投资界良好的声誉和对亨氏公司及其业务比较熟悉。

(亨氏公司委托投票报告,2013年3月4日,第59页)

此外,为了澄清公允意见的定义,委托投票报告的下一段为:

> 2013年2月13日,在为评估此次并购而召开的亨氏董事会会议上,美银美林公司向亨氏公司董事会陈述了口头意见,经过2013年2月13日的书面意见书确认,截至该意见之日,基于意见中描述的不同假设和限制,从财务角度判断,对亨氏公司普通股持有者而言,兼并对价是公平的。

这是报告中的几个公允意见之一。亨氏公司还聘用了华尔街投行 Centerview,该报告提供了公允意见的详细内容,同时另一家投行 Moelis 也完成了一份公允意见报告。

几个有趣的部分有助于进一步分析我们模拟潜在回报率的方式,一个是财务预测。代理报告第73页有一个注释:

> 亨氏公司通常不会公布详细的业务计划和策略,或对其预期的财务状况和业务结果进行外部披露,除了不时在其定期盈利新闻稿和投资者资料中提供某些预期财务业绩和业务指标的估计范围。对于可能的交易评估,亨氏公司的管理层准备了2013财年的预测(包括7个月的实际业绩,被称为"2013年预测"),以及以下五个财年的两种情景预测。第一种情景预测("不包括并购计划")认为,亨氏公司在其预测的期间内不会在新兴市场进行任何收购;而第二种情景预测(包括"并购计划")认为,亨氏公司在预测期间内会继续在新兴市场进行补强型收购。2013年的预测,不论是否包

括并购计划都统称为"财务预测"。这些财务预测都不会向公众进行披露。

这表明，亨氏公司管理层提供了两种财务预测方案：一种包括并购活动；一种不包括并购活动。不同之处在于，包括并购活动的预测假设新买家将采取进一步收购战略来推动收入增长。是否使用包含并购计划的预测取决于我们自己，包含并购计划的假设更激进，不包含并购计划的假设相对保守。我们先来看看激进的假设，以此了解新买家是如何考虑投资回报的。请注意，这两种情景之间的差异并不显著。理想情况下，我们会有一系列不同的情景方案，并可以在不同的方案之间随时进行假设切换。但是在我看来，我们当前使用的情景即为最保守的方案——与华尔街的预测保持一致。还要注意，如果我们假设有额外的并购活动，则确实应该对补强收购进行建模分析。然而，这超出了本书的范围，我们将放在另一本《并购、剥离与资产重组：投资银行和私募股权实践指南》一书，请查看委托投票报告第77页，我们有以下预测（见图13-1）。

包含 M&A 的预测

下表总结了包含M&A的预测（包括2013年预测），该预测提供给亨氏公司董事会：

（以百万美元计，每股数值除外）	会计年度末4月					
	2013E	2014P	2015P	2016P	2017P	2018P
销售收入	11,675	12,291	12,975	13,618	14,461	15,399
EBIT[①]	1,705	1,845	1,990	2,105	2,268	2,449
稀释后的每股收益/美元	3.58	3.81	3.89	4.10	4.44	4.82

① 非-GAPP测算。为此，EBIT代表去除净利息费用、非控制性权益、所得税后的净利润。

图13-1 公司预测

在这里，我们注意到收入增长略高于预期。这可能是买家估计收入增长略高于1%。如果我们将收入增长率提高到5.5%，就会更接近公允意见中列出的数字。让我们做一点改变，看一下是否可以增加投资回报率。我们想知道买方对于业务中的价值驱动因素是如何考虑的。因此，我们可以在"Financials"工作表的单元格J7中输入5.5%，并向右复制。请注意：若将增长率降低至4.5%，则会更加接近"不包含并购计划"情景下预测的销售收入。你可以通过改变增长率来进行不同的情景分析。我们先继续使用 5.5% 的销售收入增长率，现在回到"Returns"工作表，看看投资回报率是否有所改善。我们可以看到 IRR 变成了 19.7%，远好于此前的情况。请注意，大多数私募股权公司预计回报率会在 20%~25%。现在，EBITDA 的改进不一定来自收入增长，也可以来自成本降低。例如，销售成本（COGS）占销售收入的百分比从 2012 年的 62.7% 下降到过去 12 个月（LTM）的 61.6%。我们假设通过将 2014 年 COGS 占销售收入的百分比改为 60%，并将其复制到右侧，来进一步降低成本。这样做会使总体回报率跃升到 26.2%。降低 COGS 会对回报率产生巨大的影响。3G 资本公司和伯克希尔·哈撒韦公司都没有明确说明实现盈利收益的计划。但是，我们可以推断，必须实现最大的收入增长估计，才能预防低于 20%~25% 的预期收益率，或者也可以采取一些降低成本的措施来达到实现公司预期收益的目的。

还有另外两个措施可以在收购中创造价值。我们一起来看看。

乘数扩张

乘数扩张是增加隐含价值的最直接因素。也就是说，我们可以以更高的退出乘数将企业出售。如果该公司在 2018 年以高于 14.4 的乘数将业务售出，则将有显著的额外利润。可以很容易在"Returns"工作表的"单元格 F6"中来验证。现在退出乘数是 14.4 倍。仍然使用该模型的版本，5.5% 的增长率，COGS 下降到收入的 60%。如果企业以 16 倍的乘数退出而不是 14.4 倍，那么整体回报率是多少？在"Returns"工作表中将"16"输入"单元格 F6"中，我们将看到 IRR 增加到 31.7%。这个数值高了很多，甚至超出了 20%~25% 的范围。

我们如何知道 3G 资本公司和伯克希尔·哈撒韦公司是否真的能够退出投资，以及以多少倍乘数退出？这很可能仍然是一个谜，直到退出事件实际发生。然而，重要的是考虑可比公司的乘数和先前的交易乘数。例如，如果这两种交易乘数高于亨氏公司的收购乘数，那么买家收购该业务时付出了较低的代价，很可能此乘数在退出时会接近其他可比公司的范围，这意味着 3G 资本公司和伯克希尔·哈撒韦公司以更高的乘数退出业务的可能性较大。

在初步委托投票报告的第 69 页，我们发现了 Moelis 的可比公司分析（见图 13-2）。

公司	EV（百万美元）	EV/EBITDA 2013E	P/E 2013E
Nestlé S.A.	233,969	11.3×	17.6×
PepsiCo, Inc.	135,550	10.3×	16.5×
Unilever plc	123,112	10.5×	17.8×
Mondelēz International, Inc.	75,436	12.6×	17.6×
Group Danone S.A.	50,478	10×	16×
Kraft Foods Group, Inc.	37,387	11.1×	17.4×
General Mills, Inc.	37,561	10.4×	15.2×
Kellogg 公司	29,064	10.8×	15.4×
The Hershey 公司	19,605	12.5×	22.1×
ConAgra Foods, Inc.①	24,429	9.5×	12.8×
Campbell Soup 公司	16,281	9.9×	14.6×
The J.M. Smucker 公司	11,639	9.3×	16.2×
McCormick & Company, Inc.	9,614	13×	19.6×
Hormel Foods 企业	8,990	9.9×	18×

① 这些是用于 Ralcorp 公司收购的备考财务数据。

图 13-2 类比公司分析

该分析表明，LTM EV/EBITDA 的范围为 9.3~13 倍。我们可以将其与支付给亨氏公司的 14.4 倍做个比较。不过，买家收购时已经支付了 20% 的溢价，将 20% 用于可比公司，我们计算得出 11.16~15.6 倍的乘数范围。理想情况下，即使是 20% 的收购溢价，收购乘数也符合当前的市场乘数，这表明买家并没有支付过高的收购价格，将来退出时可能实现更高的退出乘数。为了更好地了解其他收购价格乘数，我们可以查看先例交易。在委托投票报告第 70 页，Moelis 已经说明了先前的交易分析（见图 13-3）。

我们看到，LTM EV/EBITDA 的乘数范围是从 8.3~18.4 倍。我们计算出的 14.4 倍的值在此范围内，但这个乘数范围有点大。再说明一下，如果亨氏公司的收购乘数低一些则会更好，这表明公司以折价进行收购，因此可以增加获得更高退出乘数的可能性。更重要的是，先前交易分析中显示的许多交易都是在不同的市场环境中进行的，这是先例交易分析的固有缺陷。再次，通过 Centerview 和美银美林的公允意见的分析，有助于与这一分析相互对照。此外，创建自己的可比公司和先例交易分析是更为理想的。总而言之，没有重大证据支持乘数增加，所以让我们恢复到 14.4 倍的退出乘数。确保已经将 "Returns" 工作表中的单元格 M6 链接到假设表（assumptions）中的单元格 C13。输入 14.4 也没错，但如果你这样做，四舍五入的差异可能会导致我们在书中的输出结果有所改变。

声明日期	目标（公司）	买方（公司）	EV（千美元）	EV/LTM EBITDA
2012 年 12 月	Morningstar Foods, LLC	Saputo Inc.	1,450	9.3 ×
2012 年 11 月	Ralcorp Holdings, Inc.	ConAgra Foods, Inc.	6,775	12.1 ×
2012 年 02 月	Pringles Business of Procter Gamble Company	Kellogg Company	2,695	11.1 ×[①]
2010 年 06 月	American Italian Pasta co.	Ralcorp Hodings, Inc.	1,256	8.2 ×
2010 年 01 月	North American Frozen Pizza Business Of Kraft Food Global, Inc.	Nestlé S.A.	3,700	12.5 ×
2009 年 11 月	Birds Eye Foods, Inc.	Pinnacle Foods Group, Inc.	1,371	9.5 ×
2009 年 09 月	Cadbury Plc	Kraft Foods Inc.	21,395	13.3 ×
2008 年 06 月	The Folgers Coffee Company	The J.M. Smucker Company	3,398	8.8 ×
2008 年 04 月	Wm. Wringley Jr. Company	Mars, Incorporated	23,017	18.4 ×
2007 年 11 月	Post Foods	Ralcorp Holdings, Inc.	2,642	11.3 ×[①]
2007 年 07 月	Global Biscuit Business Of Groupe Danone S.A.	Kraft Foods Global, Inc.	7,174	13.6 ×[①]
2007 年 02 月	Pinnacle Foods Group, Inc.	The Blackstone Group, L.P.	2,142	8.9 ×
2006 年 08 月	European Frozen Foods Division of Unilever plc	Permira Advisors Ltd.	2,199	9.9 ×[①]
2006 年 08 月	Chef America, Inc.	Nestlé S.A.	2,600	14.5 ×
2002 年 12 月	Adams Confectionary Business Of Pfizer Inc.	Cadbury Schweppes Plc	3,750	12.8 ×[①]
2001 年 10 月	The Pillsbury Company	General Mills, Inc.	10,396	10.1 ×[②]
2000 年 12 月	The Quaker Oats Company	PepsiCo, Inc.	14,010	15.6 ×
2000 年 10 月	Keebler Foods Company	Kellogg Company	4,469	10.7 ×
2000 年 06 月	Nabisco Holdings Corp.	Philip Morris Companies Inc.	19,017	13.7 ×
2000 年 06 月	International Home Foods	ConAgra Foods, Inc.	2,909	8.5 ×
2000 年 05 月	Bestfoods	Unilever Plc	23,503	15.4 ×

①金融数据是基于最新的年度信息，而不是最新的季度末信息。
②根据第二份修订后的合并协议，财务数据反映了修订后的交易条款。

图 13-3　先例交易分析

偿还债务

在收购中创造价值的第三个也是最后一个方法，是通过多年偿还债务而产生多余的现金。随着债务的偿还，股权价值逐渐增加。我们建立的财务模型每年只产生约 2 亿~3 亿美元的现金。通过将收入增长率提高到 5.5%，将 COGS 占收入的百分比降低到 60%，这一现金收入每年增加至 4.5 亿~7.5 亿美元。这是一个好的转变，但对债务偿还不足以产生重大影响。我们从退出价值中减去净负债，即在计算 IRR 时偿还剩余债务。也可以在债务计划中尽可能偿还更多债务，以减少利息。不过，这并不会对整体的内部收益率产生显著影响。

结论

企业需要大幅度地提高经营收入来达到目标收益率，否则，必须采取切实的措施来削减成本，从而达到提高收益率的目的。我们没有足够的现金去大幅偿还债务，也没有看到乘数大幅扩张的机会。此外，我们也没有考虑 3G 资本公司可能收到的管理投资的任何费用或运营收入（如有）。买方计划并未对这部分内容做出披露。我们也不知道亨氏公司的未来发展战略，可能还有其他方面可以提高公司盈利能力，将收购变成利润丰厚的投资。

当然，伯克希尔·哈撒韦公司的故事会有所不同。伯克希尔·哈撒韦公司的优先股会为其带来额外的潜在收益。第三部分将会带我们了解伯克希尔·哈撒韦公司的收益状况。在继续之前，我们强烈建议你对全面杠杆收购建模有一个很好的了解。你可能需要重读此部分，并尝试自行重建该模型。章节后面的答案可以作为指南，在需要时进行对照。也可以做一下杠杆收购的课后作业作为额外练习。建模需要练习，必须要多练习。在反复建模时，你会对原理和概念有进一步的理解。等更加熟悉之后，就可以往下浏览第三部分。

截至目前，请参阅文件 NYSF_Leveraged_Buyout_Model_Solution_Part_Two.xls 以获取模型的解决方案。在这一解决方案中，我们保持管理层预计收入增长 5.5%，但是将 COGS 占销售收入的比例改为 61.6%。对于第三部分，我们也有第二个模型解决方案，"NYSF_Leveraged_Buyout_Model_Solution_Part_Three.xls"。

第三部分

杠杆股权收购的高阶技巧

在本书第三部分，我们主要关注了一些高级结构以及亨氏公司案例的进一步细节。由于此案例是动态发展的，因此所涉及数据也总是在变化。更新后的委托投票报告将会呈现更多的交易细节及动态信息，与我们前面获得的初步委托投票报告相比，它将涵盖更多简明清晰的细节。举例来说，若对于筹集的债务水平进行额外调整，资产的收购价格或者资产负债表科目的调整也会相应改变。确信无疑的是，主要概念不会发生任何改变，而且这些调整也不是理解杠杆收购原理的关键。

为了进一步扩展你的杠杆收购技能，第三部分将会深入分析第二种方法——加速折旧法，同时也会在计提折旧所使用的两种通用方法（直线折旧法和加速折旧法）之间适时做出转换。

无论在发生时支付还是延期时支付，我们都将优先级证券及股利视作可调整的事项。这种做法将有助于我们评估伯克希尔·哈撒韦公司的收益状况。

最终，我们将会讨论高阶的债务结构，包括以实物支付的有价证券，同时将会涉及如何处理债务费用摊销的问题，这对于寻求更加复杂的分析方法的人而言大有裨益。

如果你正在比对自己模型中的数据和本书中的数据，那么就请你注意，我们正使用的模型中的基础数据为：销售收入增长率为 0.4%，销售成本占销售收入的比例为 61.6%，退出乘数的 EV/EBITDA 的乘数为 14.4 倍（请确保退出乘数是真实地链接到了假设单元格，而并非输入数据）。

你可以选择在当前模型上继续搭建，但我们建议你将其另存为一个新的文件。请参考进阶部分的参考模型，文件名是 "NYSF_Leveraged_Buyout_Model_Solution_Part_Three.xls"。

第十四章
加速折旧

正如第九章中所提到的，针对资产计提折旧，美国税务机关所使用的方法是修正的加速成本回收制度（MACRS）。这是一种加速折旧的方法。由于直线折旧法更加普遍，也更好地展现了折旧资产使用的情况，因此我们在起初搭建亨氏公司的财务模型时，使用的是直线折旧法。不过，对于我们正在研究的这种股权收购案例，公司的信息是保密的，它极有可能不再需要披露通用会计准则（GAAP）下的财务信息。如果保守秘密信息的亨氏公司只披露税务报表，那么它可能会使用修正的加速成本回收制度（MACRS）来对其资产计提折旧。然而，在这种具有里程碑意义的交易事项中，人们所使用的规则总是在不断变化着。因此，鉴于可能存在不确定性，我们将会搭建两类模型，并在这两种折旧方法中适时切换。一旦知道了本次交易的更多具体细节，我们将能做出相应的切换。这将有助于我们判断：这种区别是否会对总体收益产生足够大的显著影响。如果没有产生足够大的显著影响，那么我们就清楚这种区别并不是需要关注的重要假设之一。

修正的加速成本回收制度

修正的加速成本回收制度是美国税务机关目前使用的折旧方法。

1986年后，大多数商业及投资形成的并已投入使用的财产，应使用修正的加速成本回收制度（MACRS）来计提折旧。

（www.irs.gov）

此刻可能是回顾第九章有关内容的绝佳时机，在那一章中，我们对修正的加速成本回收制度有了概念性的总体认识。在本部分进阶内容中，我们将主要关注建模过程，以及在折旧方法的选择上实现灵活的切换。为了使用修正的加速成本回收制度来计提折旧，我们首先要确定固定资产以及资本性支出的使用寿命，然后输入与使用寿命相关的百分比数据。我们将会使用季度中期参数表，在此表中，资产在第一季度就已经投入使用（见表14-1）。

表 14-1 在修正的加速成本回收制度的季度中期参数表中，固定资产在第一季度已投入使用的情况

年份	回收期内的折旧率					
	3 年期	5 年期	7 年期	10 年期	15 年期	20 年期
1	58.33%	35%	25%	17.5%	8.75%	6.563%
2	27.78%	26%	21.43%	16.5%	9.13%	7%
3	12.35%	15.6%	15.31%	13.2%	8.21%	6.482%
4	1.54%	11.01%	10.93%	10.56%	7.39%	5.996%
5		11.01%	8.75%	8.45%	6.65%	5.546%
6		1.38%	8.74%	6.76%	5.99%	5.13%
7			8.75%	6.55%	5.9%	4.746%
8			1.09%	6.55%	5.91%	4.459%
9				6.56%	5.9%	4.459%
10				6.55%	5.91%	4.459%
11				0.82%	5.9%	4.459%
12					5.91%	4.46%
13					5.9%	4.459%
14					5.91%	4.46%
15					5.9%	4.459%
16					0.74%	4.46%
17						4.459%
18						4.46%
19						4.459%
20						4.46%
21						0.565%

我们已经估计出合并资产的使用期限是 8.5 年（具体计算过程请回顾第九章）。折旧率表格中暂无 8.5 年的资产的折旧明细状况，因此我们将会使用临近的数据，即十年期的修正的加速成本回收制度下的折旧率明细表。对于使用期限为 40 年的资本性支出，我们可以使用修正的加速成本回收制度下的明细表中的最大 20 年的期限折旧率为参考。

我们建议将修正的加速成本回收制度下的折旧率明细表直接添加到财务模型的折旧明细表部分，因此，首先需要在第 222 行上方添加 16 行空单元格。

提醒：我们可以通过选择第 222 行的任一单元格，轻易地添加许多空行单元格出来。然后按下"Shift"键，并敲击空格键，来选中整行单元格，松开这些按键后，按下"Ctrl"键，组合键"Shift"与"+"16 次（如果你的键盘上有"+"键，那么你就

不必使用"Shift"键,因为组合键"Shift"与"="等同于"+"键)。一旦你有了16行空单元格,就可以在表14-2中做标记。你也可以查阅网页上提供的模型答案。我们实际上创建了两大部分:第一部分名称为"修正的加速成本回收制度下的折旧率",用来处理修正的加速成本回收制度下的百分比数据;另外一部分名称为"修正的加速成本回收制度下的折旧额",这部分将会包含累计折旧额。

表 14-2 修正的加速成本回收制度的样表

折旧(以百万美元计,每股数值除外)					
			估计值		
时期	2014E	2015E	2016E	2017E	2018E
起始年份的固定资产净值	2,428.2				
起始年份的资本性支出	469.5	471.4	473.3	475.2	477.1
直线折旧法					
年份(固定资产净值)	8.5				
年份(资本性支出)	40	40	40	40	40
现存的固定资产净值	285.7	285.7	285.7	285.7	285.7
2014 年的资本性支出	11.7	11.7	11.7	11.7	11.7
2015 年的资本性支出		11.8	11.8	11.8	11.8
2016 年的资本性支出			11.8	11.8	11.8
2017 年的资本性支出				11.9	11.9
2018 年的资本性支出					11.9
直线折旧法下的累计折旧	297.4	309.2	321	332.9	344.8
修正的加速成本回收制度下的折旧率					
现存的固定资产净值					
2014 年的资本性支出					
2015 年的资本性支出					
2016 年的资本性支出					
2017 年的资本性支出					
2018 年的资本性支出					
修正的加速成本回收制度下的折旧					
现存的固定资产净值					
2014 年的资本性支出					
2015 年的资本性支出					
2016 年的资本性支出					
2017 年的资本性支出					
2018 年的资本性支出					
修正的加速成本回收制度下的累计折旧					
已使用的折旧					
摊销	30	30	30	30	30
可识别无形资产摊销	342.4	342.4	342.4	342.4	342.4
总的折旧摊销	669.8	681.6	693.4	705.3	717.2

现在我们可以在第 223 行下的固定资产净值以及第 224 行的 2014 年资本性支出两栏中输入修正的加速成本回收制度下的折旧率。请确保你已经将百分比数据格式化为表 14-3 的样式。

表 14-3　修正的加速成本回收制度下的百分比数据（2014 年资本性支出）

折旧					
	估计值				
时期	2014E	2015E	2016E	2017E	2018E
修正的加速成本回收制度下的折旧率					
现存的固定资产净值	17.5%	16.5%	13.2%	10.56%	8.45%
2014 年资本性支出	6.563%	7%	6.482%	5.996%	5.546%
2015 年资本性支出					
2016 年资本性支出					
2017 年资本性支出					
2018 年资本性支出					

2015 年的资本性支出在 2015 年才会开始计提折旧，因此我们会将第一个折旧率数据输入单元格 K225 中。我们可以继续录入剩下的资本性支出项目的折旧率数据（见表 14-4）。

表 14-4　修正的加速成本回收制度下的百分比数据（2018 年资本性支出）

折旧					
	估计值				
时期	2014E	2015E	2016E	2017E	2018E
修正的加速成本回收制度下的折旧率					
现存的固定资产净值	17.5%	16.5%	13.2%	10.56%	8.45%
2014 资本性支出	6.563%	7%	6.482%	5.996%	5.546%
2015 资本性支出		6.563%	7%	6.482%	5.996%
2016 资本性支出			6.563%	7%	6.482%
2017 资本性支出				6.563%	7%
2018 资本性支出					6.563%

现在，可以开始计算折旧额了。我们分别使用每年的折旧率乘以基础资产的价值即可。因此，我们会用单元格 J223 里的 17.5% 乘以单元格 J210 里的 2,428.2 百万美元固定资产，因而单元格 J230 将显示为"=J210*J223"。

这样操作后，我们会得到 424.9 百万美元的折旧费用。在接下来的一年，我们将会使用下年的 2015 年修正的加速成本回收制度下的折旧率，来乘以相同的固定资产净值，即 2,428.2 百万美元。我们想要引用同样的单元格 J210，但需要引用新的折旧率数据，即单元格 K223。因此，单元格 K230 的公式就会写为"=J210*K223"。你可能注意到了，在先前的公式中对单元格 J210 进行绝对引用是一种很明智的做法。如此一来，你可以只复制这个绝对引用后的公式到右侧单元格即可。对于固定资产净值的数据（单元格 J210）的引用就被固定住了，而对于修正的加速成本回收制度下的折旧率的数据的引用会随着我们复制这一公式到右侧单元格而发生变动。你可以添加"$"到原始公式中的 J210 前，这样公式就会变为"=$J210*J223"，而不是"=J210*J223"，并将绝对引用后的公式复制到右侧单元格（见表 14-5）。

表 14-5　修正的加速成本回收制度下对固定资产净值的折旧

折旧（以百万美元计，每股数值除外）

时期	估计值				
	2014E	2015E	2016E	2017E	2018E
修正的加速成本回收制度下的折旧 现存的固定资产净值	424.9	400.6	320.5	256.4	205.2
2014 年的资本性支出					
2015 年的资本性支出					
2016 年的资本性支出					
2017 年的资本性支出					
2018 年的资本性支出					

在进行了这些步骤后，就可以计算 2014 年资本性支出的折旧额。同理，如果我们想绝对引用单元格 J211 里的 2014 年资本性支出的数据，可以使用 224 行的每年的折旧百分比数据乘以绝对引用后的资本性支出的数据。这样，单元格 J231 就写为"=$J211*J224"。

如果我们复制此公式至右侧单元格,同样地,分子会固定住,而分母会随着公式拖动而有所变化。2015 年的资本性支出是从 2015 年才开始计提折旧,因此我们的公式输入要向右挪一列,从 K 这列开始。我们也可以对每年的资本性支出科目都重复这一步骤,以确保每年的科目都是从左侧开始编辑,直到右侧单元格。请参考表 14-6 的指引以及表 14-7 的求解过程。

对于修正的加速成本回收制度下折旧明细表,如果你希望得到更多的细节,请参考《财务模型与估值:投资银行和私募股权实践指南》一书。

现在我们可以对 230~235 行的单元格进行加总,求得每年的折旧费用。因而在单元格 J236 中,将会得到"=SUM(J230:J235)"。我们也可以复制此公式到右侧单元格(见表 14-7)。

表 14-6 修正的加速成本回收制度下的折旧(至 2018 年资本性支出)

资本性支出年份	公式单元格	具体公式
2014	单元格 J231	=$J211*J224
2015	单元格 K232	=$K211*K225
2016	单元格 L233	=$L211*L226
2017	单元格 M234	=$M211*M227
2018	单元格 N235	=$N211*N228

表 14-7 修正的加速成本回收制度下总的折旧额

折旧(以百万美元计,每股数值除外)

时期	估计值				
	2014E	2015E	2016E	2017E	2018E
修正的加速成本回收制度下的折旧					
现存的固定资产净值	424.9	400.6	320.5	256.4	205.2
2014 年的资本性支出	30.8	32.9	30.4	28.2	26.0
2015 年的资本性支出		30.9	33	30.6	28.3
2016 年的资本性支出			31.1	33.1	30.7
2017 年的资本性支出				31.2	33.3
2018 年的资本性支出					31.3
修正的加速成本回收制度下的总的折旧额	455.7	464.5	415	379.4	354.7

加速折旧法与直线折旧法的比较

既然我们已经得到了修正的加速成本回收制度下的折旧额，接下来就需要判断：是否需要将这些加速法下的折旧额以及直线法下的折旧额纳入三张报表中，即利润表、现金流量表和资产负债表。现阶段使用直线法下的折旧额来完成剩下的建模过程。我们可以使用二进制转换来实现在直线法折旧和加速法折旧之间的切换。你可能需要回顾第十二章的"选项开关"部分。

我们将会使用第 237 行，其名称为"已使用的折旧"。我们可以这样设置二进制切换：如果设置值为 1，那么"已使用的折旧"一栏以及财务模型的剩余部分就需要使用修正的加速成本回收制度下的折旧额数据；如果设置值为 0，那么"已使用的折旧"一栏就需要使用直线折旧法下的折旧额数据。可以通过设置某一单元格为转换变量来实现这一过程。在本例中，我们将其称为"切换值"。接下来我们会用"切换值"来乘以修正的加速成本回收制度下的折旧额，用"1- 切换值"乘以直线折旧法下的折旧额，即：

修正的加速成本回收制度下的折旧额 × 切换值 + 直线折旧法下的折旧额 ×（1- 切换值）

如果切换值等于"1"，就是用 1 乘以加速成本回收折旧法的折旧额（因此将其纳入计算过程），而直线折旧法的值将变为 0（1-"切换值"，即为 1-1，因此计算过程将不包括该部分）。反之，若切换值等于"0"，那么直线折旧法的值将变为 1（或者为 1-"转换值"，即 1-0，因此纳入计算过程中），而修正的加速成本回收方法的折旧额将会乘以 0（因此将不再包括在计算过程中了）。

因此，我们首先需要确定一个单元格来放置二进制的转换字符。可以使用单元格 D237，并将其命名为"MACRS？ 1=Y，0=N"（是否为修正的加速成本回收制度下的折旧额，如果是，则赋值为 1；否，则赋值为 0）。对于此处标题的命名，你可以发挥你的创造性。你也可以将这些转换字符放置于某种控制选项中，比方说假设页选项可能是更加合适的地方，但现在就让我们把转换字符暂时放在单元格 D237 中吧。在单元格 D238 中输入"1"，并确保其字体颜色是蓝色。

现在，我们可以在单元格 J237 中插入公式：

转换下的折旧（单元格 J237）

Excel 输入公式	描述
输入"="	进入"公式"模式
选择单元格 D238	转换
单击 F4	锚定转换单元格（添加绝对引用符号）
输入"*"	乘以
选择单元格 J236	加速成本回收制度下的折旧额总计
输入"+"	加上
输入"（1-"	开始"（1-转换值）"
选择单元格 D238	转换
单击 F4	锚定转换单元格（添加绝对引用符号）
输入"）"	结束"1-转换值"
输入"*"	乘以
选择单元格 J221	直线折旧法下的折旧额总计
按下〈Enter〉键	结束
公式计算结果	=$D$238*J236+(1-$D$238)*J221

请注意，我们已经使用绝对引用符锚定了对转换字符的引用，这样一来，就可以很轻松地将公式复制粘贴到右侧单元格。接下来，转换字符被设定为"1"，"已使用的折旧"就等于加速成本回收制度下的折旧额，即455.7百万美元。如果设置为"0"，那么"已使用的折旧"就等于直线折旧法下的折旧额，即297.4百万美元。同样值得注意的是，也正如预期的那样，折旧值有些许变动，但不足以大到驱动总体回报率发生巨大变化的程度。请注意：到2018年，直线折旧法下的折旧额与加速成本回收制度下的折旧额的差异缩小了。这是因为加速成本回收制度下的折旧额是加速后的。绝大部分的折旧在前期已经计提过了，并随着时间的推后而逐渐变小，慢慢靠近并在最后小于直线法的折旧率。

现在，我们添加"折旧与摊销合计"的公式，需要从"已使用的折旧"开始加总，而非直线折旧法下的折旧额开始。因此，单元格J240为"=J237+J238+J239"。我们可以复制粘贴此公式到右侧单元格（见表14-8）。

最后，我们需要将"已使用的折旧"和利润表关联起来，这样一来，我们基于转换条件所选择的折旧额会自动关联到财务模型的剩余部分。单元格J23的关联始于"直线法折旧下的累计折旧"，现在应该从"已使用的折旧"开始关联。因此单元格J23现在应为"=J237"。我们可以复制粘贴此公式到右侧单元格。由于现金流量表中的折旧科目的数额是来自于利润表中的本项折旧数额，因此利润表中的本项折旧应该合理勾稽到现金流量表，进而勾稽到资产负债表。现在，我们可以看到折旧方法的转换是如何影响总体回报率的。将转换值从"1"调整到"0"，并观察每种情形下的 IRR 是如何变化的。结果看来，影响似乎很小，从直线折旧法下的 –0.4% 提升到加速折旧法下的 0%，收益的变动仅仅是 0.4 个百分点，变化可谓微乎其微。

表 14-8 折旧与摊销总额

折旧（以百万美元计，每股数值除外）					
	估计值				
时期	2014E	2015E	2016E	2017E	2018E
起始年份的固定资产净值	2,428.2				
起始年份的资本性支出	469.5	471.4	473.3	475.2	477.1
直线折旧法					
年份（固定资产净值）	8.5				
年份（资本性支出）	40	40	40	40	40
现存的固定资产净值	285.7	285.7	285.7	285.7	285.7
2014 年的固定资产净值	11.7	11.7	11.7	11.7	11.7
2015 年的固定资产净值		11.8	11.8	11.8	11.8
2016 年的固定资产净值			11.8	11.8	11.8
2017 年的固定资产净值				11.9	11.9
2018 年的固定资产净值					11.9
直线折旧法下的累计折旧	297.4	309.2	321	332.9	344.8
修正的加速成本回收制度下的折旧率					
现存的固定资产净值	17.5%	16.5%	13.2%	10.56%	8.45%
2014 年的固定资产净值	6.563%	7%	6.482%	5.996%	5.546%
2015 年的固定资产净值		6.563%	7%	6.482%	5.996%
2016 年的固定资产净值			6.563%	7%	6.482%
2017 年的固定资产净值				6.563%	7%
2018 年的固定资产净值					6.563%
修正的加速成本回收制度下的折旧					
现存的固定资产净值	424.9	400.6	320.5	256.4	205.2
2014 年的固定资产净值	30.8	32.9	30.4	28.2	26
2015 年的固定资产净值		30.9	33	30.6	28.3
2016 年的固定资产净值			31.1	33.1	30.7
2017 年的固定资产净值				31.2	33.3
2018 年的固定资产净值					31.3
修正的加速成本回收制度下的累计折旧	455.7	464.5	415	379.4	354.7
已使用的折旧	455.7	464.5	415	379.4	354.7
摊销	30	30	30	30	30
可识别无形资产摊销	342.4	342.4	342.4	342.4	342.4
折旧与摊销总额	828.2	836.9	787.4	751.9	727.2

此处也有可以借鉴的地方。尽管我们得到的结论是：对于我们的回报率而言，这项变化并不重要。但折旧时应该使用哪种方法，却是一个重大问题，同时也是为确保我们合理地估计折旧情况而需要重点关注的。但是，刚刚已经证实了变化的意义确实不大，我们已经排除了主要变量。在使用构建完备的财务模型来展开对应的分析时，搭建这种自上而下的财务模型的过程（起初只是搭建了一个核心模型，然后展开种种分析以限制主要变量）是至关重要的。除了用于构建模型，财务建模的这一过程对于投资方判断企业的哪些方面应该重点关注、哪些方面应该优先考虑，也是很重要的参考依据。当然，对于投资方而言，固定资产折旧也是尽职调查的一个主题。但是，我们已经证实了：销售收入增长率及削减成本措施的实施依然是实现高收益的最大动力之一，因而理应优先考虑。

如果你正在匹配本书表格中的数据，那么请在接下来的章节中将转换值设置为"0"。

第十五章
伯克希尔·哈撒韦公司的优先股、股利和回报

现在我们来讨论一下优先证券，并适当地模拟出优先股利的发放，这样我们就可以计算出伯克希尔·哈撒韦公司的回报。

优先证券

优先证券（也称为"优选股"或"优先股"）是指求偿权在普通股之前、在债权之后的金融工具。

优先股通常有以下功能：

- 优先发放股利。优先股通常在向普通股股东支付股利前优先派利。
- 对资产的优先求偿权。在清算的情况下，优先股参与分配的优先级高于普通股，但劣于债券。
- 可转换为普通股。优先证券可能变换为永久性的权益（普通股）。
- 企业拥有选择赎回的能力。企业发行的优先股可能含有能够赎回的期权。
- 无投票权。优先股股东通常没有投票权。

不同优先股的具体结构可能不同。然而，对优先股的最好的理解方式就是将其看作债务与股权的混合产物。优先股的股利可以被认为等同于（债务）利息，而将其转换为权益的能力则可以被看作是以权益证券为标的的看涨期权。

在大多数情况下，优先股不会为企业带来税收优惠。其固定股利是税后支付的。

对于投资者，根据现行税法，大部分股利按普通所得税税率征税。然而，某些类型的优先股可以符合2003年12月的合格股利收入（Qualified Dividend Income，QDI）要求。2003年以来，合格股利能够按长期资本利得征税，其税率低于普通所得税的税率（2013年，根据投资者的收入不同，资本利得税率分别为0%、15%、18.8%和23.8%）。但是，这些规则可能会改变。

基于以下几个原因，发行优先股可以为企业带来好处。出于融资目的，优先股通常不会记为企业账面上的债务。这有助于维持企业的负债比率和信用评级。我们将在下一章讨论信贷比率。另外，由于优先股一般没有投票权，所以不会稀释企业的普通股。

对于亨氏公司来说，除预期的9%的优先股股利外，优先股的其他具体条款是不清晰的。对于建模而言，最需要明确的未知变量是股利为定期支付还是累积到退出交易时再支付。对于许多杠杆收购，虽然存在优先股的股利，但为了缓解企业的现金流量压力，该股利直到退出时才会支付。然而，亨氏公司可能是一个特例，伯克希尔·哈撒韦公司非正式地暗示了其关注投资的股利支付，这可能表明它期待年度支付，但我们仍然不确定。因此，为了建模，我们应该考虑两种可能性，按照每年支付股利和累积支付这两种方式构建财务模型。我们来看看支付方式的差异对整体回报是否有重大影响；如果没有，就无须在此浪费精力。

优先股股利

在为优先股建模之前，让我们讨论一个简单的优先股，每年支付100美元/股的年度股利。我们将逐步介绍其将如何影响利润表、现金流量表和资产负债表。首先，假设股利在发生时支付。收入和现金流见表15-1。

表15-1 优先股股利对损益和现金流量的影响

单位：美元

利润表	
净利润	0
优先股股利	(100)
总的现金变动	(100)

单位：美元

现金流量表	
净利润	0
优先股股利	(100)
总的现金变动	(100)

优先股股利在净利润后列支。注意优先股利之前的净利润是流入现金流量表的净利润。现金流量表中所列的净利润是先于股利支付和非控制性权益分配的，优先股股利也是如此。这是因为支付股利被视为筹资活动，因此列支在现金流量表的筹资活动部分。表15-2说明了这些股利如何流入资产负债表。

表15-2 优先股股利对资产负债表的影响

单位：美元

现金流量表	
净利润	0
优先股股利	(100)
总的现金变动	(100)

单位：美元

资产负债表	
现金	(100)
留存收益（净利润）	(100)

如表所示，现金总额减少100美元体现在资产负债表的现金余额上。优先股股利影响留存收益。记住，留存收益与净利润和股利有关。

现在，如果我们想推迟实际的优先股股利支付，以免给企业带来过大的现金流负担应该如何做？如表 15-3 所示，利润表保持不变。但是，我们需要在现金流量表中加上应付款项，以表明红利已发生却尚未支付。这两条可以相互抵销的会计分录似乎是多余的，但为了正确体现现金流量表驱动资产负债表，应该将其保留。注意，现金不变，股利并没有实际支付。

表 15-3　应付优先股股利的损益及现金流量影响

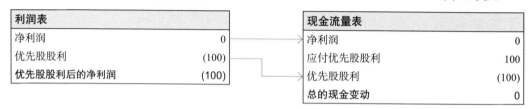

表 15-4 显示了现金流如何影响资产负债表。现在，这里的现金余额没有改变。留存收益项，就像以前一样，显示减少了 100 美元，这表示股利已发生。但是，我们创建的"优先股应付股利"账户，将会持续累积直到退出之时。资产负债表仍是平衡的。

表 15-4　应付优先股股利对资产负债表的影响

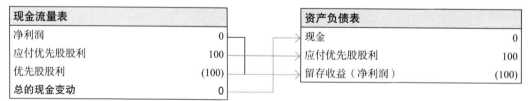

现在我们可以将这种影响加入亨氏公司的模型中。首先模拟标准股利。然后我们将加入一个称为"付款"的调整来模拟付款方式的差异。这样就可以确定伯克希尔·哈撒韦公司的回报，并看看立即支付股利这一改变对 IRR 的影响。请注意，两者之间的主要差异（见表 15-2 和 15-4 中的现金流量表）包含在"优先股股利"科目。我们将简单地在此基础上添加一个调节项，乘以"1"或"0"，打开或关闭应付功能。

请注意，对此类调整进行建模的方法有很多种，这是我们建议和推荐的方法。

我们可以从"Financials"工作表的利润表开始。在"净利润"下添加一行来计算并显示股利，虽然这对于模型不是十分必要的。记住，优先股是交易的结果，所以只会在交易后预计的年份发生。

有几种方法可以做到这一点，而我们选择在"归属于非控制性权益净利润"行（第45行）之后添加两行。对于这两个空行，让我们把第一行标记为"优先股股利"，第二行是"优先股股利率（%）"（见表15-5）。

当然，历史年份会输入为"0"值。2014~2018年，我们首先设定股利率为9%。所以我们可以在单元格J47中输入"9%"，调整格式，让9%显示为蓝色字体且为百分比格式。

单元格J46将显示实际的股利金额——9%乘以已发行的优先股总额（该数值在假设工作簿中的单元格F12）。单元格J46将为："=J47*Assumptions！$F$12。"我们将参考值锚定在"Asuumptions"工作表中的优先股，以便可以轻松地将这些公式向右复制。让我们把单元格J46和J47复制到右边直至2018年（见表15-5）。

同样的，有几种可能的方法可以做到这一点。例如，我们可以在"Assumptions"工作表中加入一个股利率的单元格，而不是在利润表中创建一个单独的行。这当然是建模中的艺术，而且，你可以发挥一点创造力，并按照你的需求设计模型。我倾向于直接在模型中显示实际股利率，而不是在"Assumptions"工作表中，这样在查看利润表中的数字时，就可以知道是什么因素在驱动。这里没有绝对正确或错误的方法。

请注意，伯克希尔·哈撒韦公司设定每年从优先股中获取的股利为7.2亿美元。这是挺不错的收益来源！

表15-5　含有优先股股利的利润表

合并利润表（以百万美元计，每股数值除外）					
			估计值		
结束期	2014E	2015E	2016E	2017E	2018E
净利润（调整后）	433.1	432.1	431.3	430.6	429.9
非经常性项目					
其他费用净值	19.1	19.1	19.1	19.1	19.1
非经常性项目的损失（税后）	0	0	0	0	0
会计政策变化的影响	0	0	0	0	0
非经常性项目（税后）	0	0	0	0	0
非经常性项目合计	19.1	19.1	19.1	19.1	19.1
净利润（非经常性项目调整后）	414	413	412.2	411.5	410.8
归属于非控制性权益的净利润	0	0	0	0	0
优先股股利	720	720	720	720	720
优先股股利率	9%	9%	9%	9%	9%

我们可以在第48行计算优先股股利之后的净利润，虽然这在后面并不会用到。所以，单元格J48将会显示"= J44–J45–J46"。但是，该行不会在模型中使用。流入现金流量表和资产负债表的是发放股利前的净利润。让我们继续下一步调整。

下一步是在现金流量表和资产负债表中调整优先股股利（见表15-3）。请再次注意，进入现金流量表的净利润是在股利之前的。我们需要将股利加入"筹资活动产生的现金流"之中。你可能需要为此添加单独的行，但仅使用第97行就可以，因为它将来不会有什么其他用处。我们可以将"股利"科目改为"股利（含优先股）"。可以简单地从利润表中将计算出的股利链接到这个科目中。我们需要在这里切换符号，以使得股利以负数显示，单元格J97将为"= –J46"。将其复制到右侧，并将字体更改为黑色，因为现在这是一个公式计算的结果（见表15-6）。

你可能会注意到，当输入该公式之后，循环信用贷款科目会发生变化（确保你已将单元格I278中的自动偿还债务开关置于开启状态）。公司目前的增长率不足产生足够的现金以支持这种股利，所以通过循环信贷安排为这种现金需求提供资金。当然，我们的增长估计非常保守。无论如何，我们将尽快调整模型，使股利可以递延，这样就可以缓解企业的现金流压力。而且，这显示了循环信用的功能。注意未来总现金变动为0。如果关闭循环贷款功能，现金将是负的，表示企业出现现金赤字。这种循环信贷安排帮助企业满足了现金需求，使现金流量变为"0"。你可能还会注意到，资产负债表上的现金余额将保持在100百万美元，这是我们在债务计划中确定的最低现金余额要求。

我们现在需要确保股利已经链接到留存收益。在本书第二部分中，我们已经关联了所提到的股利行，所以相关数据应该已经链接起来，并且模型应该仍是平衡的。

现在可以参考表15-3和15-4，说明延期支付股利的调整。我们需要在现金流量表中添加一行并创建资产负债表上的一项负债。首先在现金流量表的第97行上添加一行，即"股利"行。即使这标注为应付款，它也不会被视为营运资本，因为：①它不是短期的（在退出时，即第五年内支付）；②它不是与运营相关的（不属于经营活动产生的现金流量中使用净利润）。我们可以把这新的一行称为"优先股应付股利"，并且可以在所有的历史年份中输入"0"。我们也应该添加一个选项开关，可以开启或者关闭递延支付股利的功能。重申一下，你可能希望将所有选项开关放置到一个单独的工作表中，但是我还是在右边的单元格O96中设置标题为"是否递延股利支付？ 1 = 是；0 = 否"。我们在单元格 O97 中手动输入数字"1",并将其设置为蓝色(见表 15-7)。

表 15-6 含有优先股股利的现金流量表

合并现金流量表(以百万美元计,每股数值除外)					
	估计值				
结束期	2014E	2015E	2016E	2017E	2018E
筹资活动产生的现金流					
循环信用贷款(偿还)	586.7	469.6	479.5	490	500.8
定期贷款(偿还)	0	0	0	0	0
票据贷款(偿还)	0	0	0	0	0
普通股	0	0	0	0	0
优先股	0	0	0	0	0
发行长期债务(支付)	0	0	0	0	0
商业票据和短期债务净支付	0	0	0	0	0
股利(包括优先股股利)	(720)	(720)	(720)	(720)	(720)
回购库存股	0	0	0	0	0
股票期权行权收入	0	0	0	0	0
收购非控制性权益	0	0	0	0	0
盈利能力支付计划	0	0	0	0	0
其他科目净值	(9.1)	(9.1)	(9.1)	(9.1)	(9.1)
筹资活动产生的现金总额(支出)	(142.4)	(259.5)	(249.6)	(239.1)	(228.3)
汇率变化对现金及现金等价物的影响	(122.1)	(122.1)	(122.1)	(122.1)	(122.1)
现金及现金等价物变动	100	0	(0)	(0)	(0)

现在可以关联优先股股利应付账户。我们可以从利润表中直接复制,或直接从下面的列中获取。无论采取哪种方式,都需要将该列乘以选项开关,以使得如果支付方式转换被打开("1"),我们将得到一个值,或者如果开关被关闭("0"),相应值将为零。如果你决定从"股利"行中提取值,单元格 J97 将为"= −J98*$O $97",请注意"J98"之前的负号,并注意到我们已经用美元符号锚定了单元格 O97,你可以将此公式复制到右侧,并将单元格标识为黑色字体。

你可能会注意到,循环信贷安排没有消失。如果那些股利不再需要支付了,这个循环信用贷款科目的变化应该会消失。由于我们添加了一行,所以需要修改"债务偿还之前的现金流"公式来把这一行的影响考虑在内。所以,如果你将单元格 J108 中的公式更改为额外加上单元格 J97,就可以解决这个问题了。循环信贷值应该回归到零,并且我们现在应该再增加一些现金流。单元格 J108 现在应该改变为"= J78 + J88 + J93 + J94 + J98 + J99 + J100 + J101 + J102 + J103 + J105 + J97"。将单元格 J107 复制到右侧(见表 15-8)。

表 15-7 应付优先股股利转换开关

合并现金流量表（以百万美元计，每股数值除外）						
			估计值			
结束期	2014E	2015E	2016E	2017E	2018E	
筹资活动产生的现金流						
循环信用贷款（偿还）	586.7	469.6	479.5	490	500.8	
定期贷款（偿还）	0	0	0	0	0	
票据贷款（偿还）	0	0	0	0	0	
普通股	0	0	0	0	0	
优先股	0	0	0	0	0	是否递延优先
发行长期负债（支付）	0	0	0	0	0	股利支付？
商业票据和短期债务净支付	0	0	0	0	0	1= 是 0= 否
股利（包括优先股股利）	(720)	(720)	(720)	(720)	(720)	
回购库存股	0	0	0	0	0	
股权期权发行收入	0	0	0	0	0	
收购非控制性权益	0	0	0	0	0	
盈利能力支付计划	0	0	0	0	0	
其他科目净值	(9.1)	(9.1)	(9.1)	(9.1)	(9.1)	
筹资活动产生的现金总额（支出）	(142.4)	(259.5)	(249.6)	(239.1)	(228.3)	
汇率变化对现金及现金等价物的影响	(122.1)	(122.1)	(122.1)	(122.1)	(122.1)	
现金及现金等价物变动	100	0	0	0	0	

表 15-8 含有应付优先股股利的现金流

合并现金流量表（以百万美元计，每股数值除外）					
			估计值		
结束期	2014年预期	2015年预期	2016年预期	2017年预期	2018年预期
筹资活动产生的现金流					
循环信用贷款（偿还）	0	0	0	0	0
定期贷款（偿还）	0	0	0	0	0
票据贷款（偿还）	0	0	0	0	0
普通股	0	0	0	0	0
优先股	0	0	0	0	0
发行长期负债（支付）	0	0	0	0	0
商业票据和短期债务净支付	0	0	0	0	0
应付优先股股利	720	720	720	720	720
股利（包括优先股股利）	(720)	(720)	(720)	(720)	(720)
回购库存股	0	0	0	0	0
股权期权行权收入	0	0	0	0	0
收购非控制性权益	0	0	0	0	0
盈利能力支付计划	0	0	0	0	0
其他科目净值	(9.1)	(9.1)	(9.1)	(9.1)	(9.1)
筹资活动产生的现金总额（支出）	(9.1)	(9.1)	(9.1)	(9.1)	(9.1)
汇率变化对现金及现金等价物影响	(122.1)	(122.1)	(122.1)	(122.1)	(122.1)
现金及现金等价物变动	246.1	285.3	294.5	303.7	313.1

现在需要调整资产负债表。你可能会注意到此时资产负债表不再平衡了（见表 15-9）。这是因为在现金流量表中有一个没有关联到资产负债表中的科目——应付优先股股利。我们应该为此单独创建一个科目。在第 192 行上添加"其他非流动负债"，并将其标记为"应付优先股股利"（见表 15-9）。

表 15-9 未平衡的资产负债表

整理后的资产负债表（以百万美元计，每股数值除外）						
	实际	估计值				
1月27日	2013A	2014E	2015E	2016E	2017E	2018E
负债						
流动负债						
短期债务	0	0	0	0	0	0
一年内到期的长期负债	0	0	0	0	0	0
循环信用贷款	0	0	0	0	0	0
应付账费	1,287.8	1,291.5	1,296.7	1,301.8	1,307.1	1,312.3
应计市场费用	944	936.7	940.5	944.2	948	951.8
应付税金	91.3	67.5	67.3	67.2	67.1	67
流动负债合计	2,323.1	2,295.7	2,304.5	2,313.3	2,322.1	2,331.1
定期贷款	10,500	10,500	10,500	10,500	10,500	10,500
票据贷款	2,100	2,100	2,100	2,100	2,100	2,100
长期负债	0	0	0	0	0	0
递延所得税	776.7	693.7	610.7	527.7	444.7	361.7
非养老金退休福利	230.9	230.9	230.9	230.9	230.9	230.9
递延应付股利						
其他非流动负债	504.8	424.8	344.8	264.8	184.8	104.8
可赎回非控制性权益	28.7	28.7	28.7	28.7	28.7	28.7
负债合计	16,464.1	16,273.7	16,119.5	15,965.3	15,811.2	15,657.1
所有者权益						
股东权益						
股本	0	0	0	0	0	0
普通股投资	8,240	8,240	8,240	8,240	8,240	8,240
优先股投资	8,000	8,000	8,000	8,000	8,000	8,000
留存收益	(1,381.1)	(1,687.2)	(1,994.2)	(2,302)	(2,610.5)	(2,919.7)
库存股	0	0	0	0	0	0
累计其他综合收益	0	(131.2)	(262.5)	(393.7)	(525)	(656.2)
股东权益合计	14,858.9	14,421.6	13,983.3	13,544.3	13,104.5	12,664.1
非控制性权益	50.5	50.5	50.5	50.5	50.5	50.5
所有者权益合计	14,909.4	14,472.1	14,033.9	13,594.8	13,155.1	12,714.6
负债及所有者权益合计	31,373.5	30,745.8	30,153.4	29,560.2	28,966.2	28,371.7
补充信息：是否平衡（Y/N）	Y	N	N	N	N	N

我们可以为前一年输入值"0"（单元格I192）。因为这是在收购之前，当时不存在应付优先股股利。然而，下一年我们可以使用标准资产负债表平衡公式来确定负债，即：

2014年资产负债表中的应付项目 = 上一年资产负债表的应付项目 +
2014年现金流应付项目

所以在单元格J192中，将会有公式"= I192 + J97"。可以将其复制到右边，并且你现在可以看到的应付款项是累积的。资产负债表应平衡（见表15-10）。

请注意，现在递延支付选项开关应该能够起作用了。如果我们把开关设置为"0"，则现金流量表中的应付优先股股利应变为零，信贷循环会维持平衡。

现在把开关设置为"1"，可以计算出伯克希尔·哈撒韦公司的回报，然后看看改变优先股股利支付方式（当年支付或递延支付股利）对整体回报是否有所改变。

伯克希尔·哈撒韦公司的回报

现在已经为优先股股利支付建立了模型，我们可以计算伯克希尔·哈撒韦公司的回报。参考模型中的"Returns"工作表。如果你还记得，我们在第13行中做了"优先股"的快捷方式计算。现在可以用资产负债表中的优先股股利代替这个计算。所以，如果递延支付选项开关关闭，就意味着股利没有被递延到退出时才支付，这一行应为零。如果股利在退出时没有支付，那么将定期从现金流中支付。所以，在单元格K13中，我们从资产负债表中关联单元格N192。单元格K13应为"=Financials！N192"。注意数字与之前的3,600百万美元相同。

现在可以从"Returns"工作表的第18行开始，研究伯克希尔·哈撒韦公司的回报。正如我们在计算3G资本公司投资回报时所做的那样，首先要把伯克希尔·哈撒韦公司的原始投资纳入进来。包括普通股和优先股，这部分投资被视为负值。所以，F19单元格将为"=-（Assumptions！F12+Assumptions！F13）"。不要丢失这里的负号（见表15-11）。

接下来的几行涉及回报率，K列将用来计算回报率。第20行的权益值代表伯克希尔·哈撒韦公司在该公司中的股权。据我们所知，基于目前已知的公共信息，伯克希尔·哈撒韦公司的股权投资将占该公司的 30%。我们首先在单元格 K20 中用 30% 的股权乘以普通股权益。或者，K20 将为"= K14*Assumptions！H13"。

表 15-10　含应付优先股股利的资产负债表

整理后的资产负债表（以百万美元计，每股数值除外）						
	实际	估计值				
1 月 27 日	2013A	2014E	2015E	2016E	2017E	2018E
负债						
流动负债						
短期债务	0	0	0	0	0	0
在一年内到期的长期负债	0	0	0	0	0	0
循环信用贷款	0	0	0	0	0	0
应付账款	1,287.8	1,291.5	1,296.7	1,301.8	1,307.1	1,312.3
应计市场费用	944	936.7	940.5	944.2	948	951.8
应交税费	91.3	67.5	67.3	67.2	67.1	67
流动负债合计	2,323.1	2,295.7	2,304.5	2,313.3	2,322.1	2,331.1
定期贷款	10,500	10,500	10,500	10,500	10,500	10,500
票据贷款	2,100	2,100	2,100	2,100	2,100	2,100
长期负债	0	0	0	0	0	0
递延所得税	776.7	693.7	610.7	527.7	444.7	361.7
非养老金退休福利	230.9	230.9	230.9	230.9	230.9	230.9
递延应付股利	0	720	1,440	2,160	2,880	3,600
其他非流动负债	504.8	424.8	344.8	264.8	184.8	104.8
可赎回非控制性权益	28.7	28.7	28.7	28.7	28.7	28.7
债务合计	16,464.1	16,993.7	17,559.5	18,125.3	18,691.2	19,257.1
所有者权益						
股东权益						
股本	0	0	0	0	0	0
普通股	8,240	8,240	8,240	8,240	8,240	8,240
优先股	8,000	8,000	8,000	8,000	8,000	8,000
留存收益	（1,381.1）	（1,687.2）	（1,994.2）	（2,302）	（2,610.5）	（2,919.7）
库存股	0	0	0	0	0	0
累计其他综合收益	0	（131.2）	（262.5）	（393.7）	（525）	（656.2）
股东权益合计	14,858.9	14,421.6	13,983.9	13,544.3	13,104.5	12,664.1
非控制性权益	50.5	50.5	50.5	50.5	50.5	50.5
所有者权益合计	14,909.4	14,472.1	14,033.9	13,594.8	13,155.1	12,714.6
负债及所有者权益合计	31,373.5	31,465.8	31,593.4	31,720.2	31,846.2	31,971.7
补充信息：是否平衡	Y	Y	Y	Y	Y	Y

单元格 K21，即优先股股权，代表优先股股权投资的回报，因此可以简单地将 K21 设为"= K12"。或者可以从假设工作表中获取此值。请注意，我们采取保守的假

设,即优先股投资的原始价值为退出价值。通常来说,投资者会从原始投资中获得某种溢价。这个溢价可以以乘数(例如 1.25 倍的原始投资)或某种股权组成部分的形式体现。在这种情况下,附属于这种股权成分的相应权利保证应当在初步委托投票报告中予以说明,这里即为 9% 的股利率。

单元格 K22,即应付优先股股利,可以从第 13 行取得。所以我们可以简单地将 K22 设为 "= K13"。或者可以直接从资产负债表中取得这个值。记住,如果我们关闭延期股利支付的开关,这个值将变为零。如果确实关闭了延期支付,那么我们应该计算定期付款能带来的每年的回报。我们将在第 23 行完成这项工作。所以只有在延期支付开关关闭的情况下才需要提取股利的实际价值。有几种方法可以做到这一点。如果切换开关设置为 "0",则意味着要显示定期的红利,那么我们应该有公式:

$$股利 \times (1 - 开关值)$$

如果切换开关等于 "0",该公式将会计算出股利价值;若将切换开关设备为 "1",则该公式的结果为 0。我们在单元格 G23 中输入 "=-Financials!J98*(1-Financials!$O$97)"。请注意等号后面是负号,并且我们对切换开关单元格 O97 设置了绝对引用。我们引用的是股利科目,而不是应付股利科目,因为如果关闭切换开关,应付股利将变为 0。我们现在可以将单元格 G23 向右复制至 2018 年。此外也可以将五行科目全部加总,并测试切换开关。F24 单元格应当显示 "=SUM(F19:F23)"。我们现在将单元格 F24 向右复制至 2018 年。请见表 15-11。

表 15-11 伯克希尔·哈撒韦公司的回报(低增长,递延股利)

投资回报(以百万美元计,每股数值除外)						
				估计值		
	LTM	2014E	2015E	2016E	2017E	2018E
伯克希尔·哈撒韦公司的回报						
股权投资	(12,120)					1,727.3
股权价值						8,000
优先股						
应付优先股股利						3,600
优先股股利		0	0	0	0	0
总回报	(12,120)	0	0	0	0	13,327.3

现在,如果我们将优先股股利延期支付开关设置为 "0",那么应付项目应该被移除,并由年度派息支付取代(见表 15-12)。

表 15-12　伯克希尔·哈撒韦公司的回报（低增长，每年支付股利）

投资回报（以百万美元计，每股数值除外）						
			估计值			
	LTM	2014E	2015E	2016E	2017E	2018E
伯克希尔·哈撒韦公司的回报						
股权投资	(12,120)					1,646.5
股权价值						8,000
优先股						
应付优先股股利						0
优先股股利		720	720	720	720	720
总回报	(12,120)	720	720	720	720	10,366.5

我们来确定这些情况下的实际的 IRR。单元格 F26 应为 "= IRR（F24：K24）"，F27 应为 "= SUM（G24：K24）/ – F24"。注意这个公式的 "SUM（G24：K24）" 部分。我们也想要包括所有的股利支付。当优先股股利支付延期选项开关设置为 "0" 时，会得到 2% 的 IRR。如果我们将优先股股利延期开关设置为 "1"，则 IRR 下降至 1.9%，所以推迟股利对总回报的影响并不大（0.1%）。如果你记得，在计算 3G 资本公司预期收益时，我们考察的不同情况是：把增长率调整为每年增长 5.5%，将 COGS 占销售收入的百分比降至 60%。现在让我们进行调整，看看对回报率的影响有什么不同之处（见表 15-13）。

表 15-13　伯克希尔·哈撒韦公司的回报（适度增长，递延股利）

投资回报（以百万美元计，每股数值除外）						
			估计值			
	LTM	2014E	2015E	2016E	2017E	2018E
伯克希尔·哈撒韦公司的回报						
股权投资	(12,120)					5,645.6
股权价值						8,000
优先股						
应付优先股股利						3,600
优先股股利		0	0	0	0	0
总回报	(12,120)	0	0	0	0	17,245.6
IRR	7.3%					
回报乘数	1.4×					

使用公允价值意见中所建议的预期增长率，并假设退出乘数等于收购乘数，得出的回报率为 7.3%。再次强调一下，根据前面对 3G 资本公司的讨论，这个值并不像

预期的那么高。但是请记住，账务模型只是用于调整的工具。随着收购接近尾声，有关假设也许会有所改变，从而可以得到更高的回报率。然而，正如所讨论的3G资本公司的回报率，为了显著提高收益（请记住，这里已经使用了较高的增长率并削减了一些成本），公司将需要用更激进的方式来增加收入或是更显著地削减成本。当然也有可能通过某种方式以更高的乘数来退出投资。另一方面，如果你认为这笔投资很安全，那么每年收到720百万美元也是不错的收入来源。即然你现在已经了解了每一方的预估回报率，以及回报率背后的形成机制，那么进行此类投资的目的和论证，以及对于投资固有风险的判断，就基于主观推断了。

这就完成了对企业投资潜在回报的分析。接下来的章节是辅助性的，也详细分析了LBO模型与其他模型的细微差别，LBO模型是目前很受欢迎的一种模型，并且在最近的许多收购中发挥重要作用。

第十六章
债务契约比率和融资费用摊销

债务契约比率是一系列财务比率,是企业维持一定程度的债务所需达到的财务指标门槛。这些比率通常由提供资金的银行确定,并决定企业提高和维持债务的能力;杠杆收购中,这些财务指标在决定每种类型融资的资金数量,是十分重要的。

债务契约中使用的最常见的财务比率类型是偿付比率和杠杆比率。根据不同企业或银行的要求,这些财务指标可以有多种比例组合。此外,这些比率术语的定义在不同的债务协议中也不同。例如,总债务可以是所有债务或者只是优先债务;总债务可包括融资租赁或不包括融资租赁。由于这些财务比率的定义在不同的企业或银行存在不同的理解,所以在使用中必须界定清楚。一个好的分析师总会在文件中对使用的定义做出解释。由于这些定义存在不同理解,这里我们给出的是仅仅是一种常见的理解形式。

偿付比率

偿付比率有助于确定业务产生的现金或收入是否能满足利息和其他必要支付,以维持企业目前的债务水平。偿付比率主要有以下几种类型。

- 偿债备付率。
- 利息保障倍数。
- 固定费用偿付比率。

这些术语通常可互换使用,不同企业对这些比率的定义有不同的看法;然而,最常见的分子是一些衡量收入的标准,分母是向资金提供方(银行)偿付款项的不同形式。再次,这种比率的目的是确定企业向债权人支付欠款的能力。

偿债备付率

偿债备付率的一种公式为:

$$偿债备付率 = \frac{EBITDA - 税金 - 维持性资本性支出}{应偿还贷款本金 + 应偿还利息}$$

注:EBITDA 为息税折旧及摊销前利润

如果债务偿付比率小于1,代表企业经营产生的现金流将不足以支付必要的偿付义务。如果债务偿付比率大于 1，代表企业经营产生的现金流足以支付这些偿付义务。

通常情况下，银行等贷款机构希望项目偿债备付率大于 1，从而项目产生的现金流可以具备缓冲能力，在下行风险出现的情况下，也有足够的资金可以偿付还款义务（例如，偿债备付率要求的比例为 1.2~1.4 倍）。

偿债备付率的其他版本可能是以净利润或现金流为分子。我们也可以简单地将 EBITDA 作为分子。此外，分子可能包括或不包括其他固定费用，如维持性资本性支出，或支付给买方的管理费用。这取决于企业或银行等融资方的解释或定义。

利息保障倍数

理论上的利息保障倍数与偿债备付率相似；然而，它通常衡量企业偿还利息的能力。

$$利息保障倍数 = \frac{EBITDA}{利息费用}$$

此外，利息保障倍数的其他版本可能以净利润，现金流或 EBITDA 减去税金后的金额作为分子。

固定费用偿付比率

固定费用偿付比率是衡量企业经营收益与固定成本支出比率的标准。固定成本中最典型的成本为融资租赁费用，如融资租赁的利息支付，必须每年支付一次，所以固定费用偿付比率对于依赖设备租赁的企业非常重要。

固定费用偿付比率的一种公式为：

$$固定费用偿付比率 = \frac{EBIT + 融资租赁费用}{利息费用 + 融资租赁费用}$$

注：EBIT 为息税前利润

所以这个公式表达的是企业每年能够支付固定费用的次数。

杠杆比率

杠杆比率也有助于确定企业提高或维持债务的能力。最常见的杠杆比率是债务/所有者权益和债务/EBITDA。

债务/所有者权益，即负债权益比，有助于说明企业资本来源的杠杆程度。负债权益比的一个变形是资产负债率（负债/总资本），总资本是负债加上所有者权益。此外，贷款人将使用这些比率来判断向某些企业或项目提供贷款的可行性。

债务/EBITDA比率是表示杠杆程度的另一个指标。这样的比例不仅有助于判断企业或项目的融资能力，也有助于预测企业或项目最多可能筹集多少债务。例如，如果资金提供方（银行）的最大提供融资额度为3倍的EBITDA。有一家拥有100,000美元EBITDA的公司，试图融资100万美元。这相当于10倍的债务/EBITDA融资规模，显然高于资金提供方可提供的3倍EBITDA的融资规模，所以我们知道这笔融资需求是不可行的。

表16-1是Heinz公司的债务契约例子。我们不会逐步完成计算，因为它们只是简单的分类，但你可以通过查看解决方案文件来检查特定的计算。如果你希望将这些数据与你正在构建的财务模型进行对照，则可以与我们提供的标准模型模板进行对比。该模型假设2014~2018年销售收入增长率为5.5%，销售成本占销售收入的比例为60%，并假设延迟优先股息支付和使用直线折旧。

表16-1 Heinz公司的债务契约比率

合并利润表（以百万美元计，每股数值除外）						
				估计值		
期末	实际值	2014A	2015A	2016A	2017A	2018A
输入值						
息税折旧摊销前利润（EBITDA）		2,247	2,371	2,501	2,639	2,784
减：税		−249	−281	−315	−351	−389
减：维持性资本性支出		−493	−521	−549	−579	−611
经营性现金流（OCF）		1,505	1,569	1,637	1,708	1,783
负债						
利息费用总额		683	683	683	683	683
偿还本金总额		0	0	0	0	0
还本付息总额		683	683	683	683	683
负债总额		12,600.0	12,600.0	12,600.0	12,600.0	12,600.0
所有者权益总额		14,686.4	14,546.8	14,495.4	14,537.4	14,678.3
偿付比率						
EBITDA/利息费用		3.3×	3.5×	3.7×	3.9×	4.1×
EBITDA/负债总额		3.3×	3.5×	3.7×	3.9×	4.1×
OCF/利息费用		2.2×	2.3×	2.4×	2.5×	2.6×
OCF/负债总额		2.2×	2.3×	2.4×	2.5×	2.6×
杠杆率						
负债总额/EBITDA		5.6×	5.3×	5.0×	4.8×	4.5×
负债总额/OCF		8.4×	8.0×	7.7×	7.4×	7.1×
负债总额/所有者权益总额		0.9×	0.9×	0.9×	0.9×	0.9×
负债总额/资本总额		46.2%	46.4%	46.5%	46.4%	46.2%

融资费用资本化和摊销

在某些情况下,与筹集债务有关的交易费用可以进行资本化,并在后续年份摊销。虽然这部分内容对杠杆收购(LBO)的整体影响微乎其微,但这个话题却经常出现,且摊销可以进行税前抵减。因此,我们还是简要说明摊销在财务模型中是如何发挥作用的,以便作为参考。虽然我们没有提供与债务有关的费用细节,但融资费用通常会以融资金额的百分比计算。为了简单起见,我们假设融资费用占定期贷款和票据融资金额的1%。所以,1% × ($ 10,500 + $ 2,100) = $ 126(百万美元)。因此,这部分交易费用可以进行资本化,在资产负债表中列示,并在后续年份摊销。为了说明如何运作,我们首先在资产负债表调整中创建资产的相关科目,然后计算摊销。这一科目将影响利润表和现金流量表。最后,在后续预测年度内,该项资产将随摊销每年递减,减少的金额即为每年的摊销额。

如果你正在与模型的数据进行对比,我们的模型使用的版本是销售收入的增长率为5.5%,销售成本占销售收入的比例为60%。

在模型中,我们首先在资产负债表的长期资产部分添加一行。我们在"其他非流动资产"上方添加了空行,第126行,并标有"融资费用资本化"。见表16-2。

表 16-2 债务费用资本化

合并资产负债表(以百万美元计,每股数值除外)				
	实际	预计		
2013 年 1 月 27 日	LTM	附加(+)	减少(-)	总计
资产				
流动资产				
现金	1,100.7		1,100.7	0.0
应收账款净值	896.4			896.4
其他应收款净值	202.4			202.4
存货	1,448.4			1,448.4
预付费用	173.0			173.0
其他流动资产	88.0			88.0
流动资产总额	3,908.9			2,808.2
固定资产净值	2,428.2	0.0		2,428.2
商誉	3,104.5	15,408.8		18,513.4
商标权净值	1,050.9			1,050.9
其他无形资产净值	383.0	5,136.3		5,519.3
资本化的融资费用	0.0	126.0		126.0
其他非流动资产	1,053.6			1,053.6
总资产	11,929.1			31,499.5

我们将历史价值输入硬编码为"0"值。现在需要说明如何进行融资费用资本化的资产负债表科目的有关调整。为简单起见，我们在公式中用1%乘以初始债务，或单元格F126等于"=1%*（Assumptions！F9+Assumptions！F10）"。你可能希望在"假设"（Assumptions）工作表中有详细说明交易费用的方式。再次强调，这里仅仅是为了说明流程。你可以使用格式标注或其他方式来实现。现在确保"总计"H列计算正确。所以我们将单元格H126写为"=E126+F126-G126"。你也可以从单元格H125中复制此公式，它有相同的结构。

此时，你可能注意到备考资产负债表不再平衡。这是因为我们重新计算了债务费用，涉及资产部分和股东权益部分。记住，股东权益部分进行了重大调整，之前，股东权益的减少金额为交易费用总额。但是，由于我们现在对与债务有关的交易费用进行了资本化，所以不应该把这笔费用再作为股东权益的一次性减少处理。该部分融资费用资本化之后，在后续年份进行摊销。每年的摊销将减少净利润，从而降低股东权益。

所以，在单元格G153中，对留存收益的调整，我们调整了留存收益的末结余额，移除了总费用，如现在所示："=E153+Assumptions！J8"。

我们只想在这里减除不包括融资费用的其他所有交易费用。所以，我们建议有一张详细的交易费用表，你只需要将有关数值替代原来的全部交易费用（Assumptions！J8），这里的全部交易费用将不包括我们资本化的融资费用。然而，由于亨氏公司没有给出交易细节（总交易费用为1,381.1百万美元，并没有进一步的明细），所以我们把全部交易费用减去融资费用，从1,381.1百万美元中减去126百万美元。总而言之，我们正在做减法：

留存收益 + 全部交易费用 – 融资费用

我们可以调整单元格G153中的公式，以消除126百万美元的融资费用。现在显示为"=E153+Assumptions！J8-F126"。备考资产负债表现在应该平衡，见表16-3。再次需要注意，1,381.1百万美元的交易费用似乎非常高。这是我们根据披露的有限信息计算的结果。有关详细信息，请参阅第四章中的说明。

现在我们已经将融资费用进行资本化，需要进行摊销计算，将其与利润表相联系，并调整现金流量表中的摊销。为简单起见，我们假设资本化融资费用的摊销为交易预计持有期——五年。此外，你可能想把它作为假设放在假设表的表格中。对于本书，我们默认这笔费用是"126/5"。因此，我们需要在折旧计划表中添加一行，用于关联利润表和现金流量表。不能简单地将这一摊销总额折算为全部折旧和摊销,因为我们需要按年摊销,才能正确关联资产负债表融资费用资本化的科目。

表 16-3 融资费用资本化调整后的资产负债表

合并资产负债表调整(以百万美元计,每股数值除外)	实际	预计		
2013 年 1 月 27 日	LTM	附加(+)	减少(-)	总计
资产				
流动资产:				
现金及现金等价物	1,100.7		1,100.7	0.0
应收账款净额	896.4			896.4
其他应收款净额	202.4			202.4
存货	1,448.4			1,448.4
预付费用	173.0			173.0
其他流动资产	88.0			88.0
流动资产总额	3,908.9			2,808.2
固定资产净值	2,428.2	0.0		2,428.2
商誉	3,104.5	15,408.8		18,513.4
商标权净值	1,050.9			1,050.9
其他无形资产净值	383.0	5,136.3		5,519.3
资本化的融资费用	0.0	126.0		126.0
其他非流动资产	1,053.6			1,053.6
总资产	11,929.1			31,499.5
负债				
流动负债:			14.7	
短期负债	14.7			0.0
一年内到期的长期负债	1,038.5		1,038.5	0.0
循环信用贷款	0.0	0.0		0.0
应付账款	1,129.7			1,129.7
其他应付款	158.1			158.1
应计市场费用	320.1			320.1
其他应计负债	624.0			624.0
应交税费	91.3			91.3
流动负债总额	3,376.3			2,323.1
长期借款	0.0	10,500.0		10,500.0
票据	0.0	2,100.0		2,100.0
长期负债	3,930.6		3,930.6	0.0
递延所得税	776.7			776.7
非养老金退休福利	230.9			230.9
其他非流动负债	504.8			504.8
可赎回非控股权益	28.7			28.7
负债总额	8,848.0			16,464.1

（续）

合并资产负债表调整（以百万美元计，每股数值除外）				
	实际	预计		
2013年1月27日	LTM	附加（+）	减少（-）	总计
所有者权益				
股东权益				
股本	716.7		716.7	0.0
普通股	0.0	8,240.0	0.0	8,240.0
优先股	0.0	8,000.0	0.0	8,000.0
留存收益	7,877.4		9,132.6	(1,255.1)
库存股份	(4,675.8)		(4,675.8)	0.0
累计其他综合损失	(887.7)		(887.7)	0.0
股东权益总额	3,030.6			14,984.9
非控制性股东权益	50.5			50.5
所有者权益合计	3,081.1			15,035.4
负债及所有者权益合计	11,929.1			31,499.5
附加数据				
平衡检验？（Y/N）	Y			Y

所以我们在总体折旧和摊销上增加一行，第245行，并标注"融资费用摊销"。为简单起见，我们关联资产负债表调整部分中计算的"126"，并除以5。单元格J245将写为"=$F$126/5"㊀，确保将资产负债表调整的引用单元格地址加绝对引用，以便我们复制。

虽然在模型的其余部分没有使用，但你应该修改总折旧和摊销公式，包括这个新增加的行。所以J246现在应该写为"=J242+J243+J244+J245"。我们可以将单元格J246向右复制到2018年。请参见表16-4。

表16-4 债务费用资本化摊销

折旧（以百万美元计，每股数值除外）						
		预计				
期末		2014E	2015E	2016E	2017E	2018E
折旧方法	MACRS?1=Y, 0=N	298.0	311.0	324.7	339.2	354.5
摊销	1	30.0	30.0	30.0	30.0	30.0
可识别无形资产摊销		342.4	342.4	342.4	342.4	342.4
融资费用资本化摊销		25.2	25.2	25.2	25.2	25.2
折旧与摊销总额		695.6	708.6	722.4	736.8	752.1

㊀ 相信作者此处仅仅是出于演示目的，在模型中输入常数并不符合财务模型规范。相关规范请参考注册估值分析师协会颁布的《CVA财务模型规范指南》。——译者注

现在可以将资本化的融资费用摊销关联到利润表中。我们首先在利润表中第 25 行（"可识别无形资产摊销"）下创建一行，并将其标注为"融资费用摊销"。然后，我们可以对历史年份输入硬编码"0"值，并与折旧计划中相应行中的预计值进行关联。所以单元格 J26 应该是"= J246"。我们需要调整总折旧和摊销公式，让其包括这一行。单元格 D27 应为"= D23 + D24 + D25 + D26"。可以将单元格 J26 和 D27 向右复制。见表 16-5。

表 16-5 融资费用资本化摊销后的利润表

合并利润表（以百万美元计，每股数值除外）		预计				
期末	LTM	2014E	2015E	2016E	2017E	2018E
EBITDA	1,908.9	2,247.3	2,371.0	2,501.4	2,638.9	2,784.1
EBITDA 利润（%）	*16.3%*	*18.2%*	*18.2%*	*18.2%*	*18.2%*	*18.2%*
折旧	299.6	298.0	311.0	324.7	339.2	354.5
摊销	48.0	30.0	30.0	30.0	30.0	30.0
可识别无形资产摊销	0.0	342.4	342.4	342.4	342.4	342.4
融资费用资本化摊销	0.0	25.2	25.2	25.2	25.2	25.2
折旧和摊销总额	347.6	695.6	708.6	722.4	736.8	752.1
EBIT	1,561.3	1,551.7	1,662.3	1,779.0	1,902.1	2,031.9
EBIT 利润（%）	*13.4%*	*12.6%*	*12.8%*	*13.0%*	*13.1%*	*13.3%*

接下来，必须确保融资费用摊销适当的引入现金流量表。所以让我们在现金流量表"可识别无形资产摊销"（第 64 行）下添加一行，并标注"融资费用摊销"。可以从利润表中关联每年数据，单元格 D65 为"= D26"。然后可以将其向右复制到 2018 年。请参见表 16-6。

表 16-6 融资费用资本化摊销后的现金流量表

合并现金流量表（以百万美元计，每股数值除外）		预计				
期末	LTM	2014E	2015E	2016E	2017E	2018E
经营活动产生的现金流						
净收入	1,006.7	610.1	693.5	781.8	875.2	974.2
折旧	299.6	298.0	311.0	324.7	339.2	354.5
摊销	48.0	30.0	30.0	30.0	30.0	30.0
可识别无形资产摊销	0.0	342.4	342.4	342.4	342.4	342.4
融资费用资本化摊销	0.0	25.2	25.2	25.2	25.2	25.2
递延税	(83.0)	(83.0)	(83.0)	(83.0)	(83.0)	(83.0)
资产剥离损失净值	19.8	0.0	0.0	0.0	0.0	0.0
待售资产减值损失	36.0	0.0	0.0	0.0	0.0	0.0
养老金缴纳	(61.2)	(0.0)	(80.0)	(80.0)	(80.0)	(80.0)
2012 财年资产减值	58.7	0.0	0.0	0.0	0.0	0.0
其他项目净值	10.2	10.2	10.2	10.2	10.2	10.2

最后，你可能会注意到资产负债表不平衡了。这是因为现在现金流量表中有一个科目，没有关联到资产负债表中。融资费用摊销需要减少资产负债表相应的资本化融资费用科目。但是，首先需要在资产负债表的长期资产部分添加一行，就像我们在资产负债表调整中所做的那样。我们可以在第178行下方添加"其他无形资产净值"，并将其标注为"资本化融资费用"。对于第I列中的备考数据，我们需要从备考资产负债表中引入。我们可以简单地将公式I178向下复制一行，也可以将公式I179写为"=H128"。见表16-7。

表 16-7 融资费用资本化摊销后的利润表

合并利润表（以百万美元计，每股数值除外）

1月27日	2013PF	估算值				
		2014E	2015E	2016E	2017E	2018E
资产						
流动资产：						
现金及现金等价物	0.0	449.5	975.1	1,573	2,247.5	3,003.1
应收款项	1,098.8	1,158.1	1,221.8	1,289.0	1,359.9	1,434.7
存货	1,448.4	1,486.3	1,568.1	1,654.3	1,753.3	1,841.3
预付费用及其他流动资产	261.1	272.4	287.4	303.2	319.8	337.4
总流动资产	2,808.2	3,366.2	4,052.2	4,819.4	5,672.5	6,616.5
固定资产净值	2,428.2	2,623.6	2,833.1	3,057.5	3,297.6	3,554.3
商誉	18,513.4	18,513.4	18,513.4	18,513.4	18,513.4	18,513.4
商标权净值	1,050.9	1,020.9	990.9	960.9	930.9	900.9
其他无形资产净值	5,519.3	5,176.9	4,834.5	4,492.1	4,149.6	3,807.2
资本化融资费用	126.0	100.8	75.6	50.4	25.2	0.0
其他非流动资产	1,053.6	1,094.8	1,135.9	1,177.1	1,218.3	1,259.4
总资产	31,499.5	31,896.5	32,435.6	33,070.6	33,807.4	34,651.6

对于预测年份，可以使用标准资产负债表平衡公式来平衡资产，即：

2014年资产负债表资本化融资费用 = LTM资产负债表资本化融资费用 – 2014年现金流量表融资费用摊销

所以，在单元格J179中将有"= I179-J65"。可以将其向右复制，现在你可以看到，资产负债表资本化融资费用科目随摊销逐年递减，最终为0。见表16-7。资产负债表重归平衡。

这里总结了一个简单的方法来模拟与债务相关的融资费用的摊销。当然，这种费用资本化的会计制度往往会发生变化，所以建议在这样做之前，应仔细核实对这些科目进行摊销的最新制度。

第十七章
实物支付证券

实物支付债券（Paid-in-kind，PIK）是一种债券，它的利息是以额外的债券进行支付，而不是现金。在债券需要支付利息时，债券余额会增加，以代替现金支付利息。通常，余额的增加也会产生额外的利息；因此计息方式是复利。这种债券通常价格更高，但它能减轻企业当前的现金流压力。PIK 利息债券近年来颇受欢迎，所以我觉得介绍这类债券十分重要，即使它不是亨氏公司案例的关键。

我们举个例子来说明实物支付债券的现金流情况。如果我们的债券价格为 1,000 美元，附加 10% 的 PIK 利息，那么在期末会产生 100 美元的 PIK 利息。如果我们承担 40% 的税率，那么净税额 –60 美元，将进入现金流量表。见表 17-1。

既然 PIK 利息费用是非现金支出（实际上没有以现金支付），但是有抵税的作用，所以我们将其添加到现金流量表中。表 17-2 显示，PIK 利息在资产负债表上将增加负债。

从账面上看，这是平衡的，因为 40 美元的现金调整减去 100 美元的 PIK 负债等于净利润变动 –60 美元。

表 17-1　实物支付利息费用

利润表		单位：美元	现金流量表		单位：美元
实物支付债券利息		(100.0)	净利润		(60.0)
税 (40%)		40	实物支付债券利息调整		100.0
净利润		(60)	现金流增量		40.0

表 17-2　实物支付利息现金流和资产负债表

现金流量表		单位：美元	资产负债表		单位：美元
净利润		(60.0)	现金		40.0
实物支付债券利息调整		100.0	实物支付债券利息		100.0
现金流增量		40.0	留存收益（净利润）		(60.0)

让我们在模型中说明一下。亨氏公司的案例不包含 PIK 利息证券，但我们假设票据贷款的利息是 PIK 利息。建议你用另一个名称保存你的模型版本，以免干扰核心解决方案。我们可以假定 7.5% 的利息费用是 PIK 利息，而不是现金利息。需要说明这一利息将会增加债券余额这一事实，所以我们将在利息科目下增加一行来创建新的年终债券余额。我们在票据利率下方添加一行，第 302 行，并将其标记为"票据（PIK 之后）"。

这一行将是债券年终余额加利息费用。记住，PIK 的结构使得所产生的利息不以现金支付，结果是债务余额将增加，表明需要额外的债务来筹集利息。所以在新的单元格 J303 中，将会有"= J300 + J301"。我们可以把它向右复制。对于这个新的债务余额，我们想把它统计入下一年，故我们需要改动单元格 K297，使它等于新的单元格 J303。然后可以将单元格 K297 向右复制。见表 17-3。

表 17-3 考虑 PIK 利息的票据

资产负债表（以百万美元计，每股数值除外）						
				估计值		
1月27日	2013PF	2014E	2015E	2016E	2017E	2018E
票据						
票据（年初）		2,100.0	2,257.5	2,426.8	2,608.8	2,804.5
托管发行 /（赎回）		0.0	0.0	0.0	0.0	0.0
非托管发行 /（赎回）		0.0	0.0	0.0	0.0	0.0
票据（年终）	2,100.0	2,100.0	2,257.5	2,426.8	2,608.8	2,804.5
票据利息费用		157.5	169.3	182.0	195.7	210.3
票据利率		7.50%	7.50%	7.50%	7.50%	7.50%
票据（PIK 后）		2,257.5	2,426.8	2,608.8	2,804.5	3,014.8

假设 PIK 利息是可以抵税的，我们需要确保这与利息费用总额挂钩；PIK 利息费用科目已经进行了关联，因为我们以前就已经将票据利息合并到总利息费用之中。然而，与应付股利一样，我们需要将 PIK 利息关联到现金流量表，并确保增加相应的负债科目，见表 17-1。我们可以在经营活动产生的现金流中添加一行。在"其他科目净值"之上添加一行第 71 行，并将其标记为"PIK 利息"，见表 17-4。如果你需要将自己开发的模型数据与标准模型进行对比，我们的标准模型假设是销售收入增长率为 5.5%，销售成本占销售收入的比例为 60%。

PIK 利息将从债务计划表的利息中扣除。我们将历史年份输入硬编码"0"值。单元格 J71 将显示"= J302"，可以将其向右复制。我们现在需要仔细检查，确保这一新行已合并入总现金流，见表 17-4。

现在必须在资产负债表中创建一个 PIK 负债。参见表 17-2。请注意，资产负债表现在不平衡。我们在票据科目下添加一个 PIK 行，第 193 行，将其标记为"PIK 利息"。我们可以将最后 12 个月（LTM）输入硬编码"0"值。对于预计的年份，我们可以使用标准资产负债表公式来确定负债，即：

2014 年资产负债表 PIK 利息 = LTM 资产负债表 PIK 利息 + 2014PIK 现金流利息

在单元格 J194 中，将会有"= I194 + J71"。可以把它向右复制，你现在可以看到累加的 PIK 利息。资产负债表应重归平衡。见表 17-5。

表 17-4 实物支付债券的现金流量表

合并现金流量表（以百万美元计，每股数值除外）

期末	估计值				
	2014E	2015E	2016E	2017E	2018E
经营活动产生的现金流					
净利润	610.7	686.7	767.0	851.8	941.4
折旧	298.0	311.0	324.7	339.2	354.5
摊销	30.0	30.0	30.0	30.0	30.0
可识别无形资产摊销	342.4	342.4	342.4	342.4	342.4
融资费用资本化摊销	25.2	25.2	25.2	25.2	25.2
递延所得税	(83.0)	(83.0)	(83.0)	(83.0)	(83.0)
资产剥离损失	0.0	0.0	0.0	0.0	0.0
待售资产减值损失	0.0	0.0	0.0	0.0	0.0
养老金缴纳	(80.0)	(80.0)	(80.0)	(80.0)	(80.0)
2012 财年资产减值损失	0.0	0.0	0.0	0.0	0.0
PIK 利息	157.5	169.3	182.0	195.7	210.3
其他科目净值	10.2	10.2	10.2	10.2	10.2
营运资本变动					
应收款项变动	(59.3)	(63.7)	(67.2)	(70.9)	(74.8)
存货变动	(38.0)	(81.7)	(86.2)	(91.0)	(96.0)
预付费用及其他流动资产变动	(11.3)	(15.0)	(15.8)	(16.7)	(17.6)
应付账款变动	34.1	72.7	76.7	80.9	85.4
应计负债变动	40.3	54.1	57.1	60.3	63.6
应计所得税变动	6.9	11.8	12.5	13.2	14.0
营运资本净变动	(27.4)	(21.7)	(22.9)	(24.2)	(25.5)
经营活动产生的现金流总额	1,283.6	1,390.0	1,495.6	1,607.3	1,725.5

资产负债表一旦平衡，PIK 证券即将完成。请注意，还需要在"投资回报（Return）"工作表中添加 PIK 证券，因为退出时需要支付累计的利息。所以我们在"投资回报（Return）"工作表"减去票据"科目下增加一行，并将其标记为"减 PIK 利息"。单元格 K12 的公式应为"=Financials!N194"。最后，我们需要修改"归属于普通股股东"的公式，同样减去 PIK 利息；单元格 K15 中的公式应改为"=K7+K8-K9-

K10-K11-K13-K14 -K12"。见表 17-6。

表 17-5 考虑 PIK 利息的资产负债表

合并资产负债表（以百万美元计，每股数值除外）						
			估计值			
1月27日	2013PF	2014E	2015E	2016E	2017E	2018E
负债						
流动负债：						
短期负债	0.0	0.0	0.0	0.0	0.0	0.0
一年内到期的长期债务	0.0	0.0	0.0	0.0	0.0	0.0
循环信用贷款	0.0	0.0	0.0	0.0	0.0	0.0
应付账款	1,287.8	1,321.8	1,394.6	1,471.3	1,552.2	1,637.5
应计销售费用和其他费用	944.0	984.3	1,038.4	1,095.5	1,155.8	1,219.4
应交税费	91.3	98.1	110.0	122.5	135.7	149.7
流动负债合计	2,323.1	2,404.3	2,543.0	2,689.3	2,843.7	3,006.6
长期借款	10,500.0	10,500.0	10,500.0	10,500.0	10,500.0	10,500.0
应付票据	2,100.0	2,100.0	2,100.0	2,100.0	2,100.0	2,100.0
PIK 利息	0.0	157.5	326.8	508.8	704.5	914.8
长期负债	0.0	0.0	0.0	0.0	0.0	0.0
递延所得税	776.7	693.7	610.7	527.7	444.7	361.7
非养老金退休福利	230.9	230.9	230.9	230.9	230.9	230.9
应付优先股股利	0.0	720.0	1,440.0	2,160.0	2,880.0	3,600.0
其他非流动负债	504.8	424.8	344.8	264.8	184.8	104.8
可赎回非控制性权益	28.7	28.7	28.7	28.7	28.7	28.7
总负债	16,464.1	17,259.8	18,124.8	19,010.2	19,917.2	20,847.4

标准模型表 17-6 中的回报基于假设是增长率为 5.5%，销售成本占销售收入的比例为 60%。我们可以看到，PIK 利息对整体投资回报的影响很小，但 PIK 证券推迟支付现金利息的好处依然存在。具体内容可参加本书财务模型，可以在 Wiley 网站 "Leveraged_Buyout_Model_Solution_Part_Three.xls" 上找到。⊖

⊖ 为方便读者下载，读者也可以在金多多教育网站或在微信中搜索金多多教育公众号（ibankingbook），回复杠杆收购，获得对应的模型文件。同时，金多多教育网站提供有更多的财务模型供读者参考学习。——译者注

表 17-6 包含 PIK 证券的股本回报

投资效益表（以百万美元计，每股数值除外）						
	实际	预计				
期末	LTM	2014E	2015E	2016E	2017E	2018E
退出倍数	14.4×					
企业价值 [(EBITDA+ 管理费用)× EBITDA 倍数)]						40,048.4
加现金						3,835.6
减循环信用贷款						0.0
减长期负债						10,500.0
减应付票据						2,100.0
减 PIK 利息						914.8
减优先股						8,000.0
减优先股股利						3,600.0
归属普通股的权益						18,769.2
3G 公司投资回报	(4,120.0)	0.0	0.0	0.0	0.0	13,138.5
IRR	26.1%					
回报倍数	3.2×					
Berkshire Hathaway 公司投资回报						
股本投资	(12,120.0)					
股权价值						5,630.0
优先股						8,000.0
应付优先股利						3,600.0
优先股利		0.0	0.0	0.0	0.0	0.0
总回报	(12,120.0)	0.0	0.0	0.0	0.0	17,230.8
IRR	7.3%					
回报倍数	1.4×					

本书的主要目的是说明杠杆收购的机制及影响投资回报的主要驱动因素，了解和掌握 PIK 利息科目建模的方法和能力也是重要而有用的基本要求。我们可以继续创建类似的科目和其他复杂科目来建模。杠杆收购可能变得更加复杂，这将在后续的书籍中予以说明。尽管本案例属于较为少见的情况，但我们认为，亨氏公司案例对我们来说很重要，而且是分析杠杆收购的较好案例。私募股权投资特别是非上市公司收购的细节、实现的收益和遇到的陷阱是更高水平的研究课题。希望你像我一样期待下一个案例。

附 录

附录1
建模快速指南

对于一个全面杠杆收购模型，在完成核心假设（收购价格、资金来源和使用）后，下一步应将其作为建模指导：

I. 利润表

　1. 输入利润表历史数据。

　2. 预测收入。

　3. 预测所有费用。

　　a. 把"折旧"部分留空（出自折旧计划表，IV.1.a）。

　　b. 把"利息费用"和"利息收入"部分留空（出自偿债计划，VII.8 和 VII.9）。

　4. 计算净利润。

II. 现金流量表

　1. 输入现金流量表历史数据。

　2. 经营活动产生的现金流预测。

　　a. 输入利润表得出的"利润分配前净利润"。

　　b. 把"折旧"部分留空（出自折旧计划表，IV.1.b）。

　　c. 把"经营活动产生的现金流变动"留空（出自营运资本明细表，V.1.a 和 V.2.a）。

　　d. 预测"其他"科目。

　3. 投资活动产生的现金流。

　　a. 预测资本性支出。

　　b. 预测"其他"科目。

　4. 筹资活动产生的现金流。

　　a. 把"短期负债（偿付）"留空（出自偿债计划 VII.10）。

　　b. 把"长期负债（偿付）"留空（出自偿债计划 VII.11）。

　　c. 输入利润表中的"股利分配"。

　　d. 预测"其他"科目。

　5. 合计现金流总额。

III. 资产负债表调整

　　1. 输入资产负债表历史数据。

　　2. 进行资产负债表调整。

IV. 折旧计划表

　　1. 预测折旧。

　　　　a. 把折旧关联到利润表中（I.3.a）。

　　　　b. 把折旧关联到现金流量表中（II.2.b）。

V. 营运资本

　　1. 预测每一个流动资产科目。

　　　　a. 把流动资产科目中的每一项变化都关联到现金流量表中（II.2.c）。

　　2. 预测每一个流动负债科目。

　　　　a. 把流动负债科目中的每一项变化都关联到现金流量表中（II.2.c）。

　　3. 计算营运资本变动。

VI. 资产负债表预估

　　1. 以现金流量表变动为基础编制未来资产负债表余额。

VII. 偿债计划

　　1. 输入资产负债表中的年末负债和现金余额。

　　2. 计算可用于偿债的现金。

　　3. 建立短期债务偿还计划表。

　　　　a. 计算利息费用。

　　　　b. 编制强制且自动的债务发行（偿付）表。

　　4. 建立长期债务偿还计划表。

　　　　a. 计算利息费用。

　　　　b. 编制强制且自动的债务发行（偿付）表。

　　5. 计算利息费用总额。

　　6. 计算强制且自动偿还债务总额。

　　7. 计算年末现金余额。

a. 计算利息收入。

8. 把利息费用总额关联到利润表中（I.3.b）。

9. 把利息收入总额关联到利润表中（I.3.b）。

10. 把短期强制且自动偿还债务发行关联到现金流量表中（II.4.a）。

11. 把长期强制且自动偿还债务发行关联到现金流量表中（II.4.b）。

计算回报率，模型完成。

附录 2
财务报表流程图

从利润表到现金流量表

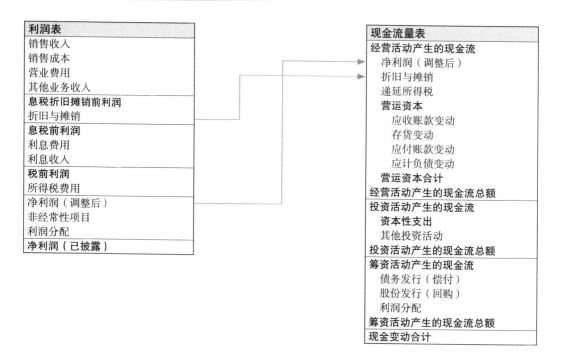

从现金流量表到资产负债表

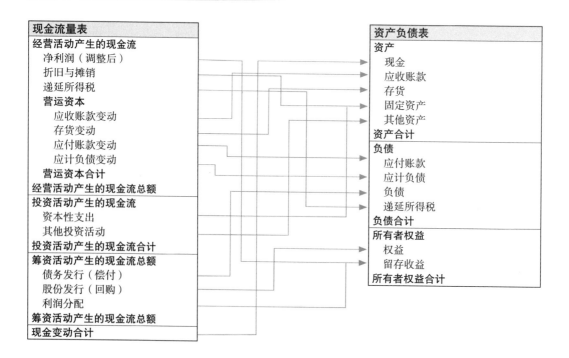

附录 3
Excel 快捷键

描述	快捷键	描述	快捷键
文件操作		**单元格格式**	
新建文档	Ctrl+N	设置单元格格式	Ctrl+1
打开文档	Ctrl+O	设为货币格式	Ctrl+Shift+4
保存文档	Ctrl+S	设为日期格式	Ctrl+Shift+3
关闭文档	Ctrl+F4	设为百分数格式	Ctrl+Shift+5
保存为	F12	设为数字格式	Ctrl+Shift+1
退出 Excel	Alt+F4	粗体	Ctrl+B
打印	Ctrl+P	斜体	Ctrl+I
单元格操作		下划线	Ctrl+U
编辑活跃单元格	F2	删除线	Ctrl+5
取消单元格编辑	Escape Key	添加单元格边框	Ctrl+Shift+7
剪切	Ctrl+X	移除所有边框	Ctrl+Shift+-(减号)
复制	Ctrl+C	**选择单元格**	
粘贴	Ctrl+V	选择整个工作表	Ctrl+A
向右填充	Ctrl+R	选择区域范围	Ctrl+Shift+8
向下填充	Ctrl+D	选择列	Ctrl+Space bar
添加单元格批注	Shift+F2	选择行	Shift+Spacebar bar
		手动选择	按住 Shift+ 左 / 右 / 上 / 下键

描述	快捷键	描述	快捷键
在工作表中进行导航		**其他操作**	
向上移动一屏	Page Up	查找下一个	Ctrl+F
向下移动一屏	Page Down	替换文本	Ctrl+H
移动至下一个工作表	Ctrl+Page Down	撤销上一个步骤	Ctrl+Z
移动至上一个工作表	Ctrl+Page Up	重复上一个步骤	Ctrl+Y
前往工作表上第一个单元格	Ctrl+Home	创建图表	F11
前往工作表上最后一个单元格	Ctrl+End	拼写检查	F7
前往公式源	Ctrl+{	显示所有公式	Ctrl+~
显示"定位"对话框	F5	插入列 / 行	Ctrl+Shift++(加号)
		插入新的工作表	Shift+F11
		切换到下一个工作簿	Ctrl+F6
		自动加总	Alt+ 等号

网站相关信息

本书有一个配套网站,网址如下:www.wiley.com/go/pignatarolbo. 配套网站上有包括 H.J. 亨氏公司的财务模型,配合模型样本,在阅读本书过程中,你可以一步步搭建自己的亨氏公司杠杆收购模型。模型的目的是让你获得更多实践并进一步应用书中所学到的技能。请随意下载和使用这些模型,或者试着搭建你自己的模型并加以比较。

网站上还包含章节中的问题和答案以及另一个杠杆收购模型,以帮助你了解书中所展示的材料。

浏览网站,前往:

www.wiley.com/go/pignatarolbo⊖

(密码:buyouts)

⊖ 读者也可以前往 www.jinduoduo.net/merger 进行下载或关注金多多教育微信公众号 ibankingbook,回复杠杆收购,可自动获得本书配套材料。——译者注

关于作者

保罗·皮格纳塔罗是一位专注于金融教育的企业家。他在教育和技术领域创立并成功运作了一些创业公司。在 14 年的从业经历中，他涉猎过投行和企业并购（M&A）中的私募基金，具体业务包括重组、资产剥离、资产并购以及石油、天然气、能源和公共设施方面的债权和股权交易，覆盖行业包括网络技术、房地产、国防、旅游、银行和服务业。

皮格纳塔罗先生最近成立了纽约金融学院，该校的前身是 AnEx 培训学校，一个规模达百万美元的金融教育机构，向世界各地的银行、公司和大学提供金融教育。地点在纽约，旨在帮助一流和二流的商校学生为进入华尔街上的顶尖公司做准备。

在 AnEx，皮格纳塔罗一直参与培训队伍中，积极为顶级投行和并购（M&A）团队提供培训，并且对高净值个人客户的基金管理人员亲自提供个人培训。AnEx 持续在全球 50 多个地方进行培训，皮格纳塔罗先生每月大量出差，为海外的主权基金和投资银行提供培训。

在开始创业之前，皮格纳塔罗先生在 YH Lee Putnam 投资公司就职。这是收购巨头 Thomas H. LeePartners 旗下一个规模 10 亿美元的私募基金公司。在那之前，皮格纳塔罗先生就职于摩根士坦利，从事技术、能源、交通和商务服务行业的多种并购交易。其中包括 BP Amoco 和 ARCO 333 亿美元的合并案例，American Water Works 以 76 亿美元被 RWE（一家德国自来水公司）收购，Citizens Communications（规模 30 亿美元的通信公司）的两个子公司的收购和一家规模 30 亿美元的电力公共设施旗下的子公司以 1 亿美元被收购。

皮格纳塔罗先生还著有《财务模型与估值》《并购、剥离与资产重组》《投资银行面试指南》（均已由机械工业出版社引进出版）等书。他本科和硕士分别毕业于纽约大学的数学系和计算机科学系。

北京金多多教育咨询有限公司

北京金多多教育咨询有限公司（www.jinduoduo.net）是国内首家以金融精英职业技能提升为目标的培训机构。自 2010 年成立以来，先后开设了面向金融投资行业职业技能及投资专业人才系统培养的项目投资决策、上市公司估值建模、杠杆收购、并购估值、研报图表、PPT 金融行业应用等实务操作课程，为多家金融投资机构及企业集团提供内训及网络课程服务。目前金多多教育为国内授权注册估值分析师（CVA）认证培训机构。

优秀的人才，特别是投资并购人才，对企业发展起着至关重要的作用，不论是央企或大型机构动辄百亿元的并购，还是中小企业几千万的并购，任何一单出现失误，都会给企业带来无法弥补的损失。投资并购人才的培养不仅需要针对性的短训，更需要长期系统的学习和训练。金多多教育为企业并购估值人员提供最前沿的专业实务教材和长期系统的培训方案。

作为投资并购及估值专业培训机构，金多多教育也为众多的中小企业主及创业者提供估值建议及融资服务。在大并购时代，经历过艰苦创业的企业家，面对并购整合的浪潮，务必做好准备，在日常经营中按照价值最大化的模式来改善经营管理，为自己的企业出售或融资争取最大的价值！

联系方式：

电话：86 010 6848 2894 / 135 0101 9971（同微信）

邮件：info@jinduoduo.net

微信公众号（第一时间提供新出版图书信息）：

微信 扫一扫 获取更多学习资源

1

 打开手机微信扫下方二维码

发现　　　　扫一扫

2

在微信中回复关键词获取对应资源

本书自带模型文件

回复"杠杆收购模型"，获得下载链接

金多多教育特邀资深实战专家特别录制视频课程

1. 视频教程　　2. 学习交流微信群　　3. 职业发展资讯

视频教程入口：微信公众号中回复"杠杆收购教程"，

本书读者视频课程购买优惠码：GGSG

金多多金融投资译丛

序号	中文书名	英文书名	作者	定价	出版时间
1	如何吸引天使投资：投资人与创业者双向解密	Attracting Capital From Angels: How Their Money - and Their Experience - Can Help You Build a Successful Company	Brian E. Hill Dee Power	58.00	2013.6
2	并购之王：投行老狐狸深度披露企业并购内幕	Mergers & Acquisitions: An Insider's Guide to the Purchase and Sale of Middle Market Business Interests	Dennis J. Roberts	78.00	2014.5
3	投资银行：估值、杠杆收购、兼并与收购（原书第2版）	Investment Banking, Valuation, Leveraged Buyouts, and Mergers & Acquisitions (second edition)	Joshua Rosenbaum Joshua Pearl	99.00	2014.10
4	投资银行练习手册	Investment Banking: Workbook	Joshua Rosenbaum Joshua Pearl	49.00	2014.10
5	投资银行精华讲义	Investment Banking: Focus Notes	Joshua Rosenbaum Joshua Pearl	49.00	2014.10
6	财务模型与估值：投行与私募股权实践指南	Financial Modeling and Valuation: A Practical Guide to Investment Banking and Private Equity	Paul Pignataro	68.00	2014.10
7	风险投资估值方法与案例	Venture Capital Valuation, + Website: Case Studies and Methodology	Lorenzo Carver	59.00	2015.1
8	亚洲财务黑洞	Asian Financial Statement Analysis: Detecting Financial Irregularities	Chinhwee Tan, Thomas R. Robinson	68.00	2015.4
9	财务建模：设计、构建及应用的完整指南	Building Financial Models	John S. Tjia	69.00	2015.8
10	大并购时代	Mergers and Acquisitions Strategy for Consolidations: Roll Up, Roll Out and Innovate for Superior Growth and Returns	Norman W. Hoffmann	69.00	2016.3
11	做空：最危险的交易	The Most Dangerous Trade	Richard Teitelbaum	59.00	2016.6
12	绿色国王	Le roi vert	Paul-Loup Sulitzer	49.90	2016.8
13	市场法估值	The Market Approach to Valuing Businesses	Shannon P. Pratt	79.00	2017.3

序号	中文书名	英文书名	作者	定价	出版时间
14	投行人生：摩根士丹利副主席的40年职业洞见	Unequaled: Tips for Building a Successful Career through Emotional Intelligence	James A. Runde	49.90	2017.5
15	公司估值	The Financial Times Guide to Corporate Valuation (2nd Edition)	David Frykman, Jakob Tolleryd	49.00	2017.10
16	投资银行面试指南	The Technical Interview Guide to Investment Banking, +Website	Paul Pignataro	59.00	2017.11
17	并购、剥离与资产重组：投资银行和私募股权实践指南	Mergers, Acquisitions, Divestitures, and Other Restructurings	Paul Pignataro	69.00	2018.1
18	公司金融：金融工具、财务政策和估值方法的案例实践	Lessons in Corporate Finance: A Case Studies Approach to Financial Tools, Financial Policies, and Valuation	Paul Asquith, Lawrence A. Weiss	99.00	2018.1
19	财务模型：公司估值、兼并与收购、项目融资	Corporate and Project Finance Modeling: Theory and Practice	Edward Bodmer	109.00	2018.3
20	杠杆收购：投资银行和私募股权实践指南	Leveraged Buyouts, + Website: A Practical Guide to Investment Banking and Private Equity	Paul Pignataro	79.00	2018.4
21	证券分析师实践指南（经典版）	Best Practices for Equity Research Analysts: Essentials for Buy-Side and Sell-Side Analysts	James J. Valentine CFA	79.00	2018.6
22	私募帝国：全球PE巨头统治世界的真相（经典版）	The New Tycoons: inside the trillion dollar private equity industry that owns everything	Jason Kelly	69.90	2018.6
23	证券分析师进阶指南	Pitch the Perfect Investment: The Essential Guide to Winning on Wall Street	Paul D. Sonkin，Paul Johnson	139.00	2018.10
24	商业数据分析：Excel建模与决策	Using Excel for Business Analysis: A Guide to Financial Modelling Fundamentals	Danielle Stein Fairhurst	89.00	2019.6
25	公司估值：理论、案例与实践（上）	Corporate Valuation Theory, Evidence and Practice	Robert W., Zmijewski, Mark E. Holthausen	79.00	2019.8
26	公司估值：理论、案例与实践（下）	Corporate Valuation Theory, Evidence and Practice	Robert W., Zmijewski, Mark E. Holthausen	89.00	2019.8